国家社科基金丛书

课堂会话自我修补多模态
语料库建设与应用

Construction and Application of Multimodal Corpus of
Classroom Speech Self-repairs

姚剑鹏 著

上海交通大学出版社
SHANGHAI JIAO TONG UNIVERSITY PRESS

内容提要

本书是国家社会科学基金"英语学习者课堂会话自我修补多模态语料库建设与应用研究"(项目编号：19BYY094)的最终研究成果。本书旨在运用分层随机抽样的方法，采集发生在我国大学英语专业课堂实况语料，经摄制、转写、切分和多层次标注建成约 30 万词的电子文库，即《大学英语学习者课堂会话修补多模态语料库》(Multimodal Corpus of College English Classroom Self-repairs, MCCECSER)。在此基础上，对学习者会话自我修补过程中的言语错误、错误监控、类别、频率、有效性、作用机制以及其他中介语特点与发展规律等进行研究，观察学习者修补前、中、后的音韵调特征以及手势、眼神、面部表情等非言语模态，探究修补言语模态与非言语模态如何整合，达到修补和习得的全过程，提出并验证修补机制是多模态资源协同作用的共同体这一观点。本书最后得出对外语教学的启发，指出外语教学改革今后发展的方向和路径。读者对象为二语习得、课堂话语分析、应用语言学和认知语言学等领域的研究工作者，还有大学外语教师、研究生和本科生等。

图书在版编目(CIP)数据

课堂会话自我修补多模态语料库建设与应用 / 姚剑鹏著. -- 上海 ： 上海交通大学出版社，2025.3. -- ISBN 978 - 7 - 313 - 32122 - 0

Ⅰ. H31

中国国家版本馆 CIP 数据核字第 2025X9A636 号

课堂会话自我修补多模态语料库建设与应用
KETANG HUIHUA ZIWO XIUBU DUOMOTAI YULIAOKU JIANSHE YU YINGYONG

著　　者：姚剑鹏				
出版发行：上海交通大学出版社		地　　址：上海市番禺路 951 号		
邮政编码：200030		电　　话：021 - 64071208		
印　　制：苏州市古得堡数码印刷有限公司		经　　销：全国新华书店		
开　　本：710 mm×1000 mm　1/16		印　　张：21		
字　　数：320 千字				
版　　次：2025 年 3 月第 1 版		印　　次：2025 年 3 月第 1 次印刷		
书　　号：ISBN 978 - 7 - 313 - 32122 - 0				
定　　价：78.00 元				

本书是国家社科基金项目结项成果

（项目编号 19BYY094）

To err is human，to self-repair is fortunately also.

———A. Postma

前　言

　　本书是本人主持的国家社会科学基金"英语学习者课堂会话自我修补多模态语料库建设与应用研究"(项目编号：19BYY094)的最终研究成果。本项目研究历时四年。回首过往,有苦更有甜。苦的是,2020年年初那场突如其来的新冠肺炎疫情。这场疫情给我们的生活和工作造成了极大的不便,同时也严重阻碍了本项目的顺利进行。2020年上半年空无一人的课堂和下半年复课后戴着口罩上课时的情景,至今历历在目,令人永生难忘。正是由于这场疫情,课堂语料的收集被耽搁了一年之久!甜的是,经过不懈努力,本项目终于完成了既定研究目标,并从中收获了丰厚的学术回报。

　　研究会话自我修补(简称修补)是我多年的追求。1995年,本人来到华东师范大学外语学院攻读硕士学位,师从我国外语界大家——黄源深教授。记得当时上曲卫国教授讲授的话语分析课,有一次上课时,他无意间提及"会话自我修补"。言者无意,听者有心。自那以后,我对修补的研究兴趣便一发不可收拾。为此,我永远感谢曲卫国教授!

　　如果说华东师范大学是我的修补研究之旅的启航地,那么我在2003年3月份被上海交通大学录取,攻读外国语言学及应用语言学专业博士学位,便是我的修补研究之旅的重要转折点。上海交通大学丰富的学术资源使我的研究如虎添翼。也正是出于对修补研究的热爱,我才得以用三年时间走完了不少人需要四年、五年,甚至更长时间才能走完的博士旅程。我于2006年3月份顺利毕业,成功荣获博士学位,圆了我的"博士梦"。我的学位论文《会话自我修补——元认知视角下的研究》是我对自然言语环境下的修补研究的总结,也是二语习得视阈下修补研究的开始。自那时起至今,我成功斩获了全国教育规划课题和浙江省哲学社会科学课题。最终,经过七年拼搏,我终于喜提国家社会科学基金。此外，修补研究还让我收获了四部专著以及 10 多篇发表于外语类核心期刊上的论文。

会话自我修补是说话者在监测到自己的话语失误后所采取的一种自我纠正行为，是会话修补的主要表现形式（Schegloff et al.，1977，引自权立宏，2014：53）。它反映了说话者的交际能力（Schegloff，2000：208），对说话者交际意图的成功表达和言语交际的顺利进行起到了十分重要的作用。而课堂会话自我修补是学习者在二语课堂会话过程中监控到言语错误后所采取的一种自我纠正行为。在二语习得视阈下，自我修补能导致可理解性输出，既是外语学习成功与否的一个重要因素，也是衡量学习者外语学习成功与否的标尺。课堂会话自我修补是真实语境下学习者所运用的交际策略，是应该掌握的在课堂内外的语言运用语境中对付交际问题的本领。不仅如此，修补还是当今二语习得理论中的一个基本构念（fundamental construct）（Swain and Lapkin，1995；Shehadeh，1999，2002），用来验证学习者对目的语的假设，诱发创新性的问题解决办法，扩大学习者的现有资源（Kormos，1999），其功能等同于强制性输出（Swain，1985）。

本书以多模态话语分析理论为主要理论框架。该理论由 O'Toole、Kress和 van Leeuwen 等人于 20 世纪 90 年代提出。1996 年，为了提升学习者的多元识读能力（multiliteracy），新伦敦小组（New London Group）提出了多模态识读教学法，并最先将该理论运用到语言教学领域。多模态识读教学法以 Halliday 的系统功能语言学（Systemic Functional Linguistics）为理论基础，主张语言是社会符号，意义产生于社会互动。作为社会符号，其功能应延伸到除语言之外的其他符号，如手势、凝视、体姿、身体动作和韵律等中去。这些多模态非言语符号与言语符号共同组成了既独立又互动的语言符号资源。它们相互发展、互为语境、共建意义（Baldry and Thibault，2006）。这些符号无等级之分，但交织在一起，组成"复杂多模态格式塔"（complex multimodal gestalts）（Mondada，2014：139），用来编织"用于组织行为的资源网"（Mondada，2014：139）。

诚然，随着多媒体信息技术的迅猛发展和网络数字时代的到来，仅凭言语模态，已无法满足现代交际的需求，越来越多的非言语符号参与到意义建构和言语交际之中。以英语课堂教学为例,其言语交际已然呈现众多的多模态特征,涉及视觉、听觉、嗅觉和触觉等知觉和一系列符号资源,如语言、声音、身体动作、面部表情、图像、音乐、动画和颜色等。我们认为,学习者课堂会话自我修补同样具有多模态特征。在此背景下,如果只是从单模态角度,即言语模态角度研究修补,显然已无法科学、准确地揭示修补的全貌。因此,构建一个科学抽样的、动态的、有代表性的、基于英语课堂的学习者会话自我修补多模态语料库,并基于所建语料库开展相关研究,在多元语境中反映修补全貌,对修补研究本身和二语习得研究均有裨益。

功夫不负有心人。经过这几年的不懈努力,本书终于完成了如下目标。

(1) 对三所高校的英语专业视听说课堂学习者会话进行跟踪拍摄,收集了约 30 万字的音频和视频语料,建成近 30 万字的电子文库——《大学英语课堂自我修补多模态语料库》(Multimodal Corpus of College English Classroom Self-repairs, MCCECSER)。整个建设过程如下:对语料预处理,将视频转换成“Mpeg”格式,将音频转换成文本格式;创建元数据以及切分模型,按照事先确定的切分单位在分割模式下实施切分;然后将隐马尔可夫模型(HMM)作为声学模型进行声学特征提取,并采用 Bi-LSTM 进行模型训练,对语料中的音调类、不流畅现象类、手势类、特殊表情类和言外音类标注模型进行标注。其中,采用双信道(AI 语义＋AI 人脸情绪分析)同时段综合特征提取判断,从而提升视频文件智能评判标准。AI 语义模型捕捉特殊情感和语音语调,以此为基础,再结合同时段的人脸情绪模型进行综合分析,判断整体的会话水平和准确度。在建设过程中剔除不干净的语料,如音质不好、视频不够清晰的语料。建成的语料库共有 504 个文件,分文本、音频和视频三种形式;会话类型有独白、对话和多人对话。语料库为研究中国英语学习者会话自我修补机制以及中介语发展和学习过程提供了真实发生在英语教学课堂里的自然数据。

MCCECSER 具有以下特点:① 真实性。它借助人工智能技术,将学习者真实的言语行为活动通过文字、音频、视频和图像等方式进行集成处理。② 直观性。它根据实际应用需求,将与文本紧密关联的非言语模态,如手势、面部表情、眼神以及韵律变化,包括暂停、填充词和拉长音等进行有针对性的标注,从而通过文字、音频和图像输入等多模态方式将课堂语料直观地呈现。

③ 全面性。它将课堂交际事件的文本、视频和音频相融合,全面地展示了学习者对所监控到的言语错误进行自我修补的全过程。

(2) 本研究在构建 MCCECSER 的基础上,探究了学习者会话自我修补过程中的言语错误以及对言语错误的监控,观察了学习者在修补过程中的填充和无填充暂停以及音韵调特征,揭示了修补过程中学习者所表现的手势、眼神、面部表情和韵律等非言语模态特征,并依托文本挖掘统计方法,对数据进行了分析处理,就会话模式与修补策略、会话模式与暂停模式、修补策略与填充词,以及非言语模态与修补策略等的相关性进行了卡方检验,最后得出了可信的结论。不仅如此,本研究还借助 Praat 分析软件测量了修补的开始和结束位,从中发现了修补的韵律特征,由此验证了相关假设。同时,本研究考察了学习者修补策略,探讨了修补的具身性、主体间性和语用特征,并结合问卷和语料库所反映的在学习者中介语发展过程中出现的问题,反思外语教与学两方面,有针对性地提出了促进外语教与学的具体建议和对策。

在分析研究的基础上,我们提出如下核心观点。

(1) 学习者会话自我修补是一个集言语模态和非言语模态,如手势、眼神、面部表情和韵律变化于一身的多模态共同体。如同伴语手势(co-speech gesture),各模态相互作用,共同促进学习者对言语错误实施自我修补,其英文术语可用 repair community 来表达。本研究提出,学习者会话自我修补机制应考虑非言语模态所起的作用。

(2) 填充暂停和无填充暂停,其认知、元认知和语用价值颇为丰盈,值得深入探究,并形成暂停学(pausology)。与之关联的词汇化和非词汇化填充词绝不是语言交际的副产品和可弃物,而是承载着意义、具有提示等作用的词汇,学界对它们的认知还远远不够彻底。

(3) 在修补过程乃至人际交往中出现的各种非言语模态对人类交际的作用的学术研究价值仍需提升。本研究结合伴语手势这一概念,提出伴补手势(co-repair gesture)、伴补眼神(co-repair eye contact)、伴补表情(co-repair facial expression)和伴补韵律(co-repair parody)等术语,并认为非言语模态对修补有提示、增量信息等作用。

(4) 本书基于 MCCECSER 的分析揭示,会话自我修补作为学习者二语习得的有效的交际策略和学习策略,能促进学习者中介语发展,助力二语习得,提高言语产出和理解的质量。其有效性应予重视。

（5）本研究在深入探讨学习者会话自我重复的基础上,结合 MCCECSER 语料分析以及得出的结论,认为自我重复有其内部结构可循,其产生与学习者言语产出资源暂时缺失有关,重复有积极和消极的作用。

（6）本书提出优化 Levelt 自我修补内部结构模型,在自我修补的第二阶段即编辑阶段增加非言语模态的模块。

（7）本书发现,大学英语学习者具有一定的会话自我监控和修补能力,但会话中存在大量尚未被监控和修补的言语错误以及过度重复、叠加修补、句式简单和内容贫乏等现象,这表明其修补能力尚有提升空间。因此,大学英语学习者应以筑牢基本功为抓手,强化意识培养,促进策略提升,注重输入输出,加强课堂研究,实践 AI 赋能,实现质量革命。

本书是本项目的结题成果,分为三个篇章,即概论篇、建库篇和运用篇。第 1 章和第 2 章为概论篇,分别从概念、定义、分类和内部结构等内容回顾自然言语环境下和二语习得视阈下的会话自我修补研究;第 3 章为建库篇,叙述 MCCECSER 的建库原则、技术突破和标注方案以及创新点。第 4 章到第 10 章为应用篇,其中,第 4 章到第 7 章从修补的三个阶段,即待补、编辑和改正阶段入手,基于 MCCECSER,分析二语课堂中的学习者会话自我修补各阶段特点。鉴于重复在学习者修补策略中为数最多,本书单辟第 7 章对其给予重点讨论。第 8 章则从多模态语言学角度,以伴补手势、伴补眼神、伴补表情和伴补韵律为主题,讨论了语料库所体现的学习者修补多模态特征。第 9 章从认知和语用视角探讨修补的具身性和主体间性,兼谈修补的语用价值。第 10 章论述语料库所体现的外语教与学中存在的问题,指出本研究对外语教与学的启发作用。第 11 章总结概括本研究的发现、结论,以及研究所存在的问题,并提出今后努力的方向。

笔者衷心感谢国家社会科学基金办公室支持本次研究,也感谢上海交通大学出版社对我的修补研究的支持。感谢我的良师益友——北京外国语大学王文斌教授和华中科技大学徐锦芬教授一直以来对我在学术上的指导和帮助。我还要感谢我的研究团队成员,他们是林琼教授、方治强副教授、褚燕副教授、卢洁琼讲师和覃素红讲师。也要感谢兄弟院校——宁波财经学院人文学院的王琦教授和朱凤梅副教授对本项目语料的支持。

最后，我要感谢我的技术研究团队——粟琳人工智能科技（上海）有限公司胡志兵总经理、宁波工程学院网络安全学院刘良旭教授以及他的研究团队和宁波薄言信息技术有限公司李万里副总经理，以及他的研究团队对本研究项目的支持。感谢上述技术团队克服种种困难，运用智能分析技术和文本挖掘技术，助我实现研究目标，成就我的梦想！

如果没有上述专家、学者的鼎力支持，没有技术团队的无私帮助，本研究项目恐难成就。书之有尽，致谢难穷！

本书既是本人修补之旅的终点，也是多年研究会话自我修补的全面总结，但更多的是新的修补研究的开始。择善固执，憧憬亦然。

必须承认的是，对本人而言，本项目有数个"首次"：首次尝试运用智能分析技术，建设较大型大学英语课堂多模态自我修补语料库。这既要对言语模态进行标注，又要尽可能全面地对非言语模态进行标注；既要体现专业性，又要注重融合性（言语模态、非言语模态），这是挑战之一。首次运用文本挖掘技术统计和分析修补数据，这是挑战之二。首次从多模态语言学视角讨论修补的多模态性，这是挑战之三。首次提出新的概念如修补共同体和伴补手势等，这是挑战之四。因此，不可避免的是，本成果有许多地方存在错误和欠缺，恳请专家和学者多多批评指正。

希望本书能为所有有志于探索会话修补的同修助一臂之力，是为幸！

2023 年 10 月

目　录

概　论　篇

建　库　篇

应 用 篇

概论篇

第 1 章　会话自我修补

——自然言语环境下的探索

Leonard(1983)指出,一个成功的交际者有能力在交际过程中采取一定策略来对交际语言进行调节和修补,其中就包括计划合适词语、降低言语复杂程度,以及设法把话讲清楚等。如果做不到这点,言语交际就难免失败。Drew(2005:94)也指出:"会话之根本在于交际者按照他们所希望被理解的方式来建构或设计其话语,继而被理解。"这里所说的调节和修正便是作为交际策略之一的会话自我修补,也是本研究的核心内容。

在以英语作为通用语的交际中,由于言语交际的在线性和多样性以及交际双方所能共享的社会文化知识的匮乏,误解时有发生。因此,修补被误解的言语也屡见不鲜。其中,原因之一是交际双方"表现出确保相互理解的强烈倾向"(Jenkins et al.,2011:293)。由于交际的目的是减少歧义、提高交际清晰度、达到言语理解,因此说话者往往会采取一系列包括自我修补在内的交际策略,以实现此目的。Mauranen(2007)认为:"共享知识的缺乏可以通过提升话语清晰度和显性化来加以克服。"因此,"显性作为社会互动策略必须加以前景化"(Mauranen,2007:246)。而自我修补是提升显性化、实现言语理解的有效途径。

会话自我修补是说话者在监测到自己出现的话语失误后所采取的一种自我纠正行为,是会话修补的主要表现形式(Schegloff et al.,1977,引自权立宏,2014:53)。在自然言语交际中,该现象比比皆是。Nooteboom 在分析了 Meringer 的口语语料库后,发现说话者 75% 的语音错误和 53% 的词汇错误均由本人修补(Levelt,1989:463)。Levelt(1989)在他的颜色命名实验中也发现,被试者犯了 472 处错误,其中有 218 处错误是由被试者修补的。修补自然

3

成了西方言语研究界的主要研究对象之一。难怪,荷兰乌特列兹大学 Helmholtz 学院心理实验室的语言科学家 Postma 将 18 世纪英国诗人 Pope 的那句名言:"To err is human, to forgive divine."(人孰无过,宽恕为上)"修补"成:"To err is human, to self-repair is fortunately also."(人孰无过,自补为上)(Postma, 2000:98)。

1.1 研究由来

自然言语指其产生和理解均在实时状态下持续进行的、事先无任何准备的言语,属于语言使用的原型。使用自然语言的说话者完全是在在线的状态下完成概念、句法和发音等一系列言语产出步骤,这样可能造成其声学结构、语言结构、语法的连贯与衔接均不如有准备言语(prepared speech)和朗读言语(read speech)等预制言语(prefabricated speech)那样正确无误。相反,还充斥着形形色色的言语错误(简称语误)、暂停、重复和词片段等我们称为间断语流(disfluency)或不流畅语流(nonfluency)的言语现象。

根据美国言语语言听觉协会(American Speech-Language and Hearing Association, ASHA)第四特别兴趣部(Special Interest Division, SID4)对间断语流所下的定义,间断语流是其延续性、流畅性、语速和会话努力发生偏移的言语(ASHA SID4, 1999,引自 Saez, 2002:9)。我们认为,自然言语中的这种现象之所以被称为间断语流,是因为它停止了语流,破坏了言语的流利性和完整性,而且未对语段添加任何命题内容(Fox Tree, 1995:709)。因此,这样一种言语跟一个"理想的说话者"在"理想的交流语境"下产生的言语是迥然不同的。相关研究表明,在人类语言中,每 100 词中就存在 2 至 26 处间断语流(Fox Tree, 1995:709),而这种比例在其他交际环境下会更高(Schachter et al., 1991)。

由于对言语理解的研究,在初期使用的都是理想化的流利言语,因此间断语流曾一度被排斥在核心语言处理之外。间断语流被认为是噪声,不仅会对言语理解造成障碍(Brennan and Schober, 2001:275),还是造成言语处理困难的"罪魁祸首"。因此,间断语流被摒弃在了心理语言学研究和建模之外。尽管对间断语流有这样或那样的偏见,但目前已有越来越多的研究指出了它在自然言语交际中的作用及其科学研究价值。人们相信,间断语流无论是对说话者的言语产出和加工,还是听话者的言语理解都大有裨益。

在各种间断语流现象中,说话者对语误所实施的自我修补受到了格外关注。修补研究源自会话分析研究(Jefferson,1974;Schegloff et al.,1977)。修补被认为是处理"说、听和理解过程中反复发生的问题"(Schegloff et al.,1977:361)的会话手段。

大部分报道均认为,修补最早由 Schegloff 等人于 1977 年提出(沈蔚,2005:38)。本研究发现,早在 1974 年,Sacks 等人和 Jefferson 就开始对会话修补进行研究。他们认为,会话修补在人际交流过程中显而易见(grossly observable fact),因此,会话话轮模型就应该反映这种修补机制。修补不仅受到话轮变化的影响,还能解决这种变化过程中所出现的其他问题。比如,当会话双方同时说话的时候,其中一方借助重复(或修补)自己话轮的手段使对方退出话轮,并使会话恢复到一人一讲的状态。同年,Jefferson 在其研究中提出了"语误修正"(error correction)概念。虽然她并未明确提出"修补"的概念,却是第一个开启会话修补研究的学者。

1977 年,在 Jefferson 和 Schegloff 等人的研究中(Schegloff et al.,1977),"会话修补"和"自我修补"的概念才被正式引入。研究区分了语误修正和会话修补的概念,并认为语误修正是修补中的一种类型,修正主体将正确的语言形式替代语误,而修补并不仅局限于对语误的替代,还应包括其他修补手段,如停顿、填充词、及时词汇更正、言语重组、插入和重复等。因此,其涉及范围更广。研究将语误修正置于会话修补范畴之下。此外,他们建立了会话自我修补的内部结构,将其分为可补(repairable)、启动(repair initiation)和修补(repairing)三个部分。其中,可补为说话者监控到语误并准备修补的阶段,而修补启动阶段包括语流停止、填充词或无填充词阶段,修补阶段是说话者通过替代和插入等手段,对所监控到的语误实行修补。对会话自我修补的句法结构所进行的三分法极大地推动了修补研究,为今后的发展打下了坚实的基础。他们还进一步提出了划分会话修补的三大标准,即① 谁应对可补言语负责;② 谁启动了修补;③ 谁实施了修补。根据此划分标准,会话修补可分为四种类型,即自我启动自我修补(self-initiation/self-repair)、自我启动他人修补

(self-initiation/other-repair)、他人启动自我修补(other-initiation/self-repair)和他人启动他人修补(other-initiation/other repair)。本研究对象是自我启动自我修补。

之后,修补受到了不少学者的关注,所涉及的学科也不断增多,包括社会语言学、心理语言学、认知语言学和计算语言学等。研究者围绕修补的定义、分类、内部结构和具体修补现象(重复、暂停和韵律等)等内容进行了多视角、多层次和跨学科研究,提出和验证了不少假设,不少观点也由此产生。

1.2 修补定义

虽然学界对自我修补的研究已有数十载,有关它的定义也不少,但能够被接受的定义并不多。

定义一:修补是处理"说、听和理解过程中反复发生的问题"(Schegloff et al.,1977:361)的会话手段。

定义二:修补指"处理会话中出现的说、听和话语理解的问题或阻碍的做法"(Schegloff,2000:207)。

定义三:修补指"在没有外来触动的情况下对错误进行纠正,常发生在错误发生后一段很短的时间内"(Potsma,2000:98)。

定义四:无任问题是有关语言产出和理解的句法、语音、词汇还是语义问题,修补行为提供了"局部管理和互动组织的程序性结构,并因此使交际者得以抱持主体间性理解"(Fox et al.,2013:1)。

定义一和定义二基本相同,显得过于简单。它们甚至没有指出修补的主体是谁? 修补的动机是什么? 修补的原因又是什么? 定义三比定义一和定义二要完整,但也有问题。第一,没有指出"对错误进行纠正的"主体;第二,研究得出,自我修补的实施有时候会由外来触动,如语流长度效应。我们注意到,说话者对语误的监控和修补均发生在较长的语段中,长语段的言语编码肯定比短语段的编码要困难,说话者的自我监控和自我修补的警觉度会更高,因此,更容易监控到言语错误。第三,自我修补不一定发生在错误发生后一段很短的时间内。从英语口语语料库的语料反映出,自我修补还发生在错误发生后一段较长的时间内。定义四则显得艰涩难懂。

本书认为，要对修补下定义，必须抓住修补的基本属性和本质特征，同时，还必须遵循一定的逻辑规则。从这点来看，上述定义本身尚需"修补"。

1.3　修补结构

如前所述，修补为三阶段结构，有其规律可循。较有影响的修补结构模型当属 Levelt(1983：45)建立的模型(见图 1.1)。

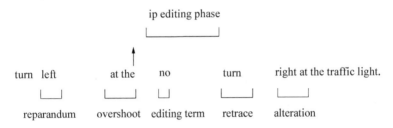

图 1.1　Levelt 会话自我修补内部结构

Levelt 所建立的修补内部结构模型清晰地勾画出自我修补的整个轨迹。它由三个阶段组成，即待补(reparandum)、编辑(editing)和改正(alteration)。说话者在跨越了"at the"(overshoot，过头词)之后监控到言语错误"left"，随即暂停语流(interruption point，ip，语流暂停点)，进入编辑阶段。在这一阶段，他利用"no"(编辑词或称填充词)来赢取时间计划修补并重新计划言语。到改正阶段，他并未直接修补错词"left"，而是先回指(retrace)到短语开始处"turn"，然后再采取替换修补的策略，用"right"替换"left"，完成了整个修补过程。

之后出现的修补结构均大同小异，略举三例。

结构一：1993 年，哈佛大学应用科学系的 Nakatani 和美贝尔实验室的 Hirschberg 提出他们的修补内部结构模型，即"言语为先"修补间歇模型(speech-first repair interval model，RIM)，由待补间歇(reparandum interval)、间断语流间歇(disfluency interval，DI)和修补间歇(repair interval)组成(见图 1.2)。

Give me airlines flying to Sa-(Silence uh Silence) flying to Boston from San

    reparandum interval disfluency interval repair interval

Francisco next summer that have business class.

图 1.2　Nakatani 和 Hirschberg 的会话自我修补内部结构

其中待补之后的停顿称为语流中断位(interruption site, IS),间断语流间歇阶段从 IS 开始到修补间歇开始为止。这一阶段包括沉默、暂停填充词(pause filler)和提示语(cue phrase),表示说话者已识别出言语错误。修补间歇阶段从 DI 中止到准确言语的恢复,为纠正错误、修补待补词阶段。

结构二:SRI International 的言语技术和研究实验室的高级心理语言学家 Shriberg 分别在 1994 年和 1999 年对会话修补内部结构进行了不同的建构。她在 1994 年于加利福尼亚大学伯克利分校完成的题为"Preliminaries to a Theory of Speech Disfluencies"的博士论文中建立了模型,如图 1.3 所示。

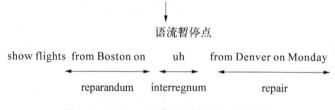

图 1.3　Shriberg 的会话自我修补内部结构

该结构的第二阶段,有别于 Levelt 的"editing phase"(1983)和 Nakatani 和 Hirschberg 的"disfluency interval"(1993),Shriberg(1994:7)给出了一个"更为中性"的术语"interregnum"(IM)来表示结构的第二部分。Interregnum 源自拉丁词,其中"inter-"为"between","regnum"为"reign",指的是 17 世纪中期为期约十年的英国 Interregnum 时期(无国王时期)。当时查尔斯一世于 1649 年被处决,而查尔斯二世直到 1660 年才上台,因此,当时出现了无国王时期。现该词用来指延续性中断(a gap in continuity)。她用该词来指这阶段出现的语流暂停现象。

结构三:1995 年,德国汉堡大学计算机科学系的 Weber 和 Wermter 给出的修补内部结构如图 1.4 所示。

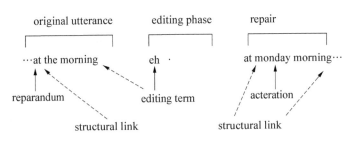

图 1.4 Weber 和 Wermter 的会话自我修补内部结构

Weber 和 Wermter 所建立的会话自我修补内部结构与 Levelt 所建立的修补内部结构大同小异,只是强调了句法结构的联系,指出了原语句和修补,从而显得更为复杂和冗余。本文采用 Levelt(1984)所建立的自我修补内部结构进行分析。这是因为,其一,这一结构模型非常清晰地勾画出整个修补链;其二,这一结构模型最为完整地体现了修补轨迹;其三,这一结构不仅体现了修补的整个过程,同时,也是言语产出最真实的写照。

1.4 修补策略分类

对修补策略的分类林林总总,各有千秋。

分类一:首推 Levelt(1983)的分类。他根据说话者施行修补的动机和意图,将自我修补分成了五类,包括① D 类修补,说话者在言语交际过程中改变了主意,决定说些不同的(different)内容;② A 类修补,说话者意识到表达的意图需要更进一步的说明以便使之更加恰当和适宜(appropriate)。可进一步分为四小类,即 AA 修补,用来消除指称意义的歧义(ambiguity);AL 修补,用来调整精确表达说话者意图的程度(level of precision),使言语从不甚精确到较为精确;AC 修补,用来调整与前言语的连贯性(coherence);ALC 修补,用于那些介于 AL 修补和 AC 修补的修补。③ E 类修补,说话者在言语交际过程中发现了言语错误(error)。它可分为三类,包括 EL 修补,指说话者替换词语(lexical item);ES 修补,说话者开始某种句法结构,但无法完成该结构,只得用新的结构加以取代;EF 修补,指语音修补(phonetic repair)。④ C 类修补,说话者只是重复词语,未对前言语进行增减或删除等。Levelt 等将此类修补现象称作"言内修补"(covert repair),并认为言内修补说明说话者有能力在言语还未发音之前在内部言语状态下加以修补;⑤ R 类修补,包括所有其他未能归入上述分类的修补现象(rest of repairs)(姚剑鹏,2008:152)。

分类二:在 Levelt 自我修补分类的基础上,根据 Levelt(1989:9)提出的言语产出模型,Blackmer 和 Mitton(1991)就自我修补再次做了分类,修改了 Levelt 的如下部分分类。

① 基于概念层的修补(conceptually-based repair),指说话者针对发生在言语产出概念层面上(conceptualizer)的错误所进行的修补,将 Levelt 的 A 类修补和 D 类修补归于此类。

② 基于产生层的修补(production-based repair),指说话者针对发生在言语产出层面即句法形成器(formulator)或发音器(articulator)层面所犯的错误所进行的修补。将 Levelt 的 E 类修补归于此类。

根据 Schiffrin(1987)关于替代修补(replacement repair)和背景修补(background repair)的划分,去掉了 Levelt 置于 A 类修补和 E 类修补之下的分类,增加了代表 A 类修补的分类,即合适性替代(appropriateness replacement)和合适性插入(appropriateness insert)。

③ 保留了 Levelt 的 C 类修补,并增添了三个分类,即带编辑词的"言内修补"(covert-repair with an editing term)、带重复的言内修补(covert repair with repetition)以及带编辑词和重复的言内修补(covert repair with an editing term and repetition)。

④ 保留了 Levelt 的 R 类修补,但仅限于言外修补(overt repair)。

分类三:van Hest(1996)将修补分成如下类别:① E 类修补,表示说话者在言语交际过程中发现了语言错误(error);② A 类修补,表示说话者意识到表达的意图需要更进一步的说明以便使之更加恰当、适宜(appropriate);③ D 类修补,表示说话者在言语交际过程中改变了主意,决定说些不同的(different)的内容;④ R 类修补,此类修补包括了所有其他未能归入上述分类的修补现象(rest of repairs);(姚剑鹏,2008:152)

分类四:Allwood 等人(1990)从语用学角度所做的分类。他们将自我修补称为"言语调节现象"(speech management phenomena,SM),并就该现象的结构和功能作了较为彻底的研究和论述。他们认为该现象具有两种基本特征，即基本言语调节表达法(basic SM expressions)和基本言语调节运作(basic SM operations)。前者包括了暂停、简单 SM 表达法如"eh"、"ah"、"um"等、外显 SM 词组如"what's it called"、其他 SM 声音，如叹息、咂声等；后者包括了连续音的拉长、自我停顿和自我重复。

在划分了基本现象的基础上，他们提出了如下复杂言语调节运作(complex SM operations)的观点。

① 整体运作(holistic operations)，包括：删除(deletion)，语流恢复时说话者删除部分词片断、词语或词组；插入(insertion)，语流恢复时说话者插入词语或词组；替代(substitution)，语流恢复时说话者替换了某个词语或词组；重排词序(reordering)，语流恢复时说话者对原言语进行了重新排序。

② 综合性运行(integrated operations)。

③ 连接性运行(linked operations)，这包括了与其他 SM 特征一起起作用的复杂运行现象，但不属于综合性运行。它可分为三小类，即回归连接(recursive linking)，指的是某个 SM 特征嵌入在整体运行中，但不属于该运行的基本运作内容，如"if it if every chartist gets a greater number of adherents"；连接性连接(conjunctive linking)，指的是某个 SM 特征继续与整体运行相连接，如"a small risk very small risk"；重叠(overlapping)，指的是两个或两个以上的整体运作在同一语轮中发生，对同一结构没有造成影响，如"no but it strikes you know it can strike such areas where".该例中，两个整体运作重叠，因此，删除"strikes"并用"can strike"替代"strikes"。

分类五：Fox 和 Jasperson(1995)将自我修补分为七种类型，即① 词项重复，其中的待重复部分和被重复部分的词项相同；② 词项替换，其中的待替换词和被替换词的词项不同；③ 多词项重复，其中的待重复部分和被重复部分的词项相同；④ 某一词项的重复和替换，其中待补部分的一部分被修补部分的一部分重复，另一部分被替换；⑤ 从句或词组重复并在重复项前添加新内容，用来修饰该从句或词组或添加背景信息；⑥ ⑤的另一种形式，为重复加新信息；⑦ 重新开始，即摈弃原信息，重新组织言语。该分类是从修补策略的视角而做的分类，有些缺乏系统性和完整性。实际上，可以将修补分为重复、替换和重组三类,其中的①、③、④、⑤、⑥类型可归于重复。

相比之下,Heeman 等人(1996:1)的分类更为清晰。他们将自我修补分为重新开始(fresh start)、调整修补(modification repair)和简短修补(abridge repair)。重新开始类似于重组(reformulation)(Hindle,1983),说话者监测到言语错误后,选择重新计划言语。调整修补与重新开始相反,说话者不放弃原来的言语信息,而是就原信息的错误部分进行调整,包括替换等。而简短修补指的是仅含填充词的修补。

最后值得一提的是基于计算语言学对自我修补的分类词片断(fragment)、重复(repeat)、插入(insertion)、替换(replacement)和其他(other)(Bear et al.,1992;Shriberg et al.,1992)。

上述分类,各有侧重,各有所长,或基于修补动机,或基于言语产出模型和语用视角,本书主张按语料分类,而且分类不宜繁而杂,故采用姚剑鹏(2007)根据英语口语语料库的自我修补类型划分为重组、重复、插入和替换四类。

1.5　修补本体研究

自 1974 年和 1977 年 Jefferson 和 Schegloff 等人开启修补研究,学界对自然言语环境下的修补进行了全面的探讨。让我们沿着修补内部结构的三个阶段来回顾修补研究。

1.5.1　对第一阶段(待补阶段)的研究

对第一阶段——(待补阶段)的研究聚焦在自我监控。对言语错误的自我监控,影响较大的是 Levelt(1983,1989)的知觉回路理论。他将自我监控模块放置到概念造成器模块,说话者自上而下通过言语理解系统,分内环和外环感知和监控言语产出和其中的错误,即从句法生成器输出经言语理解系统到概念生成器的内环和发音器输出(外部言语)经听觉和言语理解系统的外环。其最大特点是自上而下,各模块各司其职,下面的模块不能反馈信息给上层模块,呈单向瀑布式传递信息的态势(unidirectional cascading),属连续渐进式(serial incremental)。这样,说话者可以监控外部言语,监测言语错误,这一言语处理过程称为"言语理解系统"(speech-comprehension system)。该系统输出经语法分析过的言语(parsed speech)。同样,说话者还可监控自己的内部言语(inner monitor),并认为这种内部言语监控机制存在着内部回路(inner loop),它同样受制于言语理解系统,如 we can go straight to the ye- ... to the orange dot.(Levelt et al.,1999:33),语流在第一个音节后就中止,说明"语误在此之前就已被监测到,或许在发音开始之前"(Levelt et al.,1999:33)。这种被监测到的内部言语,Levelt(1989)称为"语音计划"(phonetic plan),现称为"发音姿态分值"(gestural score,Levelt et al.,1999)。

有别于 Levelt 的知觉回路理论,Laver(1980)、Van Wijk 和 Kempen (1987)将监控机制置于言语生成系统中,而 MacKay(1992a)则将监控机制置于节点网络中。围绕对言语错误的自我监控,产生了不少理论和假设,也引发了一些争议,将在第 4 章做详细叙述。

1.5.2 对第二阶段(编辑阶段)的研究

对第二阶段(编辑阶段)的研究聚焦在暂停和填充词(filler)以及音韵调等声学特征。暂停由无填充暂停(unfilled pause)和填充暂停(filled pause)组成。无填充暂停是言语交际过程中出现的一段无填充词的语流中断时间,而填充暂停是带有填充词的语流中断时间。根据 Goldman-Eisler 假设(Goldman-Eisler Hypothesis,1968,1972,引自 Zellner,1994:46—47),暂停是言语产出认知过程的外部反映。它表示说话者需要额外的时间来计划和编制言语输出。经观察,一种现象是说话者往往会在言语交际过程中暂停交际,再做出清晰、流畅和准确的言语交际来。另一种现象是说话者暂停言语交际,折回到前言语的某些部分,再延续交际。该假设认为那是说话者的言语计划走在了认知活动的前面,或者说,说话者的认知活动跟不上言语计划的速度,因而需要额外的时间让认知计划赶上。

学界对于无填充暂停和填充暂停给予了极大的关注,如人们发现,暂停与交际任务的复杂程度有关。早在 1975 年,Grosjean 和 Deschamp(1975:144—184)在他们基于法语语料对暂停所进行的研究中发现,交际任务越复杂,暂停就出现得越多。描绘卡通片出现的暂停平均持续时间为 1 320 毫秒,而回答访谈时所出现的暂停平均持续时间则为 520 毫秒,显然,交际任务复杂性这个变量对言语产出和暂停均有影响。

结合填充暂停,衍生出填充词研究。填充词是语言不可或缺的部分,具有语言特有的性质(de Leeuw,2007),用来填充言语交际中出现的语流暂停空隙时间,是填充暂停中关键的部分。研究认为,填充词能反馈交际(Allwood et al.,1992;Allwood,2001),调节话轮转换(Maclay and Osgood,1959;Duncan and Fiske,1977;Clark and Fox Tree,2002)等。具体来说,填充词体现了说话者下列交际信息:

(1) 遇到了言语计划上的问题(Levelt,1983,1989);

(2) 正在记忆中搜索并提取词汇(James,1972;Krauss et al.,2000);

(3) 对词汇产生疑虑和不确定性(Brennan and Williams,1995);

(4) 意欲请求听话者帮助以完成正在进行的言语活动(Goodwin and Goodwin,1986);

(5) 向听话者提供有关自己目前思想状态的信息(Brennan and Williams,1995;Smith and Clark,1993,引自 Clark and Fox Tree,2002:90—91)。

填充词还能帮助听话者进行言语理解和记忆(Fraundorf and Watson,2011),如 Fox Tree(2001:320—326)通过实验研究了填充词"uh"和"um"对听话者言语理解的作用,认为,"uh"有助于听话者识别后续言语,但"um"对听话者的言语识别既无益也无害。"uh"有别于"um",前者表示接下去出现短暂停,后者则表示接下去出现长暂停。Corley 和 Hartsuiker(2011:1—5)也通过实验证明了"um"与长暂停的关系,解释了时间延迟假设(temporal delay hypothesis)。

填充词还体现说话者的认知活动,如填充词 that is 用来具体说明修补中的指称,"I mean"用来指十足的言语错误(Dubois,1974,转引自 Levelt,1989:482)。填充词"uh"和"um"的认知意义更显见。它们可用来表示话者的多种认知意图,包括表示说话者正在提取词语或决定后续言语,说话者想留住话头等认知心理(Clark and Fox Tree,2002:73)。

学界还从会话分析和语用视角研究了填充词的作用。Rose(2008:51)认为,填充词在言语交际中可用作减缓语气手段(mitigating device)。她认为在下列对话中：A. Would you like to go to the movies? B. Uh... no，thanks.填充词"uh"等于说：Please get ready. I'm about to decline your invitation，从而有效地减缓了谢绝邀请的语气。Yamada(2008)对英语填充词"you know"从关联理论角度进行了较为系统的论述。

多模态研究值得一提。相关研究集中体现在填充暂停和手势的关系上(Christenfeld et al.，1991；Rauscher et al.，1996)。Esposito 等人(2001)认为，如果"uh""hum""ah"等填充词伴有手势，其意义趋于增强。研究还见于会话软件的设计(Traum and Rickel，2002)。

跨语言比较研究方兴未艾，比如，de Leeuw(2007)分析了荷兰语、英语和德语里的填充词并区分了它们的语言特征，发现鼻音填充词多存在于英语和德语，而喉音填充词在荷兰语中较为普遍。

暂停研究产生了三种观点和三种假设，将在本书第 5 章做详细介绍。

此外，学界还研究了修补过程中出现的音韵调变化。这些变化包括音调标记(intonational marking)(Levelt and Cutler，1983)、真实修补(true repair)和误认修补(false positive)的声学区别(Bear et al.，1992)、暂停持续时间和音调突显(O'Shaughnessy，1992)和修补各阶段的音韵调特征(Nakatani and Hirschberg，1994)等，认为这些变化向听话者提供了修补提示(acoustic，prosodic and intonational repair cue)，并且帮助计算机识别修补。言语研究工作者还对自然言语中的音韵、语调和语音现象进行了深入的研究。

1.5.3　对第三部分即改正阶段的研究

对第三部分，即改正阶段的研究主要体现在修补策略。关于修补策略，学界讨论最多的是重复。话语重复是说话者在话语交际过程中对自己或别人话语在词语、词组乃至句子层面上进行有序的、有规律的重复，体现重复者的心理认知活动。无论是一语环境还是二语环境，它的频率都是最高的。它分为自我重复(self-repetition)和他人重复(other-repetition)。前者亦称循环表述(recycle)(Rieger，2003：51)，在同一话轮中发生；后者亦称双方重复(two-party repetition)(Murata，1995)、第二话者重复(second-speaker repetition)(Simpson，1994)或互动重复(allo-repetition)(Tannen，1987)，需跨越话轮。

重复曾被视为"毫无意义的机械行为"或"无法分析的行为"(Deese,1984；Holmes,1988)而被排斥在话语研究之外。20 世纪 50 年代末,Maclay 和 Osgood(1959)开始对其展开研究,其重要性才被学界所认识。西方相关研究分为英语重复研究、英语与其他语言重复的比较研究。

英语重复研究围绕重复的性质和功能以及分类展开,并形成了三种假设,即言内修补假设(Covert Repair Hypothesis)(Hieke,1981；Levelt,1983)、约定与恢复假设(Commit-and-Restore Hypothesis)(Clark and Wasow,1998)和 EXPLAN 假设(Howell and Au-Yeung,2002),其中影响最大的是言内修补假设。Levelt(1983：55)在对自我修补进行分类时,将重复归于言内修补(C-repair),认为重复是话者在言语尚未发音之前监控到言内错误而采取的言内修补策略。

在分类上,它可分为精确重复(exact repetition)、修改(modification)和改述(paraphrase)(Kobayashi and Hirose,1995)或词重复和词组重复(Genc et al.,2010)。

在功能上,它被认为是解决适时、顺畅说话等问题的方法(Clark and Wasow,1998),有助于话语产出、理解、连接和互动(Tannen,1987a,1987b),其最大作用是"建立连贯和人际参与"(Tannen,1989：48)。同时,它还具有拖延和修补功能,是说话者的言内修补策略,在会话修补所有策略中其使用最为频繁(Hieke,1981；Levelt,1983)。以 Kaur(2012)的研究为例。他认为,自我重复是非常普遍的多功能策略(multifunctional strategy),在 ELF(English as lingua franca)互动环境下的抢先策略和修补交际问题中起着重要的作用。他区分了四种自我重复抢先策略,即平行短语(parallel phrasing)、关键词重复(key word repetition)、组合重复(combined repetition)以及修补重复(repaired repetition)。平行短语是句法结构上相同,某一个词项不同但语义基本一致的短语。重复关键词能使重复词汇得以前景化和突显(Kaur,2012：603)。组合重复是重复加重组的"组合拳"。也就是说,说话者只是重复前语段的关键词,但换用其他言语。修补重复涉及词汇替换、插入和拓展。

跨语言比较研究涉及英、日语重复(Fox et al.,1996：185—237)、英、德语重复(Rieger,2003:47—69)和英、德以及希伯来文重复(Fox et al.,2010:2487—2505)等。

1.5.4 其他方面研究

除了上述针对修补三个阶段的研究之外,修补还吸引了社会语言学家的目光。Goodwin(1991)认为,修补是为了吸引对方注意(attention-getter)。而Faerch 和 Kasper(1982)却认为,含有言语错误的语段是一种面子威胁行为(face-threatening act,FTA),对这种言语错误所进行的自我修补是为了挽回面子,因而提出了自我修补的保全面子原则。1997 年,White 也提出,通过对言语错误的修补,人们意欲维持面子需求,保持一致(solidarity)。因此,我们认为,会话自我修补与面子理论紧密相关,然而,关于自我修补和面子理论的相互关系,至今未见有专门研究和相关报道。

计算语言学对修补的研究也值得一述。研究者借助现代技术手段和设备如词形标注器、句法分析器、人机对话、模拟技术和分析软件等对自然言语以及会话修补进行了研究,涉及修补监测、句法分析、界线识别、修补算法、修补实施和修补提示的区分等,如 Carbonell 和 Hayes(1983:128)就计算机识别修补提出下列句型匹配方法:① 假如两个成分的语义和句法均相同,而语法只准许其中之一的话,就去掉第一个成分;② 识别显见的纠错语,如"I mean",用紧跟纠错语后面的成分来替代前面的纠错语。此外,为了限制这两条规则的运用,他们还提出了一条元规则(meta-rule),即"所有的替代需选择最小的成分"(Carbonell and Hayes,1983:128)。到 20 世纪 90 年代,Shriberg 等人(1992)以及 Bear 等人(1992)提出了两阶段句型匹配方法处理修补(two-stage pattern-matching approach)。

研究还在儿童语言习得领域展开,如 Manfra 等人(2016)比较研究了 27名 3 到 4 岁学前儿童的社会语言和私语(private speech,也有译为自言自语)中的修补及其监控,得出了颇具启发意义的结论。

修补研究不仅仅局限于英语会话,还延伸到了汉语、法语和俄语等语种。如汉语修补,Chui(1996)采用定量研究方法,创建了汉语口语语料库,区别了台湾汉语对话中的六种基本修补类型,即重复、完成、替换、添加、重新排序和放弃等,发现重复是所有修补类型中数量最多的(42.6%),完成次之(21.4%),重新排序数量最少,为0.4%,并指出自我修补会因语言不同而有所不同。Tseng(2006)创建了另一个汉语口语语料库,划分了台湾汉语口语中的五种基本修补类型,它们是重复、替换、添加、剔除和复杂修补。在其研究中,重复率竟高达62.4%,替换和添加次之,分别是14.1%和13.2%,接下来是复杂修补(7.6%)和剔除(2.7%)。尽管Chui(1996)和Tseng(2006)在修补的分类上所采取的视角有所不同,但是这两项研究均发现,重复是汉语口语交际修补策略中发生频率最高的,并远超其他策略,同时,在跨语言研究修补现象的问题上两人的看法也是一致的:汉语口语修补现象并不受制于句法因素,他们所研究的对象——汉语失语症患者都存在句法问题,难以产出有完整句法结构的复杂句。

Yuan和Dan(2005)依托LDC 98-HUB5电话会话汉语语料库语料研究了汉语自然言语的填充暂停,发现四个填充词充斥于汉语的自然言语中,即指示代词"zhege""nage"和填充词"uh""mm"。而且,这四个填充词在声学特征、语段位置、所伴有的间断言语现象和社会文化特征上各有千秋,如作为填充词的指示代词比非填充词的指示代词音要长,"mm"比"uh"的音要长;来自中国南方的说话者比来自北方的说话者在言语交流中使用填充词要多得多,主要的区别是南方人比北方人更多使用"uh"。

又比如俄语修补,Podlesskaya(2015)基于俄语口语语料库,研究了俄语自然言语中的自我修补,甚至还有学者研究克罗地亚语会话中的自我修补现象(Kovac and Vidovic,2010)。

修补研究不仅体现在说话者层面,对听话者层面的探讨也方兴未艾,如借助音韵特征来预测修补并实验验证修补音韵有助于听话者评判和发现会话修补的研究(Lickley et al.,1991);凭借音韵特征获得修补信息的研究(Lickley and Bard,1992;Nakatani and Hirsberg,1994);利用错误开始(false start)和重复影响听话者对后续言语的处理(Fox Tree,1995),以及听话者如何对付自然言语间断语流的研究(Brennan and Schober,2001)等,如1992年,Lickley和Bard进行了门阀范式(gating paradigm)实验,发现在他们所建立的语料库当中有80%的间断语流可以在语误发现后出现的第一个词的门阀处被监测到,有些则可以在第一个词还没提取之前就被监测到。这证明音韵提示能帮助听话者得到修补信息。Bosker 等人(2014)调查了听话者听到本族语说话者和非本族语说话者的填充暂停之后实施的不同类型的预测加工,他们发现,当本族语说话者产生填充暂停后,听话者预测说话者会选用低频词。相比之下,当非本族语说话者产生填充暂停后,听话者就不会做此预测。结论为听话者会利用说话者的信息来调整他们的预测,并将说话者的间断语流归因为选词困难。

Lowder 和 Ferreira(2016b)指出,当听话者遇到修补间断语流,他们会利用待补阶段的语义信息来预测接下来要出现的修补信息。他们进一步指出(Lowder and Ferreira, 2018),听话者对语境合理性和说话者肯定性等提示十分敏感,因此,他们会利用这些提示,迅速预测并隐性修补说话者的语误。研究建立的噪声通道模型还预测,听话者恢复说话者交际意图的能力取决于听话者能否建模说话者的言语产出系统,也就是说,如果说话者出现口吃,听话者的预测能力会受损。

1.6 近十年的研究态势

近十年,在继续探索修补的策略及其形式和功能如重复(Yakut and Yuvayapan, 2022)、认知特征如工作记忆容量(Simard et al., 2021)、监控(Kovač and Müller)和跨语言比较(Natalia et al., 2022)等,研究呈现如下态势。

(1)引入新理论,如 Husband(2015)将右节点提升理论引入到自我修补研究,分析了该理论对自我修补的解释力并指出修补对右节点提升理论的启发和促进作用,为从新的视角研究修补提供了借鉴。

(2)提出新策略,如认为修补是一种抢先策略(preempting strategy),是说话者预先处理言语问题的行为(Pietikäinen, 2018;Franceschi, 2019;Lee, 2021)。自我修补并不仅仅用于修补说话者当前的言语错误或显性的错误。相反,在很多情况下,说话者能预测到可能出现的交际问题,从而采取抢先策略来避免交际失败,并使交流意义更清晰、更完整地呈现给听话者,以便获得相互理解的效果。这些策略包括澄清要求、确认检查以及重组言语。重组言语不仅是内容、词汇和语言的重组,而且还是对语境中言语行为功能的恰当性的重构。说话者的抢先修补行为以及意义协商有助于交际双方的互相理解。Cogo 和 Pitzl(2016:339)认为,理解并非是一项接受性技能,"达到共享理解是交际参与者持续参与并努力为之的共同的、动态的和互动的过程。"换句话说,说话者和听话者应共同承担起成功互动,携手努力达到相互理解的责任。因此,说话者的修补行为具有他人取向性(other-orientedness)。

又比如,Magnifico 和 Defrancq(2019)借助 EPICG 语料库的 2008 子语料库研究口译中的自我修补,提出修补是一种规范策略(norm strategy),口译修补呈现出男女性别规范的特点。Yakut 和 Yuvayapan(2022)提出,自我重复是弥补策略,用来维持会话。他们基于两个可比语料库比较研究了英语为母语的说话者和英语为外语的土耳其说话者的会话自我重复,发现第一语言(L1)说话者是将重复作为填充词,而第二语言(L2)说话者则将重复用作自我修补,提出不应将重复看作为间断语流,毕竟它并未阻碍语流。

(3) 结合多模态,如 Leonteva 等人(2021)探讨了同声传译环境下手势与修补的关系;Ozkan 等人(2023)基于语料库语料,从高度和三维速度两个运动参数来分析,发现说话者在修补语误时出现抬头和抬手动作。这一发现为人机交互(人与机器)和人机交互(人与机器人)提供了证据。

(4) 揭示声学特征,如运用现代测量技术,测量修补声学特征,进行语音学分析。Nooteboom 和 Quene(2014)针对两类修补形式,即言内修补和言外修补,指出了这两种形式的待补和改正阶段的声学特征,并设计了响度判断实验,得出早期监测语误修补即言内修补比起晚监测语误修补,即言外修补,其修补持续时间短,强度、音高和响度更大,他们认为,说话者试图将听话者的注意力从言内修补移开。

值得一提的是 Carter 和 Plug 的系列研究。Plug(2014)将音韵标记概念引入修补研究,针对荷兰自然语料中的词汇和语音修补,就修补的音高、强度和语速特点以及它们的音韵标记和无标记进行了语音学分析,肯定了自我修补的音韵标记是突出标记,认为其语音特征具有显著性。而 Carter 和 Plug (2014)提出,语音错误修补具有音韵标记,其声学相关性与词汇修补相同。修补时间性对于音韵标记和音高以及强度测量具有预测力。他们还研究了语音错误修补的时间特性,比较了改正阶段中对词的语速和待补阶段中错词的语速,认为修补启动后的时间压缩(time compression)比时间扩展(time expansion)更为常见,修补时间性对待补到改正阶段的持续时间和修补速度有显著影响(Plug and Carter,2014)。

(5) 探索言语障碍关系,如 Wan 和 Liao(2018)调查了母语为汉语的失语症患者的自启自补现象。结果显示,韦尼克失语症患者和布洛卡失语症患者的修补现象总的来说都相近,但也有一些不同:韦尼克失语症患者的完成修补频率较高,这都是因为韦尼克失语症亦称流畅失语症,他们是一群说话正常,有时候还说话过度,但是往往言不达意,言语中充满了自创词和杂乱语的患者;而布洛卡失语症患者表现出较好的语误监控能力,因为这些患者的言语理解能力受损不是那么严重。然而,两者的修补频率统计支持重复是英语失语症患者修补策略中频率最高,也是汉语正常说话者修补策略中频率最高的说法。这一相同性也许说明修补运用中的普遍现象,即重复频率最高。最后,他们还提出造成修补的原因是患者的言语加工问题、语言缺损和修补策略的价值观问题。最新研究见于 Tuomiranta 等人(2024)所做的一项基于四个纵向案例的分析。他们关注了处于第一年康复期的失语症病人其连读修补和新词学习能力,是否以及如何反映失语症康复的状况,结果发现,这些康复病人的修补数量有了减少,同时,新词学习能力却有所增强。

(6) 口吃是词内间断语流的慢性产出,其表现形式为重复、音拉长或言语片段的无声阻碍(Wingate,1964)。Lowdera 等人(2019)依托视觉世界眼球跟踪实验,研究了口吃状态和非口吃状态下的自我修补加工。实验要求参与者边听含有修补的句子边看带有可预测目标词的展示。一半参与者听一位说话者用口吃念句子,另一半参与者听同样的说话者不带口吃念句子。结果表明,听话者听修补句时会努力地预测和加工。当说话者用口吃说话时,听话者建模说话者言语产出系统的能力受到破坏。

此外,还有针对语言错乱病人(people with cluttering,PWC)的重复(Bona,2018)和语误自我修补(Bona,2021)的研究,以及对帕金森病人日常会话中的连续修补(Griffiths et al.,2015)的研究。

Lara Galindo 和 Rojas-Nieto(2017)比较了原发性语言障碍孩子和典型语言发展孩子的问题源、修补策略和修补时间,认为他们的修补时间均受到问题源(名词、动词和功能词等)、修补策略(搜寻词汇、替换、词汇重组)和延迟标记词(delay marker)的影响。

(7) 探索修补用于言语理解和言语识别系统,如 Spiker 等人(2000)介绍了如何在"从语音到语音"翻译系统建立修补识别和改正框架,并在框架中融合修补的声学、词汇、句法和语音特征。Fan Yang 等人(2003)报道了利用 Dialogue View 注释工具中的 clean play 功能来帮助用户确定自我修补的范围以便识别。又比如,Hsieh 和 Chung(2020)依托加性高斯白噪声(additive white gaussian noise,AWGN)模型建立噪声模型,将言语自我监测和自我修补方法用于言语识别系统。语言理解噪声通道模型(noisy channel model)主张,在言语交际过程中,在惯常情况下,听话者会结合语言输入和相关知识以便能理解说话者的交际意图,尤其是当语流受到说话者、听话者或环境噪声的干扰。论及言语间断语流,该模型预测,当说话者发出监控到言语错误的信号,听话者会努力预测接下来的信息,甚至会以为说话者所用词汇是由于跟前句子语境不符而出现言语错误的。

(8) 将人工智能技术应用于修补研究。随着人工智能技术的不断发展,脑电(ERP)、眼动(eye-tracking)技术也越来越广泛地被应用于语言研究,如 Nooteboom 和 Quene(2020)通过两个 SLIP 实验(spoonerisms of laboratory-induced predisposition,实验室诱导发生首音误置)验证了两个假设,其一是自我监控过程中的候选词项相互竞争导致修补;其二是,发音后竞争词激活减弱。

1.7 修补研究在我国

相比之下,国内的会话修补研究较之国外,晚了十余年。国内学者中最早起步研究的是何自然。在其 1988 年出版的《语用学概论》中,他曾经简要分析了自我修补和他人修补两种现象。之后,国内鲜有学者涉猎这方面的研究。可见,会话修补在当时并未引起太多国内学者的关注。直到 1996 年李悦娥发表了《会话中的阻碍修正结构》一文,同年,出版了专著《语言交际中的障碍的修正》,才将会话修补理论正式介绍至国内,这也标志着国内修补研究的开始。之后,陆续有少量的论文问世,尤其是孙启耀和伊英莉(2001)、易强(2002)、马文(2002,2003)以及姜望琪和李梅(2003)所发表的论文,颇具开创意义。2004年之后,会话修补不断吸引国内学界的学术目光。无论从研究人数还是研究成果来看,都有不同程度的增加。研究类型不断丰富,研究内容不断拓宽,研究方法既有定性也有定量,既有理论探讨又有实践研究,还从英语会话修补延伸到了汉语会话修补。

李文(1996)撰写的文章作为国内第一篇研究会话修补的论文,意义重大。它介绍了Schegloff等人1977年提出的修补结构模型,根据自己5小时的日常会话、课堂教学和小组活动录音语料,讨论了言语错误的种类及其修补,分析了修补的策略,构建了新的修补结构。其可取之处在于建立语料库,进行定量分析。其不足之处是语料库规模还不是很大,定量分析过于简单,无法全面而准确地描绘纷繁复杂的会话修补。当然,这主要是由于当时的研究水平、人们对修补的认识、语料库建设的水平和统计软件的运用与如今的发展水平相比还是有距离的。

易文(2002)简单介绍了修补的类型和结构,着重讨论了修补在二语习得中的作用。马文的两篇论文(2002,2003)均围绕修补的形式之一——照应修补展开,讨论可及性理论基础上的认知解释方案对照应修补的认知可及性的解释力,从语用合作原则、明晰原则、经济原则和交际双方的商洽角度对照应修补进行了颇具启发意义的语用诠释。姜和李的合作论文(2003)根据自己收集的中文会话语料,对Schegloff等人于1977年提出的"自纠偏好"提出了质疑,分析了中文会话中修补位置的不同和修补种类分布的不同,指出了Schegloff等人"纠偏"定义太宽的观点。

从以上几篇开创性论文来看,虽然在研究的深度和广度上和国外研究尚有差距,但国内学者敢于质疑,敢于创新,敢于另辟蹊径,根据自己的理解,提出独立的看法,建立不同的模型和结构,其科研精神可嘉,值得学习和借鉴。总的来说,国内修补研究有以下几个特点。

其一,面广。尤其是近五年,研究的面不断拓宽,有儿童话语(董博宇,

2023)、医患话语(何丽、张丽，2021)、智力障碍儿童话语(郑杜甫，2022)、节目话语(白雅琪、赵玉荣，2022)、网络话语(陈安媛，2018)、庭审话语(贺小聃，2018)、商务谈判话语(王雨佳，2016)等，针对修补分类、策略、认知特点等，或基于语料，或基于实验进行了探讨。

其二，欠精。虽然近十年国内研究所取得的成果从数量上十分可观，但是，在质量上，有深度的成果相对较少，表现在理论上难见突破，在应用研究上，难见有实验或海量数据分析支撑的成果，基于眼动或脑电等的实验则更少。

其三，过于单一。现有的研究多是从语言学视角开展研究，但是，从认知语言学、语用学、社会语言学以及计算语言学等视阈进行的研究则寥寥，因此，难以形成多学科协同创新研究的态势。

其四，欠系统。现有研究较为零散，基本上是对有关修补某个方面的"零敲零打"，研究主题也缺乏系统性，因此，造成了量多质次的局面。其主要原因是，第一，国内学界缺乏专门研究修补的学者；第二，国内修补研究受到国外修补研究的影响，缺乏创新和突破。

系统性形成方面，还有一个突出问题，那就是在修补研究中，其术语的汉译还不够统一，如"repair"的汉译、"trouble source"的汉译、"error correction"的汉译等。又比如本文提到的修补内部结构中的术语汉译问题，如"reparandum"的汉译、"point of interruption"的汉译以及"overshoot"，"retrace"和"alteration"的汉译，均存在着译文不统一的现象。随着人们对修补现象的认识不断加深，修补的术语有日益增加的趋势，因此，对于这些词汇的汉译，最好能有比较认可的译名，以便能更为正确地把握修补的本质。这一问题应引起修补研究者的重视。

以"repair"的汉译问题为例。现有译文，堪称琳琅满目，有翻译成"修正"的，也有翻译成"修补"的，更有翻译成"纠偏""纠误""纠错"，甚至还有翻译成"更改"的。译文如此众多，着实令人眼花缭乱。

从文献获知，"repair"的翻译主要有两种，有翻译成修正，也有翻译成修补。我们之所以坚持将其翻译成修补，并且沿用至今，是因为，如果将其翻译成修正，因为"正"的含义是"将有偏差、谬误的事物改正过来。"因此，它的意思比较窄，正好对应"correction"，而"补"，不仅有"整修坏的东西"，还有"补足、补充"之意，而"self-repair"，从说话者所实施的修补策略来看，不仅有将错误的言语改成正确的言语，也有将不充分的言语充实成完整的言语，因此，修补更能确切反映"repair"的含义。

有关"repair"和"correction"的区别，学界已有澄清。"repair"概念源自会话分析研究(Jefferson，1974；Schegloff et al.，1977)，被认为是会话话轮转换行为的组织机制。在话语分析范畴，对于交际者对监控到的言语错误实行改正的行为，研究者倾向于沿用"repair"而不是"correction"。尽管两者均属于改正行为，却是不同的术语。

因此，"repair"而不是"correction"被用来指话语交流过程中时常发生的言语错误纠错行为。correction 指用正确话语替换错误话语，而"repair"还可指无明显语误的错误纠正行为。因此，Schegloff 等人(1977)建议用"repair"来指更为宽泛的言语错误改正行为。涉及所有问题处理的语言行为，包括寻词、重复、替换、确认等，都属于"repair"行为。他们同时认为，"correction"是"repair"的次名称(subterm)。

所以，"repair"的修补范围比起"correction"要宽泛。

到底是"修补"还是"修正"还是"纠偏"或别的译法，国内学者观点不一，这其中，朱娅蓉(2010：15—19)就认为，将"repair"翻译成"纠正""纠错"或者是"纠误"和"纠偏"，只是体现了对会话错误的纠正，难以表示"repair"所承载的丰富的内涵意思，因为，"repair"不仅仅是对会话错误的改正，而且还有内容上的增加或删减以及调整，因此，这一类的汉译无法体现"repair"的涵义。她倾向于将"repair"翻译成"修正"，为此，还考证了相关辞海和词典。

本书就"repair"一词究竟译为修补或修正这一问题，也查询过上述在线词典或辞海，以便能正确地把握这两个译文的意思，结果在 http：//www.zdic.net 中得出，修补为"修正补充"之意，修正为"修改使正确"的意思。我们认为，从字面意思上来看，修补不仅强调修正，而且还有补充的意思，而修正则只有"修改以便使之正确"这层意思。从修补策略来看，说话者不但采用重复，还有插入、替换和重组(姚剑鹏，2007)，因此，会话修补不但要修正言语错误，还要补充不恰当信息。从这个意思上来看，"repair"应该被译为修补，而修正更适合对另一个概念"correction"的翻译。而且,还应考虑另一修补术语的翻译,即"alteration"。因为 Levelt 在其构建的三阶段自我修补结构中,称修补的第三阶段为"alteration",为此,我们试译为改正。

还需要指出的是,不仅"repair"概念本身有多种译法,国内学者对于修补机制中的其他术语,其译法也不够统一,如"trouble source",分别译为"阻碍源""修正源"和"阻碍源"等;"initiation",分别译成"发起""引导"和"启动"等。本书选择前者为"阻碍源",而后者为"启动"。

1.8 本章小结

本章节从概念、定义、结构和策略入手,具体介绍了自然言语环境下会话自我修补现象及其诸多特征,同时,较为全面地梳理了国外对会话自我修补所开展的学术研究,尤其针对近十年国外研究的特点和进展以及对修补研究的学术贡献进行了评述。在此基础上,还对国内修补研究的历史和现状做了简要的回顾和讨论,从中了解到,在结构上,修补有较为固定的三阶段模型,即待补、编辑和改正(Levelt,1983);在策略上,它可从多种视角加以分类,从而说明了修补在自然言语交际中的普遍性以及它所蕴含的学术研究价值;在定义上,它具有鲜明的特性即对检测到的言语错误进行自我改正的行为。目前,国外研究不断成熟,相关成果日益丰富,研究领域呈现跨学科发展的态势,近几年还延伸到了神经语言学、计算语言学等领域。

相比之下,国内的会话修补研究较之国外,晚了十余年。但是,从这几年的发展来看,修补正在吸引越来越多的学者的关注,这从所发表的研究成果、不断拓宽的研究内容以及不断成熟的研究方法上可见一斑。而且,随着研究的不断深入,研究队伍也日益壮大,越来越多的硕士、博士加入修补研究的行列。然而,与国外现有研究水平来比较,我们还需迎头赶上。相信,随着我们对修补认识的不断加深,我们的视野会越来越开阔。同时,随着现代实验方法的创新运用以及人工智能技术的普及和数据分析的加深,修补所依托的实验研究和数据分析以及语料库建设等一定会质、量齐升,修补的跨学科研究、理论上的创新、系统性的研究一定能再上一个台阶。在不断拓宽的研究内容和对象中,汉语自然环境下的会话自我修补不失为一个突破口和创新点。我们应积极探索汉语会话自我修补的规律和机制,着手建设大型汉语口语语料库,找到适合汉语会话自我修补研究的理论建构路径,为深入研究修补提供中国经验。

第2章 会话自我修补

——二语习得视阈下的探索

自然言语环境下的修补研究自然延伸到了二语环境下学习者的会话自我修补。学习者会话自我修补是学习者在二语课堂会话过程中监控到言语错误后所采取的一种自我纠错行为,主要有自启自补和他启(教师或另一学习者)自补两种类型。它是当今二语习得理论中的基本概念和重要的交际策略,也是衡量学习者二语/外语学习成功与否的标尺。对言语错误的自我改正是语言学习的理想目标(Allwright and Bailey,1991),因为只有学习者自己才能自我发展中介语。

研究二语交际环境下的学习者会话修补,对于学习者习得外语颇为重要,这从下列学者的论断中不言而喻。Faerch 和 Kasper(1983)指出,在言语计划和执行阶段,二语说话者由于自身语言资源的缺乏,会遇到交际问题,因此,会凭借现有的知识,调整言语计划,有意识地传递可理解性言语以达到最优交际的目的。避免交际失败并使听话者理解言语信息的交际策略修补有助于二语习得(Swain,1985;Rababah,2007),从而实现可理解性输出(Swain,1985)。Swain(1985:248—249)认为,当出现交际失败,说话者便会"强制(pushed)采用其他方法精确地、连贯地和恰当地传达信息。"这里所言的其他方法之一便是修补。

2.1 研究回望

国外研究文献可上溯到 20 世纪 70 年代 Fanselow(1977)、McHoul(1978)对二语课堂修补的研究。有趣的是,国外对二语环境下的会话自我修补的研究几乎与一语环境下的会话自我修补研究同时开始。1977 年,Shegloff 等人发表了修补研究的开山之作。就在同一年,Fanselow 就已经结合教师话语录像,研究语误修正中的言语和非言语行为。他的研究主要考察了被修正的语误类型以及如何修正的方法。对教师话语录像的分析得出,教师并不关注语法错误,而是注重错误意义。频率最高的语误修正是教师在学习者还未自我修正之前就给出了准确答案。遗憾的是,受当时的条件所限,他的分析比较有限,所依据的实例也不多。1978 年,McHoul 采用 Schegloff 等人提出的研究方法,基于对英国某所高中地理课的课堂观察,尝试对课堂话语修补现象进行研究,从中发现他启自补在数量上要超过自启自补。他的研究颇具影响力。

到了 20 世纪 80 年代,研究逐渐形成规模,分两个层面进行。一是针对非本族语说话者的修补。Hieke(1981)是最早发现非本族语说话者比本族语说话者更多使用自我修补的研究者之一。Wiese(1984)也得出同样的结论。他发现 L2 说话者所犯的言语错误比 L1 说话者要多,自然对言语错误进行修正的修补也多。他指出,L2 说话者由于 L2 知识不足以及 L2 语言加工自动化程度不高,需要更多的时间来计划自己的言语。Krashen(1982)、Long(1983)和 Kasper(1985,1986)等人通过研究非本族语说话者的课堂话语行为,试图发现修补在课堂话语环境中的特征及其对学习者二语习得的作用。二是比较研究,如 O'Connor(1988)比较了 L2 初学者和 L2 高级学习者的言语自我修补,发现初学者的自我修补比高级学习者要少,他们的修补类型多为纠正性修补,而后者多为预期性修补包括言内修补等。

20 世纪 90 年代之后,研究趋向成熟,其内容覆盖了如下几方面:① 修补启动（Buckwalter,2001）、启动位（Makinen,2008）和启动技巧（Seong,2007）;② 修补分类（Kazemi,2011）;③ 修补策略（Bada,2010）;④ 修补影响因素,如二语水平（Yasui,2010,Zuniga and Simard,2019）;⑤ 修补认知特征,如工作记忆（Mojavezi and Ahmadian,2014;Georgiadou and Roehr-Brackin,2016）;⑥ 修补有效性（Izumi,2003）等,其方法包括基于课堂语料（Macbeth,2004）、实验（Fincher,2006）和一语与二语间（Meir et al.,2022）、课堂会话修补与自然会话修补间（Buckwalter,2001）的对比研究,如 Temple(1992)比较了 L1 和 L2 说话者的自我修补,发现 L1 说话者的语速是 L2 说话者的两倍。

他们能熟练运用填充词,但是 L2 说话者常使用无填充暂停,并产生更多的重新启动以及大量无修补的言语错误。研究得出如下结论:修补是有效的交际策略和优先采用的课堂策略(Shehadeh,1999),有助于意义协商和可理解性输入与输出(Cho,2008)。

对于二语习得学习者而言,在意义协商过程中都会使用修补策略以达到言语理解的目的。一语环境下的修补研究完全可以与二语环境下的修补研究并驾齐驱,互相借鉴,互为补充。Nagano(1997:81)研究了日本的英语学习者的自我修补,得出结论——"日本的英语说话者的自我修补与 Levelt 研究中的一语说话者在某些方面相差无几。"

值得推荐的是 Williams(2022)的著作。他从社会语言学视角全面论述了学习者会话过程中的暂停(无填充暂停和填充暂停)、自我重复、拉长音、自我修补和错误开始等现象,是一本能使我们更深入了解间断语流和会话修补的好书。

2.2　研究内容

2.2.1　修补模式

首先对修补模式进行了研究,形成了下列观点。

模式一:Van Lier(1985)的三话步模式。

Van Lier(1985)对二语课堂中的修补片段进行了研究,提出了"三话步模式",如表 2.1 所示。

表 2.1　Van Lier(1985)的三话步模式

话步 1:语误来源-启动-修补	自我
话步 2:启动-修补	他人
话步 3:启动-修补	自我

在此模式中,修补片断中启动和修补出现的位置不同会导致不同的修补模式。当语误来源、启动和修补位于同一话步时,修补模式就是自我启动自我

修补;当启动位于第一话步而修补位于第二话步时,修补模式就是自我启动他人修补;当启动和修补位于第二话步时,修补模式就是他人启动他人修补。

Van Lier(1988)基于对收集到的课堂语料的分析,得出结论:不同类型的课堂活动导致不同类型的修补。由于课堂会话修补的启动方式和修补完成的位置有所不同,课堂活动可衍生出六种修补模式,包括自我启动自我修补、自我启动他人修补、第三话轮自我修补、他人启动自我修补、他人启动他人修补和转换位自我修补。但是,根据收集的语料,他发现,第二语言课堂只出现了和 Schegloff 等人发现相类似的四种模式,即自我启动自我修补、他人启动自我修补、自我启动他人修补和他人启动他人修补。这一发现得到了其他课堂会话修补研究的证实(Buckwalter,2001;Kasper,1986)。所以,在课堂会话中,这四种模式可具体分为:学生启动学生自我修补、教师启动学生自我修补、学生启动教师修补以及教师启动教师修补。这四种模式还得到了 Seedhouse(2004)研究的支持。

模式二:McHoul(1990)的 I - R - E - C 模式。

通常,二语课堂的修补模式为 IRE,即 initiation——教师提出问题,reply——学生予以回答,evaluation——在第三话轮中,教师对学生的回答合适与否做出评判。然而,McHoul 却发现,假如学生回答不对或回答不出,教师会在下一个话轮中加以修补。鉴此,他认为,应扩大原有的 IRE 修补模式。根据语料,他发现,与其说第三个话轮为修补的结束,倒不如说是教师启动的修补(teacher initiation)的开始,第四个话轮才是学生(或教师)做出的修补。因此,他建议将修补模式扩大为 I - R - E - C 模式,即 initiation - reply - evaluation - correction 模式。

由于二语课堂的特殊性,课堂修补的模式除了学习者自我启动、自我修补之外,还有学习者或教师启动的修补形式等,这主要受课堂交际形式的影响。

2.2.2　修补分布

围绕修补在课堂上的分布,产生了以下争论。

一是认为,在二语课堂里,自启自补现象占多数,如 Buckwalter(2001:380—397)运用 Vygotsky(1986)的社会文化理论,研究西班牙二语课堂学习者对话中的修补现象。他的研究揭示,学习者自启自补在数量上超过了他启他补。在修补对象上,最常见的自启自补对象是词汇和形态问题,其余的对象均涉及语言问题。他认为,这是因为成年二语学习者的互动模式受到了面子观的束缚,交际双方不试图改正对方二语产生过程中的问题,以此来维系各自的公众形象。从面子的角度来看,对于学习者来说,最大的面子威胁行为当属修补的他启,因此,他启比他补还要不受欢迎。只要修补是由学习者本人启动的,他补似乎能被接受。研究还发现,绝大多数的修补均体现了学习者自我调节的行为。按照 Shonerd(1994)的说法,大部分的修补是局部性的。也就是说,修补是为了使言语能够更加接近目的语形式。自启自补体现了学习者控制二语使用所作的努力,这一过程需要语言意识(language awareness)。为了能够实施自启自补,学习者必须了解他们语言发展过程中的两个方面:一方面,他们必须知悉本人目前的语言运用能力;另一方面,他们必须了解哪些语言运用方面尚需尽更大的认知努力。根据社会文化理论,这样的感知源自社会互动。对已成年的有文化的学习者来说,就是与众多的资源如书籍进行互动。语料显示,学习者体现了在语言产生过程中对形态、句法、发音和词汇等的元语言意识,尤其对形态和词汇问题的关注。

二是认为,在二语课堂里,他启自补现象在数量上超过自启自补现象。这一现象在自然言语和课堂言语中均存在,前提是他启现象在课堂言语中比自然言语要多得多(McHoul,1990:366)。但令人惊讶的发现是,自我启动而产生的自我修补十分缺乏。McHoul(1990)发现,在他的课堂里,自启自补相对较少,而且"这种修补往往局限于待补或阻碍源从严格意义上属于语误的错误"(McHoul,1990:353)。他所发现的修补中,有 74% 是教师启动的。相比之下,同一话轮中的自启自补为 26%。Egbert(1998)分析和研究了学生启动的修补。她也发现,他启自补的发生率居多。同时,她也发现,部分重复(partial repeat)和候选修补(candidate repair)之类的学习者启动的修补最为常见,也最为特殊。

那么,在二语课堂中,到底哪种修补形式居多呢? 有观点认为,这与所学内容和所学方式有关(Kasper,1986:15—16)。Kasper 基于一所丹麦高中科学课里有关将荷兰语翻译成英语以及课文讨论的语料,集中讨论了学习者所犯的语误以及对语误的修补,同时,也讨论了教师层面的语误。她将外语教学课堂的修补场合分为以语言为中心(language-centered phase)和以内容为中心(content-centered phase)两阶段。在前者,很少发现学习者实施自启自补形式的修补,也根本没有自启他补形式的修补。与其说启动修补,学习者转而停止语流,用母语直接请求帮助(Kasper,1986:18)。她还发现(Kasper,1986:18—20),通常是教师启动了修补,因为教师是课堂上注意学习者所用形式的人。通过对语料的分析,她发现最为常见的修补形式是他启自补的修补形式,其中,常见的形式是,教师启动修补,学习者实施修补。这也许是由于学习者启动修补的机会不是很多(Kasper,1986:17)。在课堂环境下,他启他补现象也非常常见,往往是教师启动修补,其他学习者而非出现语误的学习者实施修补。然而,这种情况下,确认修补完成的是教师。这表明,教师在课堂上享有权威。他对孰对孰错有最后的评判权(Kasper,1986:16)。她还发现(Kasper,1986:22—27),在以内容为中心的教学阶段,修补形式主要为自启自补,但是,最主要的形式仍然是他启他补,这与以语言为中心的课堂教学阶段所发现的现象相同。另外,自启自补的修补对象为语言或内容方面的错误。在以语言为中心的教学阶段,修补具有下列最典型特点。

(1)阻碍源发生在学习者言语中。

(2)阻碍源往往被教师监测到。

(3)修补者为同一说话者或别的说话者。

(4)由教师确认修补是否完成。

这一阶段主要关注形式上的准确性。然而,以内容为中心的教学阶段,主要开发学习者表达内容和观点的能力。这样,外语学习便成了交际的目的和途径。以内容为中心的教学阶段比以语言为中心的教学阶段更接近非教育话语。

还与课堂环境有关(Seedhouse,2004)。Seedhouse 研究了课堂环境下处于不同语境的修补,包括形式与准确性(form-and-accuracy)、意义与流利性(meaning-and-fluency)和面向任务(task-oriented)等语境。形式与准确性语境针对的是言语和写作中的语法点及其准确性。这样,该语境下的修补与诸如动词时态、冠词使用等等有关。其特定的修补类型便是他启他补,即教师启动、其他学习者修补的类型；意义与流利性语境针对的是交际过程中意义理解和言语产出的流利程度，因此，其修补形式就会相对灵活，这样，学习者就能够灵活处理会话过程中出现的言语障碍，流利、准确地进行课堂交流和沟通。Seedhouse(2004：151,155—7)注意到，在意义与流利性语境中，当重心在言语理解而不是语言形式上时，教师包括学习者都会提出要求澄清的提问，从而启动了修补。双方会使用特殊疑问句形式作为修补启动技巧，但其目的不是启动修补而是要求澄清，着眼于共同理解；而面向任务的语境针对的是任务以及任务结果和完成程度。任务可以是小组或个人的任务，因此，学习者启动的修补较常见，其目的是共同完成任务。

在他的研究中，自启他补现象还是十分普遍的。他认为，在课堂语境下，重点是双方的言语理解，教师并不启动修补，即便确实出现了语言错误(Seedhouse，2004：150)。在交流过程中，当学习者试图理解对方，他们往往自己启动修补并修补各自的言语。而且，修补只是针对所说内容的准确性而不是语法问题(Seedhouse，2004：151)。在面向任务的语境中，修补启动往往由学习者做出。任何阻碍他们完成任务的内容均被视为错误，而需要改正。教师往往是修补的实施者，而学习者是修补的启动者，要求澄清、确认，或进行理解检查。

还与修补者与交际对方的关系和交际目的有关。Norrick(1991)将Schegloff等人的研究成果和他本人的研究进行了比较，他发现"修补序列的结构取决于交谈者之间的关系以及他们的交际目的"(Norrick，1991：75)。

本书认为，在如今主张以学习者为中心的二语课堂里，教师的作用越来越淡化，自启自补应得到鼓励和发扬。

2.2.3　修补分类

研究者针对修补类型进行了研究。

分类一：Porter(1986)认为，课堂修补可分为理解检查(comprehension check)、澄清要求(clarification request)、确认检查(confirmation check)、意义验证(verification of meaning)、定义要求(definition request)和词语不确定表达(expression of lexical uncertainty)等。他同时认为，上述言语调节帮助学习者进行语言习得，使他们理解复杂的语言。因此，修补被认为是驱使中介语向前发展的引擎。

分类二：van Lier(1994：194—202)将课堂环境下的修补分为：① 同话轮自补(same-turn self-repair)，带有迟疑、暂停、词替换和改述等现象；② 话轮转换处自补(transition-space self-repair)，其特点是紧跟话轮后，并认定前说话者或下一个说话者会继续话轮。Schegloff 等人(1977：374)认为，在这一话轮转换处，下一个说话者会延缓话轮以便留出空间让第一个说话者进行修补。然而，van Lier(1994：196)却发现，教师修补中，并未发现此类现象；③ 第三话轮自补(third-turn self-repair)；④ 他启自补(other-initiation/self-repair)，包括同话轮启动和同话轮修补(same-turn initiation/same-turn repair)和下一话轮启动和第三话轮修补(next-turn initiation/third-turn repair)两类；⑤ 他人修补(other-repair)，同④，也包括了同话轮他补和下一话轮他补两类。在 van Lier 看来，此类修补是课堂特有的修补形式，日常会话中并无此修补。他称其为帮助(helping)，主要针对长语段中的小问题；⑥ 自启他补(self-initiation/other-repair)，在他的语料中并不多见，往往伴有升调并将其当作自启的技巧。

分类三：van Hest(1996)将修补分为① E 类修补，即说话者对所监测到的言语错误(error)的修补；② A 类修补，即说话者对会话合适性(appropriate)问题的修补；③ D 类修补，即说话者对会话内容的修补，表示说话者在言语交际过程中意欲放弃原有的言语，加工不同的(different)信息；④ R 类修补，即其他修补现象(rest of repairs)。

我们认为，二语课堂修补类型应由课堂语料来决定，而且，为了更为清晰地呈现修补，其分类不宜太细。本书聚焦二语课堂学习者会话自我修补，从 MCCECSER 的语料来分析，仍然沿用重复、重组、替换和插入等类型。

2.2.4　修补影响因素

学界研究了影响修补的因素。

首先，任务要求对修补有影响。Bygate(1996)专门研究了任务要求对二语监控的影响。他发现，在重复任务要求后，二语学习者就会更为频繁地修补。Ahmadian 等人(2012)通过实验证明了 L2 产出过程中任务复杂性与修补行为的关联性。此外，涉及交际信息量的自我修补量会因任务的不同而不同

(van Hest，1996；Poulisse，1997)。van Hest(1996)发现,需要更为准确表达的任务比对表达要求不是很高的任务更易导致合适性修补。Kormos(2000)持同样观点。他的研究也表明,一语和二语中出现的合适性修补会因任务性质和交际情景变量的不同而变化。

其次,学习者个人特点对修补有影响。Seliger(1980)第一个研究了自我修补行为和 L2 学习者个人特点之间的关系。研究表明,学习者年龄和二语水平可以影响自我修补的数量和质量(Camps,2003)。与学习者二语水平有关的变量更为明显。van Hest(1996)发现,高水平学习者要比低水平学习者其语误修补要少,初级和中级水平的二语说话者比高水平二语说话者更频繁地修补词汇错误,但合适性修补显得比后者要少。Camps(2003)指出,学习者在交际过程中犯的语误越多,就越表明其目的语的熟练程度不高,导致无法注意和监控到语误。Yasui(2010：41—57)也研究了修补和语言熟练程度的关系。研究基于美国得克萨斯大学奥斯汀分校英语—日语会话小组的课堂语料,分析了高水平和初级日语学习者的会话修补情况。研究发现,高水平日语学习者偏向对言语错误实施自我修补,并在言语交际和自我修补的实施过程中体现说话者的身份。相比之下,初级日语学者表现出语言知识的匮乏,因而对他人修补情有独钟。通过显示他在语言生成和理解方面的问题,他总是要求别人给予帮助。语言熟练程度除了与修补有关联之外,还与修补的重要组成部分自我监控有关联(Albarqi and Tavakoli,2023)。此外,修补不但与语言熟练程度有关联,还与注意控制和一语修补行为有关联(Zuniga and Simrd,2019)。

2.2.5 填充词研究

对二语课堂环境下的填充词的研究不是很多。Chaudron 和 Richards(1986)研究了各种类别的填充词影响外国学生理解大学讲座的程度。他们将填充词分成宏观和微观两类。前者指示言语主要语段之间的关系或言语主要转折点(如"what I'm going to talk about today …"),后者表示句间关系或者是暂停填充词(如"and","so" and "well")。研究结果显示,宏观填充词更能帮助学习者理解讲座,但是,该研究未发现微观填充词的积极作用。

Redeker(1990)将填充词分成两类：概念类(ideational)和语用类(pragmatic)。她用影片描绘任务获得研究被试的口语语料。她发现，这两类填充词的频率就一个特定的交际任务而言是互补的。也就是说，概念类填充词随着说话者使用语用类填充词的数量增加而减少。这一变化与说话者之间的关系相一致，即朋友间的交际，说话者更多地使用语用类填充词。但是，倘若是陌生人之间的交流，每 100 个子句使用了 41 个概念类填充词和区区 9 个语用类填充词。Flowerdew 和 Tauroza(1995)认为，填充词可以被用来指示话语音调单位的开始或结束。此外，能否使用言语连接词(discourse connector)如"well"、"oh"、"I see"、"okay"的能力是评价学习者具有良好交际能力的十大要素之一(Celce-Murcia and Olshtain，2000)。

2.2.6　修补作用

研究显示，修补有利于学习者的输出，是学习者有效的交际策略，对学习者习得外语起着推波助澜的作用；不仅如此，它还有利于外语教学。

2.2.6.1　修补与输出

如前所述，自我修补属于修补后输出(modified output，Swain，1985)，在二语习得研究中占有关键地位，是当今二语习得理论中的基本组成部分(fundamental construct，Swain and Lapkin，1995；Shehadeh，1999，2002)。在自我修补过程中，修补后输出或强制性输出(pushed output)实际上指的是二语学习者所作的自我启动或他人启动的修补并对言语错误进行改正或改述。Swain(1985，2005)的可理解性输出假设强调学习者输出的重要性，并认为输出的作用至少是"为语境化并有意义的使用创造机会，检验有关目的语假设，使学习者从纯粹是对语言的语义分析发展到对语言的句法分析"(Swain，2005：252)。尽管有别于强制性输出，自我启动的自我修补从功能上来说等同于强制性输出，因为自我修补可用来检验对目的语的假设，诱发创造性的问题解决办法，扩大学习者现有的资源(Kormos，1999)。由此可见，自我修补在学习者二语习得过程中起着重要的作用。Swain 和 Lapkin(1995：373)认为，二语学习者在修正他们的中介语言语以便使自己的言语表达更易理解过程中会采取一些重组言语的策略，"假设是，这样的修正过程有助于二语习得"。

Swain(1985)发现,产生修补后的可理解输出的过程就是语言习得的过程。因为在此过程中通过意义协商,教师修补学习者的信息,使学习者产生修补后的可理解输出,从而促进二语习得。Vygotsky(1986)的社会文化心理学理论强调了教师作为中介者的中介作用以及调控作用,认为,教师启动的修补有益于学习者中介语发展,有益于学习者改变其学习态度。Liebscher 和 Dailey O'Cain (2003:375—390)认为,修补说明了师生是如何理解和看待各自在课堂言语交际中不同的角色。分析得出,修补是用于课堂修补后输出和输入的重要资源。

自我修补过程也是学习者之间进行意义协商达到可理解性输出的过程。研究也证明,本族语者和非本族语者之间(NSs/NNSs)以及非本族语者和非本族语者之间(NNSs/NNSs)的意义协商互动对可理解性输出尤为重要。因为通过意义协商,学习者和交际方共同协作,提供可理解性输入并产生可理解性输出。协商互动的重要性在于它不仅使非本族语者获得经协商后进行可理解性输入的机会,而且通过言语修补进行可理解性输出(Long,1983;Varonis and Gass,1985;Gass and Varonis,1985,1994;Doughty,1988,1992)。Pica 等人(1989:65)指出,交际双方的协商互动(negotiated interaction)可以帮助学习者理解尚未掌握的 L2 输入知识,并通过协商,获得尝试新的 L2 词汇和语法结构的机会。

修补机制用于协商意义,使说话者得以解决交际过程中听、说或理解中出现的问题。这一机制在日常会话和课堂会话中均存在,但两者有所区别(McHoul,1990),主要原因是学习者尚未全面地学习二语,而且,传授给他们的修补技巧是非自然的技巧(Egbert,1998:158—165)。

在 Liebscher 和 Dailey O'Cain(2003:375—390)的研究中,他们发现,教师和学习者都将修补作为课堂资源加以运用,但用法不同。主要原因是他们想扮演各自不同的课堂角色。大部分修补表明,学生们在协商意义的同时关注形式。他们也认为,修补对课堂环境下的修补后输出和互动以及修补后输入来说是颇具价值的资源。

对于课堂自我修补,要是产生可理解性输出的修补对成功的语言学习不可或缺的话,自我修补以及可理解输出应受鼓励并应该被看成是首选的课堂教学策略。既然二语学习的主要目标是接近本族语,因此,创造能够产生自启自补的可理解性输出的情景是关键。另外,二语学习者在语言学习过程中所犯的错误实际是他们二语习得发展的证据(Corder,1981;Cutler,1982)。对这些错误实施的修补则表明他们的二语产生过程在起作用(Kormos,1999;van Hest,1996)。因此,二语学习者所犯的这些错误和修补对语言教师而言颇具价值,可以从中了解可以将哪些内容教授给学习者。

2.2.6.2　修补与交际策略

修补还是二语学习者有效的交际策略。交际策略是第二语言或外语(L2/FL)学习者在交际中为克服自身的语言水平缺陷,达到交际目的所使用的特定的方法与手段。会话自我修补是说话者在交际过程中为了准确表达自己的交际意图,使交际得以顺利进行而采取的自我改正言语错误的行为,体现了说话者对自己的言语交际质量进行驾驭的能力。因此,说话者的会话自我修补能力是交际者交际策略的具体体现。它反映了交际者对交际质量、交际目的以及交际过程的控制和对交际对方的感知,是衡量交际策略能力的标准之一。我们认为,由于自我修补是二语学习者外语学习成功与否的重要标尺,对这一能力的掌握对于我国的二语学习者尤为重要。同时,对外语教师来说,帮助学习者理解这一能力对二语学习的重要性,使他们获得这一能力,也是必须做的事情。

早在 1977 年,Schwartz(1977)在其硕士论文中指出,在其收集的非本族语说话者英语语料中发现的修补中有一些应该属于交际策略。她将修补定义为:"出现或预感出现某种交际失败或麻烦时为了获得理解而采取的策略。"(Schwartz,1977:4)。Schwartz 在 Schegloff 等人(1977)对修补研究的基础上,从下列角度研究了会话交际以及修补,即① 谁启动了修补,本人还是他人? ② 伴随修补启动后的迟疑现象的类型;③ 伴随的非言语形式。Tarone(1980:425)认为,从理论上来说,说话者修补言语是为了将言语与想要表达的意义相一致,与社会承认和认可的形式相一致。

2.2.6.3　修补与二语学习者

自我修补使我们了解学习者的监控偏好(monitoring preference)、学习策略(learning strategy)、难点(area of difficulty)和语言熟练程度等信息,在语言学习过程中起着重要的作用。自我修补研究可使我们了解二语学习者的二语熟练度、自我监控能力和二语习得（Wong，2000，2005；Rylander，2009）。

多项研究指出，鉴于监控和外语熟练度两者之间的关联性，自我修补可指示二语学习者的二语熟练度（Chen，1990；Fincher，2006；van Hest，1996）。如果学习者对目的语词项不够熟悉，那么，他就更有可能监测语误（Mackay，1987）。换句话来说，如果目的语已自动化或已习得，学习者也已熟悉，就不太可能会启动学习者的自我监控。Camps（2003）也认为，二语学习者的语误监控和监测能力与他们对目的语的了解程度有关。问题是，学习者自我监控并不一定会产生自我修补，即便他们相信自己产生了错误。因此，自我修补并不完全表示学习者有能力监控自己的言语产出。有研究将增强自我修补能力和策略与外语的高熟练度联系起来（Chen，1990；van Hest，1996；Fincher，2006）。Chen（1990）研究了具有高、低熟练度的学习者所运用的交际策略类型，发现高熟练度学习者的修补策略在数量上并不多，但其运用则更为有效。得出的结论是，交际策略频率、类型和有效性会随着学习者外语熟练度的提高而有所不同，因此，自我修补的有效性、频率和类型可表示学习者的外语熟练度。但也有研究得出不同的研究结果（Kormos，2000；van Hest，1996），因此，学习者的监控和修补能力与他的外语熟练程度的相关性有待商榷。

如前文所述，有研究将自我修补视为二语习得的标志（Fincher，2006；Lyster，1998）。当学习者开始验证假设，注意到他所产出的言语与本族语者所产出的言语之间的距离，他就有能力习得新语言（Schmidt and Frota，1986）。这种习得的载体是监控。通过自我修补，学习者在产出修正后的输出（modified output）。正如Swain（1995：191）所言，修补代表了"学习者中介语发展的前沿"，提供了学习者习得证据，并使我们深入了解了二语学习者在语言习得方面所取得的进步。

因此，二语环境下的自我修补研究可以使我们洞察学习者对目的语的总体感知和概念化，了解他们的习得策略和态度以及难点所在。有研究表明，自启自补能够使教育工作者了解学习者二语熟练度的发展（Camps，2003；Fincher，2006；Kormos，1999a；Lyster，1998）。学习者会话自我修补也反映了他们对目的语语义和句法的概念化和理解，也正是这些因素引发他们对言语错误实施自我修补。

Buckwalter(2001)研究了自我修补的性质,认为,学习者将自我修补用作元认知手段,用来自我调节言语,并将自我修补当作外语学习的资源。Liebscher 和 Dailey-O'Cain(2003)以及 Rylander(2004)发现,学习者用自我修补来制订规则,学会"如何进行会话"的方法与手段。

2.2.6.4　修补与二语教学

研究外语课堂话语中的修补有益于了解课堂话语交际问题是如何管理的(Seedhouse,1999,2004)。有学者针对学习者话语修补分别进行了自然课堂研究(Buckwalter,2001)和课堂实验(Shehadeh,2001),揭示了学习者倾向于自启自补,证明了非本族语学习者与本族语说话者对自启自补的偏爱是相同的。研究带来的教学启示是,在外语课堂中必须运用各种交际活动,这样,学习者就能有机会进行言语产出,并在产出中发现问题,解决问题。Shehadeh(2001)认为,无论是他启还是自启,对于外语学习均至关重要。他启修补也能对学习者的修补行为起到积极的作用。为此,Van Lier(1988)、Kasper(1985)和 Jung(1999a)提出"多变"法来理解二语课堂话语修补,即在二语学习环境下,修补会因教育目标的不同而不同,其中,Van Lier(1988)分析了如何根据不同的教育目标来调整修补,指出修补与活动和语境有关联。Kasper(1985)提出二语课堂有两种模式:语言为中心和内容为中心。在以语言为中心的课堂,最普遍的修补模式为他启自补,然而,在以内容为中心的课堂,则以自启自补为其主要形式。Seedhouse(1999,2004)拓展了这种"多变"法,建议增加基于语境的内容。Seedhouse(2004)认为,L2 课堂语境绝不是单一的,而是由三种语境组成,分别是① 形式与准确度语境(form-and-accuracy context);② 意义与流利性语境(meaning-and-fluency context);③ 基于任务的语境(task-based context),并研究了不同语境下的修补类型,得出结论:不同的语境具有不同的教育重心,因此也有不同的修补组织,两者的关系是反身的。然而,上述观点纯属描述性,从教育启示而言有其局限性,因为它忽略了课堂语境的社交性。

Schegloff(1992:1295)也说明了修补的作用,指出它能维系说话者之间的相互理解。Shehadeh(1999:627—675)提出,二语学习是否成功,或许可以用自启自补对他启他补的比例来衡量,也可以用内容和语用修补对语言修补的比例来衡量。因此，自启自补的内容和语用修补越多，互动就越接近本族语；反之，假如他启他补的语言修补越多，互动就越不像本族语。因此，最佳的二语学习环境应该是自启自补的内容和语用修补占主流的环境。

也有人认为，自我修补是非本族语说话者言语流利性缺乏的标志（Mauranen，2007：248）。因为修补往往伴有一段时间不等的暂停。人们认为，一个流利的说话者不应带有很多的十分明显的暂停。Fillmore（引自Ziesing，2001：4)将"能长时间说话且很少带有暂停"的能力看成是一个流利的说话者应具有的四项技能之一。但是，Ziesing 却认为，一个流利的说话者并不需要十分精确或者不需要说话时没有任何暂停、语法错误或重新开始。假如流利性所指如此，"即使本族语者也未必能做到流利地说话。"（Ziesing，2001：4）

在此，值得一提的是 Kasper(1985)的观点。首先，他指出，同话轮修补对于语言的习得意义不大，因为它不会产生对语言习得者来讲足够的句式构建活动。其次，他认为，确实客观存在着学习者的自补和其他学习者的他补之间的区别。另外，修补的价值在于它可以表示程序性规则（procedural rule），处理违反规则的问题和听力方面的问题，帮助理解话语，提示、解释和纠正错误等。然而，在 Krashen 看来，修补使学习者掌握了外显规则（explicit rule），但却忽视了语言真正的习得规则(Kasper，1986：13)。换句话来说，修补能使学习者掌握和使用准确的语法规则，但是语言的实际运用却没有得到过多的关注。

总之，在课堂环境中，修补是修补后输入、修补后输出和师生互动的重要源泉。修补还可被用作教学手段，使教师和学习者相互交流并有效地沟通学习，以促进学习者的语言习得。

2.2.6.5　修补的认知价值

在二语习得视阈下，对于修补认知特征的研究主要集中在修补与注意和自动化的关系。研究者研究了注意在自我修补中的作用，认为学习者的自我修补能力的发展与他们的能力和元语言意识有关（Evans，1985；O'Connor，1988；Verhoeven，1989；van Hest，1996）。然而，就 L1 和 L2 学习者来说，语言的习得是不同的。在 Kormos(1999)看来，监控有助于 L2 习得。当学习者掌握更多的接受性知识(receptive knowledge)并能"注意到差距"(notice the gap)(Schmidt and Frota，1986)和语误并在二语产出过程中检验假设，就能习得语言。研究表明，学习者的二语水平会随着接受性知识的习得而提高。后者比起产生性知识(productive knowledge)显得更为稳定、可靠(de Bot，1996；Kormos，1999)。因此，对差距的注意有利于二语习得(Schmidt and Frota，1986；Schmidt，1990，1993，1994；Robinson，1995；Swain，1995；Swain and Lapkin，1995)。当学习者意识到他们所产出的言语与本族语者的言语有区别时，就会注意到差距，从而，尝试对他们的中介语作出修补。Schmidt(1990，1993，1994)也指出，注意即学习者对语言的有感知的意识在语言习得中尤为必要。Swain 和 Lapkin(1995)认为，当学习者产出目的语的时候，外部或内部反馈会使他们注意到现有知识(即中介语)的缺陷。这一注意会促使他们在感知状态下重新组织言语，产出修补后输出。正是由于注意机制的作用，学习者注意到了自身言语产出与目的语言语之间所存在的差距，从而产生修补反应并制定相应的修补策略，实施修补。

修补与自动化之间的关系也有所涉及。迟疑和学习者所实施的修正性修补(corrective repair)的数量被视为言语产出过程中还有待自动化的标志。O'Connor(1988)的研究得出，低水平的学习者比高水平的学习者所做的纠错性修补在数量上要多。她分析了六位美国的法语说话者的言语表达，其中，三位为低水平说话者，三位为高水平说话者。得出的结论是，自动化缺损会降低学习者预先计划言语和避免出现问题的能力。Lennon(1990)发现，在他的研究中，被试在英国待了 6 个月之后，他们的纠错性修补的数量明显增加。因此，他认为，随着语言水平和能力的提高，学习者能够有更多的注意力来进行监控和实施自我修补。因此，被试的纠错性修补在数量上会随之增多。Temple(1992)研究了本族语说话者和非本族语说话者的迟疑和修补，不过，说话者的语言为法语和英语。她发现，法语说话者的语速为法语为本族语者的语速的两倍。此外，还发现，非本族语者的修补数量更多，并存在大量未被修补的言语。他们的自我修补中，对词汇错误的修补要超过对句法结构错误的修补。她将研究中发现的本族语者和非本族语者的自我修补的区别归因于不同的处理方式，并认为，词汇修补比句法修补需要更多的自动化。这样，非本族语说话者修补词汇错误时需要更多的自动化。

修补与记忆的关系也有所涉及,如 Georgiadou 和 Roehr-Brackin(2016)调查了执行工作记忆(executive working memory)和语音短时记忆(phonological short-term memory)与流利度和修补行为之间的关系,相关分析揭示,两者并无可靠的关联,执行工作记忆在言语产出的概念形成和句法形成阶段也许能提升语言表达的质量,但是二语学习者的修补行为却依赖于工作记忆之外的因素。

除上述研究之外,自我修补研究还在 SCMC 环境下进行。SCMC 为英文"synchronous computer-mediated communication"的首字母缩写,即实时电脑辅助交际。CMC(computer mediated communication),顾名思义,就是人们通过计算机这一媒介进行交际。它包括实时交际(synchronous CMC)和非实时交际(asynchronous CMC)。Santoro(1995)认为,CMC 包括三个要素,即会议协商(conferencing)、信息资源(informatics)和计算机辅助教学(computer-assisted instruction)。CMC 的这三项功能决定了它对现代教育具有重要意义,但也必须认识到,因为缺少面对面交流中的诸多用于辅助交流的非语言因素(如表情、动作和眼神等),在一定程度上学习者的学习积极性会受到影响,而且不利于保持注意力,也不适合用于一些以解决争议、谈判或社交为目的的交际任务。Kitade(2000)认为,互联网聊天使学习者有更多的机会对自己在输出过程中出现的语法和语用错误进行自我修补,因为这样的交流方式少了舆论竞争,而多了自我监控的机会。Yuan(2003)认为,在 SCMC 环境下,学习者需要同时注意语言形式和交际意义。印刷文本增加了输入与输出的显著性。此外,由于计算机辅助交际,很少有副语言提示,这样就减少了自然环境下交际所带来的时间压力和紧迫性,会使学习者更能关注自己的交际质量。再者,SCMC 文本不像言语输出和输入是稍纵即逝的,学习者可以回到前信息,进行检查,这有助于他们发挥其监控和注意能力。

然而,相关 CMC 语境下的自我修补研究尚不多见。Yuan(2003)统计了他的 CMC 语料,发现了 512 个语误,但只有 44 个语误或 8.59% 得到了说话者的自我修补。而这 44 个自我修补中,43% 为语法修补,涉及句子结构、主位一致和名词、冠词用法以及介词等,没有发现对时态、情态动词和形容词—名词序列错误的修补。

2.3 研究方法

研究方法主要为基于课堂语料的研究、基于实验的研究和对比研究。

首先,研究者收集二语课堂语料对二语课堂填充词运用(Hellerman and Vergun,2007:157—179)和课堂修补机制进行了有益的探究(Liebscher and Dailey-O'Cain,2003:375—390;Kazemi,2011:96—102)。Liebscher 和 Dailey-O'Cain(2003:375—390)收集了加拿大阿尔伯塔大学德语高级水平学习者应用语言学研讨班的课程语料,采用定性和定量分析方法,研究了学习者如何利用修补协商意义和形式,课堂修补与自然会话修补的不同之处,以及师生不同的修补目的等。研究发现,这些不同之处不仅体现了他们在二语运用方面的欠完整性,而且还反映了师生对各自所承担的课堂角色的理解和感知以及这种角色感知对他们运用修补的影响。最后研究得出结论,修补是一种课堂教学环境下修补后输出和输入的资源。Kazemi(2011:96—102)研究了自我修补类型与自我修补言语结构复杂性的关系,得出以下结论:句法自我修补与句法结构复杂性有关联;语音、形态、词汇、合适性和信息建构修补(information-structuring repair)与句法复杂性无关联。Tang(2011:93—120)还利用所建的大学课堂独白言语语料库语料对汉语中的自我修补各阶段进行了基于 Grice 会话合作原则理论的探讨,分析了自我修补的语用功能。

其次,研究者利用实验来检验和求证针对会话修补现象的假设,比如 Fincher(2006:1—200)在其研究中不仅用了课堂观察、录音和问卷调查等研究方法,还用了刺激性回忆(stimulated recall)、注意测试和记忆等实验方法来研究高级日语课堂中自我修补的作用。

最后,研究者开展了对比研究。其一为一语和二语之间的对比研究。Kormos(2000)发现自我修补的分布在一语和二语语料中无多大区别。相反,Lennon(1990)发现其一语为德语、二语为英语的大学生说话者中,很少有自我修补。但是假如他们确实做了自我修补,最常见的修补对象是词汇。van Hest(1996)发现,二语说话者比一语说话者更早启动语流的暂停。她认为,这是因为二语说话者的自我监控过程是一种更具控制性的过程。此外,他们的语速比起一语说话者的语速要慢,表示他们还需要有更多的机会来监控二语产出。但是,对此,Kormos(1999)却有不同的看法。他认为,二语说话者的语流暂停要早于一语说话者,这是因为学习者所处的交际语境不同。二语说话者所处的语境是正式的语言教学语境。这种语境往往强调的是语言的准确性而不是语言的流利性。其二为本族语说话者与非本族语说话者的会话自我修补之间的研究。在本族语说话者之间的言语交际中(Schegloff et al.,1977)和本族语说话者与高级非本族语说话者的言语交际中(Kasper,1985),绝大多数的会话修补属于内容和语用修补而不是语言修补如语音、词汇和形态句法修补等。其三为课堂交际环境下的会话修补和自然言语环境下的会话修补之间的对比研究,发现二语课堂环境下的非本族语说话者的会话修补有别于他们在非教育环境下所实施的修补(Gass and Varonis,1985;Kasper,1985;Buckwalter,2001;Liebscher and Dailey-O'Cain,2003)。

综上,我们可以看到,随着自我修补在一语环境下的研究不断深入,国外相关研究在二语习得视阈下也正在迎头赶上,尤其是这几年,研究势头很好。但是与一语环境下的研究相比,尚有如下不少距离。

(1) 相关理论尚未成体系。研究基本上沿用一语环境下的自我修补理论。相关定义、分类等还存在用一语套二语的现象。期待随着研究的深入,能有系统地、体现二语习得环境下的修补机制及其特征的理论和学术流派出现。

(2) 研究虽然涉及心理语言学范畴,但仍然缺乏对二语课堂互动环境下自我修补过程的具体而深入的认知语言学、心理语言学和计算语言学等的探究,比如修补与注意、自动化和工作记忆的关系还需要进一步求证;计算语言学对二语环境下的会话修补的研究尚需发展,词形标注器、句法分析器、人机对话、模拟技术和分析软件也可以被用来研究和分析二语习得环境下的修补以便能更为精确地描写修补,使人们更为深入地理解和运用修补。

(3) 比起一语环境下的修补研究,还缺乏专门的、容量更大的二语课堂语料库。研究者基本上选取某一特定课堂语料,建立小型语料库进行研究。

(4) 比起一语环境下的修补研究,还缺乏清晰的修补分类和修补策略类型的区分,即便是由于二语课堂具有复杂性,也应针对各种课堂环境有一套较为完善和合理的分类和策略类型体系。

（5）尚缺乏有分量的实证研究或基于实验的研究。研究基本上是对自我修补各环节较为肤浅的探索，还缺少二语习得过程中有关自我修补机制和作用的定量分析，比如修补是否能促进学习者二语习得能力的提升？在多大程度上促进提升？学习者的各种个人因素，如年龄等在修补中的作用仍需实验来验证。

（6）推动跨语言研究。目前的研究多见于与日语和汉语的二语学习者的会话修补的比较，但修补现象是否存在于各种语言之间，是否是语言的共有（universal）现象，各语言之间的修补现象是否可划分为同样多的类别、是否有同样的模式、它们出现的规模如何等，这些都有待于今后的研究来破解。

（7）从整个研究来看，针对教师启动的修补研究较多，却忽视了对学习者会话修补的关注。然而，教育的目标是为了能在学习者身上引起变化，对学习者自身的研究自然是确认这种变化的前提。因此，修补应更加注重对学习者会话修补的挖掘，这符合泰勒课程论对学习者本身进行研究的主张，同时，也能对整个课堂会话修补以及课堂话语分析带来有益的补充。

2.4 我国修补研究

在我国，随着国外会话自我修补相关理论与实践相继被引入，二语课堂视野下的会话自我修补现象不断引起国内学者的关注。人们似乎并不满足于介绍国外的理论和实践，开始尝试基于我国外语课堂语料的修补研究，从中得出了不少发现和结论，对我国的外语教学及其改革和政策制定颇具意义。

首先，研究者对二语课堂会话自我修补现象进行了研究，如马冬梅（2003：131—135）探讨了课堂互动环境下大学英语学习者在小组口语活动中的语误频率和类型以及小组纠错中的纠错频率、类型和方式，指出了研究对外语教学的启示，提出了小组纠错是一种有效的纠错方式的观点。

此外，杨晓健、刘学惠（2008）针对外语课堂环境中本族语和非本族语教师所诱发的修补启动策略进行比较研究，揭示了其对学生二语习得及其外语教学的作用。

其次，研究者研究了课堂自我修补的作用，如赵晨（2003）根据 Swain 的"修补后可理解性输出假设"理论，将修补片段的结构分析延伸到学生修补后的输出这一话步，以期探明课堂会话中的修补机制如何影响学生的语言输出。在其次年发表的论文（赵晨，2004：402—409）中，他根据自建的由 30 节不同水平的课堂语料构成的小型课堂会话语料库语料，再一次深入探究了课堂英语会话环境下修补与学生语言输出的关系和修补与教师的中介作用的关系。

最后，研究者研究了影响自我修补的诸因素，如杨柳群（2002）研究了英语水平对学生口误自我修补行为的影响；陈立平等（2005）考察了非英语专业大学生在自我修补和修补标记词使用上的性别差异；王晓燕（2007）对中国英语学习者会话修补的年龄差异进行了研究等。

研究不但以我国二语学习者为对象，而且还在教师层面进行，如陈晓波（2011）对教师的自我修补行为、动机以及对课堂教学效果的影响所做的研究；李丽丹娜（2020）对教师修补的研究等。

此外，研究不但在大学英语学习者层面开展，还在高职英语教学层面开展，如陈走明和陈群（2007）以浙江义乌工商职业技术学院的英语教学为例，研究了高职院校英语课堂里的修补现象；胡燕群（2011）对修补理论在高职英语口语教学中的应用所做的探讨。

需要指出的是，二语课堂修补现象引起了我国语言研究生的关注，如张念（2005）运用会话分析的研究方法，对中国大学英语课堂上学生用于语言自我修补策略中的重复所进行的研究。

除此之外，还有张少林（2010）从合作原则及礼貌原则入手，对英语课堂会话中学生会话修补做了研究；许迎迎（2011）在现有自我修补理论的基础上，选用高中英语学习者作为研究对象，对他们进行修补策略意识的问卷调查，让其复述故事并对他们进行课堂观察，研究高中生口语自我修补的特点，高、低英语水平者使用自我修补的差异以及修补的内容。

可喜的是，近十年，二语习得视阈下的修补研究，其发展势头更加迅猛，研究内容更加拓宽，研究对象更加丰富，研究视角更加多样，研究语料更加充实。研究呈现以下特点。

第一，以汉语作为第二语言的师生会话修补研究正在成为我国修补研究的亮点和特色,如杨颖(2023)的《线上中级汉语口语课师生会话修正研究:基于夏威夷大学教学项目》和刘佳音(2016)的博士论文《汉语作为第二语言的学习者课堂会话修正研究》。

第二,在继续深入研究大学英语层面的课堂会话修补的同时,课堂会话修补已在各级层面展开,如陈美林(2022)的《互动理论视域下的高中英语课堂会话修正研究》、张德敬(2020)的《小学实习英语教师课堂会话自我修正现象分析》、张娜(2018)的《初中英语教师课堂会话修正研究》和盛晓辉(2018)的《基于会话修补理论的高职英语口语教学实证研究》。

第三,研究主题日益丰富,不断拓宽,国内学界不仅针对修补现象展开研究,还针对修补模式、修补策略、修补启动、修补类型、修补能力和修补者个人因素等进行了探讨,如王晓燕(2019)的《自启自修型会话修正模式的顺应性研究》和王琦(2016)的《英语课堂中教师会话修正失误源的研究》。

第四,研究所依托的理论视角呈现多样性,主要有会话分析理论、互动语言学理论、面子理论和多模态语言学理论等,如周星源(2023)的《互动语言学视角下英汉会话修正比较研究》。

第五,对比研究正在形成一定的规模,有英汉会话修补的对比、不同教师的会话修补的对比、不同水平的学习者的会话修补的对比以及不同课堂教学模式下会话修补的对比等,如庄丽(2022)的《高中英语课堂会话中职前教师与在职教师修正现象的对比研究》。

从上文可见,国内对修补的研究取得了丰硕的成果,尤其在这十几年间,其成就更是可圈可点。但是,与国外研究相比,尚有下列不足。

(1) 在实证研究的研究方法上,学者大都采用定性研究的方法,使定量研究显得不足。我们应尝试各种实验方法来验证各种假设,不仅如此,还应充分利用计算机技术,如 ERP、眼动等来科学地分析修补机制。

(2) 在用于分析的语料上,虽然有自建语料库供一时研究之需,但其容量不大,时间跨度不大,难以深刻揭示二语课堂环境下学习者话语的特点和规律,包括学习者课堂会话自我修补的机制和规律等,无法深入研究学习者的中介语发展以及修补作为交际策略和学习策略对学习者二语习得的影响。因此,我们应着手建设较大容量的英语课堂话语专门用途或综合性语料库以利于加深对会话修补的研究。

（3）在研究内容上，国内研究大多集中在学习者课堂会话自我修补，而忽视了其他修补形式的探究。根据我们所做的课堂观察，在课堂口语活动中，教师启动或其他学习者启动的修补比例也不低。因此，应将研究覆盖到课堂中出现的所有修补形式以便能全面把握课堂修补机制，掌握课堂各种修补形式的异同、规律以及对教学的反拨作用以更好地服务于教学，更有效地推动学习者习得外语。此外，还应将研究扩大到修补的各个阶段如自我监控、语流中断、填充暂停和无填充暂停、填充词以及重复之外的其他策略。实现跨学科研究，将研究推向认知语言学、社会语言学、计算语言学和语用学等领域。

（4）关于修补和学习者个人因素之间的关系研究上，多集中在修补与性别差异和二语水平差异等内容，与会话各方的年龄因素、会话人的层次结构和社会行为准则等的关系，至今还无人问津。此外，对于形成修补的动机和内在机制还缺乏足够的研究。

（5）研究的重点不够集中，缺乏系统性和创新性。我们要有理论创新的意识去大胆挑战国外修补理论，提出中国二语习得环境下的具有中国特色的修补理论。

（6）如同自然言语环境下的修补研究，二语习得视阈下的修补研究也存在修补术语的汉译缺乏统一性的问题，"repair"依然有"修正"和"修补"的翻译，"trouble source"的翻译也面临一样的问题，还有其他术语的汉译。这种缺乏统一和标准的局面在一定程度上制约了修补研究的可持续发展。

因此，与自然言语环境下的修补研究相比，国外在二语习得视阈下的修补研究还需迎头赶上。同样，国内的二语习得环境下的修补研究，无论是定性还是定量，演绎还是归纳，都有很长一段路要走。然而，研究证明，课堂会话修补研究对二语习得领域的研究发展、对学习者本身的中介语发展有着非常重要的作用，因为通过互动型的意义协商来确保语言输入和输出的可理解性，学习者可以随意习得语言，汲取新的语言信息，从而提高其二语习得水平并促进中介语发展。修补有着不可或缺的作用。从二语习得的视角研究课堂会话修补当有其学术价值。

2.5 本章小结

本章首先回顾了国外学界对二语习得视阈下的会话自我修补所开展的研究,其次,从研究内容和研究方法两个方面,对修补模式、修补分布、修补分类以及修补影响因素和修补的作用进行了讨论,还探讨了填充词在二语课堂会话中的运用情况,得出结论——修补是有效促进学习者二语习得的交际策略和学习策略,在语言输入与输出、二语教学等方面发挥着积极的作用。它具有鲜明的认知特点,与注意和自动化等认知因素有关联,同时,它还受任务要求和学习者个人特点等的影响。最后,本章还对国内相关研究进行了分析,尤其针对近十年以来国内在二语习得视阈下所开展的相关研究的特点以及问题进行了总结。

建库篇

第3章 MCCECSER 的创建

大量研究表明,修补有利于学习者语言的发展,但对于修补在课堂语言学习中是如何调节和促进学习者特别是中国英语学习者的语言发展,学习者又是如何借助言语和非言语手段实施修补,其作用机制又是什么等深层次问题,我们却知之甚少。究其原因,主要在于缺乏大样本、多模态的系统研究。

3.1 研究背景

多模态语料库用于外语教学研究始于 2000 年。国外已建成的外语教学多模态语料库包括 SACODEYL 多模态教学语料库。它是欧洲多个国家相互合作而建立起来的、世界上第一个多模态语料库,其建成时间为 2008 年。

国内多模态语料库建设也方兴未艾,建有理工科大学学习者英语口语多模态语料库(刘芹、潘鸣威,2010)和大学公共英语多模态语料库(张振虹等,2014)等,并在理论和应用研究层面展开探讨如教学模式(顾曰国,2013)、语篇分析模型(李学宁、李向明,2014)、语料库建设(张振虹等,2014)、口译教学(刘剑,2017)和隐喻研究(束定芳,2017)等。

然而,纵观国内外修补研究,尽管都取得了丰硕成果,但也存在一些不足,归纳如下:① 已有修补研究结果一般是基于较短的课堂录音或录像转写语料或零星个案而得出,涉及的样本少,研究时间短,语料的代表性以及结论的普适性、客观性都受到很大限制;② 已有研究只是针对修补的言语文本,鲜见将言语文本与音视频数据库结合起来进行多模态话语分析的客观描述;③ 已有研究多采取横向设计,只收集共时性语料,以结果为导向,忽视了学习者语言发展的动态过程;④ 就多模态语料库建设与研究而言,仍需构建多模态语料库外语教学理论,建设更多的多模态专门用途语料库,比如多模态会话修补语料库,以便拓宽研究对象和范围。因此,建设多模态课堂会话自我修补的专门用途语料库已迫在眉睫。

3.2 建库依据

多模态语料库指的是经转写和标注等方法而建立起来的语言文本及与之相关联的非语言文本(多模态)的音、视频数据库。它能在多模态多元环境下反映语言的全貌,对外语教学及其研究颇具意义,因此被认为是在外语教学中最具发展潜力的领域。

本书认为,言语交际是多模态的,那些非言语交际方式,如声音、手势等同样具有意义,与言语一道构成符号工具(van Compernolle, 2015)。将两者整合研究,将克服话语文本分析的主观性,发现实际使用的话语活动的内在规律。

本书还认为,修补会伴随某些诸如暂停等音韵调特征,后者起着语境化提示的作用,并使教师将学习者注意力引导到言语错误以便实施修补。因此,将修补言语模态与非言语模态进行整合,在多模态话语分析的范式下,构建一个基于英语课堂的学习者会话自我修补多模态语料库,突出多模态话语分析的优势,客观而深入地研究学习者利用多种模态达到修补和习得的全过程,佐证修补的有效性,发现中介语发展的特点与规律,解决当前英语课堂话语分析研究缺乏大样本的资源瓶颈问题,为学界开展基于课堂的二语习得研究提供海量真实可靠的数据,对现有学习者语料库和课堂话语语料库做重要补充,无论是对于语料库语言学还是对话语分析和二语习得研究均有推动作用。不仅如此,在多模态话语分析范式下展开研究,得出的结论和启示不仅对修补研究本身,而且对多模态话语分析研究有其学术增长点。

3.3 语料来源

本书采集在我国大学英语专业课堂自然发生的实时语料,经摄制、转写、切分和多层次标注等方法,建成了包含约 30 万词的电子文库《大学英语课堂自我修补多模态语料库》(Multimodal Corpus of College English Classroom Self-repairs，MCCECSER)，为研究中国英语学习者课堂会话自我修补机制和能力以及语言发展及学习过程提供了真实、可靠的数据。

3.3.1　语料选取

用于言语错误及其修补的语料应为学习者的真实和自然发生的语料(书面或口头)。此类语料的采集，可分为开放式和聚焦式两种。开放式语料采集，指的是没有目的的语料采集。研究者可以随时随地进行采集，来源可以是各类学习者作业、各种师生间谈话、各种翻译文本和各类影视节目等。在采集过程中，研究者对语料进行筛选，挑选出最具学术研究价值的语料。而聚焦式语料采集，指的是带有具体目的的语料采集。它分为横向、纵向以及自然、非自然等类别。本语料库选取有代表性的大学英语专业课堂(视听说课程和综合英语课程)进行摄录，为跟踪采集的、发生在大学英语课堂的实时话语，因此属于纵向、自然的聚焦式语料采集。

之所以选择视听说课程和综合英语课程，是因为这两门课程，尤其是在视听说课程的课堂，师生互动较多，可以保证语料的质和量以及代表性。除了 2019 年 9 月之前的先导摄录之外，摄录工作从项目批复之后，即 2019 年 9 月开始，持续至 2022 年 6 月。为了确保语料的代表性和一致性，也为了观察学习者中介语发展过程，摄录对象为 2019 年 9 月和 2020 年 9 月入学的英语本科生。期间，由于 2020 年上半年突发疫情，教学转为线上，摄录被迫中断。之后摄录时断时续，直至 2022 年 6 月结束。

3.3.2　摄制

采用数码高采样率录像进行摄录。由于多模态语言研究需采录说话者的脸部表情、身体动作等，应根据说话者不同姿势采取不同的摄录方法进行。因此，每次拍摄均有专人负责，根据说话者的不同位置移动拍摄，拍摄后进行记录和整理。

3.3.3　数据清洗

常用的多模态语料库标注与检索软件主要包括 ANVIL、Praat、Elan、

MacVisSTA、NXT、Exmaralda 和 MCA 等。其中,Praat 是语音标注工具,其用途为对数字化的语音信号进行分析、标注、处理及合成等,同时生成各种语图和文字报表。但是,该软件缺乏自动标注功能,只能对有声段和静默段进行简单的识别,而不能对音节和节拍群等语流单位加以切分。而 Elan(EUDICO Linguistic Annotator)能够创建、编辑、搜索和可视化处理多种格式的音、视频语料,为注释和分析多模态语料提供技术帮助和支持。其设计者和开发者是马普心理语言学研究所(Max Planck Institute for Psycholinguistics)。Elan 既可用于言语、手势、面部表情、目光交流和身体姿势等多模态话语研究,也可用于多媒体和多模态语料库建设。我国多模态语料库研究者大多采用 Elan 来建设多模态语料库,如张振虹等人(2014)建立的大学公共英语多模态语料库和张国霞、蒋云磊(2019)建立的护理英语多模态语料库。但是,这种标注方法不仅要求标注人员具有很好的专业基础,而且大量的语料必定导致工作量巨大。

本书尝试运用人工智能技术建设多模态语料库。它是产教融合的结晶,为项目组和宁波薄言信息技术有限公司共同开发的语料库。薄言公司于 2013 年创立于深度学习的发源地——加拿大,是一家专业开发机器学习底层技术和平台,为企业提供面向场景的语言理解服务,具有拥有自主知识产权的人工智能深度自然语言理解能力服务平台和数据采集系统,以及中英文领域智能知识库搜索系统,并开发了 RSVP 智能分析平台。该平台运用 Tensorflow 的深度学习框架,结合音视频识别和自然语言分析等技术创建多模态智能分析模型,实现智能化标注和语料库构建。

方法是通过双信道(AI 语义+AI 人脸情绪分析)综合特征提取判断,提升视频文件智能评判标准。AI 语义模型捕捉一些特殊情感和语音语调,以此为基础再结合同一时间段的人脸情绪模型来综合分析判断整体的话语水平和准确度。对语料中的语义、音频和视频进行独立建模,音视频分析采用独立引擎分析提取特征。在音视频分离时完整保留时间信息,建立时间管理模型,通过叠加分析将两个引擎提取的特征叠加在同一时间轴。实验结果表明:在多通道信息来源综合校验情况下,在情绪表情标注上取得 90% 的准确率。该公司技术力量雄厚,产品设计先进,专业对口,能满足本项目的建库需求。

整个构建程序为软件转写、识别和标注、技术人员复核、研究人员二核、项目负责人终核。

3.4　语料处理

3.4.1　语料预处理

采集了音、视频语料之后,需要根据建库要求对音、视频语料进行预处理,也就是格式转换。其中,视频文件的格式转换是 Mpeg 格式,其清晰度可达720P,因此,达到视频格式转换的标准,即每秒 30 帧 1 280×720 分辨率。音频文件的格式转换是将其转换成文本格式。为确保转换数据的原发性、真实性和高质量,那些不连贯、低分辨率、高噪声、压缩导致的低质量音视频文件不选入语料库,以确保所采集的音视频能够清晰准确地反映多模态情景。

3.4.2　元数据创建

为了便于管理,每条语料都会被赋予一些基本属性,如时间、来源、主题等,这些属性构成语料的元数据。在录入语料时,系统还会标注语料的性质、说话人、主题、交际地点、时间和语料长度等属性。元数据不仅包含展示语料的特性,还包括其他规则,如设定语料的最小长度,使小于该长度的语料不会录入系统。

3.4.3　语料切分、转写与分词

在通常情况下,文字语料库的切分指的是双字节语言(如汉语)的切分,只需在字与字之间将空格添加进去。而多模态语料的切分模型则要采用预设的切分间隔(一般采用音视频中话语停顿为切分点的片段)进行切分。这种模式使得语料的转写和标注更加方便。该模型会自动将加载的音视频语料显示切分、转写与分词的结果。如果觉得某些地方不太合理,可以对不合理的点进行人工复验微调。可以通过增加停顿和删除停顿两个操作使得切分更加精准细致。最后,转写结果可以进行修改,使转写结果更加准确。

　　使用深度学习框架进行分词是当前研究的一大热点,它在分词时引入词语之间联系上下文。循环神经网络(简称 RNN)由多个相同神经网络单元组成,每个神经网络单元都会把自己的输出传递给下一个神经网络。RNN 神经网络的链式特征使得其在可以保存序列信息。正是这个特征使得 RNN 在语音识别、自然语言处理等领域取得了较好效果。RNN 可以在神经网络中存储语句中词语出现的序列,从而在分词时可以考虑词语的上下文关系。但它存在一个严重问题,即当词序列足够长时,神经网络再反馈时会引起梯度趋于零(梯度消失)。

　　Long Short Term 网络(简称 LSTM)是一种改进的循环神经网络 RNN,由 Hochreiter 和 Schmidhuber 在 1997 年提出。它使得循环神经网络具有更长信息的记忆功能,即词语可以在较长区间内被保留,并通过三种不同类型的门结构来解决对词语长区间的依赖问题。这种结构使得 LSTM 几乎不需要付出代价就能实现对较长区间内信息的存储。LSTM 是由多个相同的神经元状态组成,可以看成是包含少量线性交互的神经元组成的链路,借助于三个不同类型的"门"结构解决信息清零、保存和添加信息到下一个神经元。这个门结构由 SIGMOID 神经网络层和按位乘法操作实现,实现将神经元信息清零、保留或增加信息的功能。SIGMOID 层将输出 0 和 1 的数值。0 表示前一个神经元的结果输出不能到达后一个神经元结构,1 亦然。

　　LSTM 都是一个方向将序列循环输入到网络之中,然而分词处理中、前、后都要关注序列信息。本书采用 Bi－LSTM(即双向 LSTM)方法。系统包含两个相互独立的 LSTM 网络,其中一个正向输入序列,另外一个反向输入序列,并将两个 LSTM 输出状态拼接在一起,供后续使用。

　　总之,MCCECSER 使用深度学习框架 Bi－LSTM 从正向和反向两个不同方向对语料文本进行训练,针对大学英语学习者在会话修补过程中出现的多模态特征,如手势、眼神、面部表情和韵律手动标注数据,建立多模态智能分析模型。整个框架分别由输入层、Bi－LSTM 层和 CRF 层三部分组成:输入层实现文本输入,两边分别加入开始标志和结束标志,中间加入从视频标注获得的手势、眼神、面部表情和韵律等标志。每个输入 word 采用 albert 预训练模型实现词嵌入。Bi－LSTM 层的输入是输入层的输出,本书研究的模型句子长度设定为 64(口语句子最长为 64 个单词)、系列标注个数为 8。为了使得输出值为每个词的概率值,引入 softmax 进行归一化。CRF 层的输入就是 Bi-LSTM 的输出。该层由两个特征函数组成,一个是状态,另一个是转移。函数的值域为 0 或 1,通过训练权重来提高其输出的正确性。除此之外,该层还引入一些约束条件,避免异常序列的出现。训练过程的训练步骤中会包含 Bi-LSTM 和 CRF 层的所有参数,其中 Bi-LSTM 层负责训练模型的参数,CRF 层负责训练转移矩阵的参数,CRF 的参数训练是通过不断调整转移矩阵参数将路径中出现概率最大的路径作为最后输出路径。训练后的模型实现了语料的智能切分和标注,其切分和标注策略还融合了参与者的动作,使语料切分更加合理。

3.5　语料标注

3.5.1　标注对象

多模态标注模型按照业务要求分为手势、眼神、面部表情和韵律四大类。手势类主要标注说话者在会话过程中所使用的手势,根据 MUNIN 手势标注计划,采用三个变量(偏手性、手部位和手势的轨迹)进行标注;眼神类主要标注说话者在会话过程中所出现的眼部变化,根据不同的眼部方向,标注出眼神朝上、眼神朝下、直视和侧视;面部表情是说话者在会话过程中出现的不同的面部表情如皱眉和微笑;韵律主要有短暂停、中暂停和长暂停、音拉长、音调升、音调降等。

3.5.2　标注方案

人们早在 20 世纪 40 年代就已开始多模态语料库标注方案的研究。Efron 在 1941 年确立了多模态语料库标注方案。之后,Ekman 和 Friesen 于 1968 和 1969 年分别确立了标注方案。Frey 等人于 1983 年确立了基于人体运动的系列手势标注方案。更为详细的方案,即标注出手势的具体动作、大小、形状以及位置的标注方案是 Holler 和 Beattie(2002)以及 McNeill(1985,

1992)等人所创。最接近多模态语料库所需的标注方案是 MPI Movement Phase Coding Scheme 标注方案。然而,该标注方案仍无法详细地标注出不同话语特征的功能以及语言意义。研究者致力于开发标准化的方案来标注凝视、面部表情、手势、身姿和话语特征的结合。目标是开发可在对用户友好的环境下反复使用的、国际化的方案,于是,便有了 META – SHARE、HUMAINE (human-machine interaction network on emotion)、SEMAINE 和 SAIBA 等标注方案。

大部分的手势标注方案仅仅描绘了语料库的大小、轨道和手势动作的方向。有些语料库也仅限于分析非言语模态的其中一种组成部分的运动特性,如 Facial Action Coding System(FACS scheme)的面部表情。另一动作为基础的标注方案由 McNeill(1992)设计。该方案包括对手动手势以及面部表情和头部动作的标注方案,但仍然无法从多模态视角融合言语与手势。

为了更为全面地描绘修补与非言语模态的融合,本书标注学习者在修补过程中以及言语交际过程中出现的手势、面部表情、眼神以及韵律变化,对于非言语模态的标注是覆盖整个语料库语料的,以便于今后对课堂话语进行多模态研究。具体的标注方案和标注字典如下。

F:frown	皱眉	<~_~>
S:smile	微笑	<^_^>
E:eyesdown	眼神向下	<_\>
E:eyesup	眼神向上	</_/>
E:eyesdirect	直视	<-_->
E:eyessideways	侧视	<@_@>
V:up	音调升	</>
V:down	音调降	<\>
V:long	音拉长	<-->
V:out	画外音	<!!!>
P:pauseS	中暂停	<..>
P:pauseL	长暂停	<...>

G:left_PALM_up   左手抬   <[_>

G:right_PALM_up   右手抬   <_]>

G:wave   挥手   <&_>

G:both_PALM_up   双手抬   <[_]>

3.6　语料清洗

如前文所述,本语料库 MCCECSER 经历了复杂且耗时的清洗过程。首先,技术人员进行初步的清洗工作,剔除了语料库中听不清、伴有杂音或飞机声以及重复的文件;其次,再对剩下的语料库(文本、音频和视频)进行编号以及整理等工作;最后,由技术人员再对语料库进行人工核对,根据音频和视频对文本逐个进行视听校核,纠正算法识别出错或者多模态形式有误的部分,并对所有的文件进行了分门别类,主要根据交际形式和内容做了分类,将整个文本分为独白(monologue)、两人对话(dialogue)和多人对话(multilogue),同时,根据不同的内容如交通、学校、家庭、面试、电影、音乐、教学试讲、餐饮、友谊、体育、家乡、新冠疫情和杂谈等主题做了分类,使本语料库更加明晰,便于使用者进行研究。

3.7　语料分类

建成后共获得 504 个文件。下面以 MC006 文件为例。

①00:00:00　00:00:01　S1　Okay

00:00:01　00:00:10　S1　<[_]> My name is Qi Qingqing. My topic is about <^_^> friends and today I want <-_-> to </> talk about friends with all of you.

00:00:10　00:00:17　S1　<@_@> Everyone has their own friends more or less. So everyone has their own ideas about friends.

63

00:00:17　00:00:21　S1　And as for me, $</\_/>$ I think friends is are stopped?

00:00:22　00:@0:28　S1　Whenever I need $<-\_->$ I need or whatever happened，they always $<..>$ give give me $</>$ warm.

00:00:29　00:00:34　S1　I'm a shy girl, I'm afraid to speak in public place,

00:00:34　00:00:42　S1　for example，I never ask $<-\_->$ the fast driver to stop in the right place where I need $<^\wedge\_^\wedge>$ to get $</>$ off.

00:00:42　00:00:51　S1　Just because I don't want to all the people in the bar will notice me um $<..>$ in match if you are in a bus，

00:00:51　00:01:00　S1　and about 2 miles away，you need to get off $</\_/>$，$<[\_]>$ so but

00:01:00　00:01:07　S1　you you need to get off and $<..>$ otherwise you will be sent to the station.

00:01:07　00:01:15　S1　That means you $<\sim\_\sim>$ will walk more miles to get your home. $<..>$ So you shouted you shouted，

00:01:15　00:01:18　S1　please $<-\_->$ stop. I need to get $</>$ off,

00:01:18　00:01:19　S1　then

00:01:19　00:01:26　S1　all the people turn back and look at you. Don't you think that's so embarrassed and uncomfortable?

00:01:27　00:01:29　S1　so I never want to do $<-\_->$ $</>$ that.

在例①中，$<[\_]>$、$<@\_@>$、$<-\_->$、$<..>$、$<\sim\_\sim>$、$<-->$、$</\_/>$、$<\backslash\_\backslash>$等符号均为本语料库标注字典所表示的符号，分别代表说话者双手抬起、侧视、直视、中暂停、皱眉、音拉长、眼神向上、眼神向下等多模态说话特征。

再看下列语料。

②00:00:00　00:00:02　S1　There a boy in our class.

　　00:00:02　00:00:07　S1　Um <..> he don't wear glasses and her hair was <..>

　　00:00:07　00:00:11　S1　little long covered <_\\> his uh <..>，<_\\> covered his eyes，

　　00:00:11　00:00:13　S1　uh <..>covered his ears.

　　00:00:13　00:00:15　S1　and he

　　00:00:15　00:00:16　S1　often

　　00:00:16　00:00:18　S1　do exercise in the gym.

　　00:00:18　00:00:20　S1　He want to be a muscular man.

　　00:00:20　00:00:24　S1　Um <..><-_-> he is not very <_\\> tall.

　　00:00:24　00:00:25　S1　Um <..>

　　00:00:25　00:00:28　S1　short shorter than me <^_^>.

　　00:00:28　00:00:29　S1　<..> <_\\>

　　00:00:29　00:00:32　S1　<-_-><^_^>He like play basketball.

　　00:00:32　00:00:36　S1　But his，uh <..>，but his basketball skills is very poor <^_^>.

　　00:00:36　00:00:39　S1　Unclear

　　00:00:39　00:00:44　S1　and by the way，he is the single dog <^_^>. (MC008)

在例②中，<^_^>代表微笑，其余的各种符号与例①相同，均为本语料库标注字典所表示的符号，分别代表了说话者说话时出现的各种非言语模态。

应用实践说明，本语料库模型具有一定的技术创新性，同时该模型还克服传统标注耗时、耗人力等问题，具有较好的实用性和技术推广价值。

在该模型基础上建成的 MCCECSER 实现了将言语模态与非言语模态整

合的目的,能满足研究的需求。

3.8 建库创新点

本书建库的创新点为:双信道(AI语义＋AI人脸情绪分析)同时段综合特征提取判断,提升视频文件智能评判标准。AI语义模型捕捉一些特殊情感和语音语调,以此为基础再结合同一时间段的人脸情绪模型(微笑、摇头、点头、摸下巴等)来综合分析判断整体的演讲水平和准确度。

然而,在建库过程中,需要克服的难点是:课堂的环境存在一定的噪声。人的情绪表情也是差异较大(利用定向麦克设定拾音距离和范围可以大大提升视频质量;情绪表情相对比较大众、标准的情况下先产生效果)。视频分析和音频分析通常是独立引擎,各自分析提取特征,因此,需要特别注意的问题是如何将两个引擎提取的特征叠加在同一时间轴上。本语料库采用的方法是:利用音视频分离,完整保留时间信息,建立时间管理模块,将两者叠加分析。

综上,我们结合深度学习框架,将多模态智能分析模型应用到MCCECSER的建库实践,在多通道信息来源综合校验的情况下,在情绪表情相对大众、标准的前提下取得了较高的准确率,为分析英语学习者课堂会话自我修补,为外语课堂创新教学研究,积累了一定的建库经验,提供了自然发生的课堂语料。

3.9 本章小结

将多模态智能分析模型用于多模态语料库的建设,是一种有益的尝试。本章具体介绍了深度学习框架下建立多模态智能分析模型,从语料采集、预处理、语料切分、分词和语料清洁等方面叙述了本语料库的建设过程,具体介绍了标注方案和标注字典,最后用两个实例来说明本语料库建设的创新性以及实际的效果,为运用人工智能技术建设语料库指明了方向,提供了有用的经验。

　　从以上分析可以看出,人工智能技术用于语料库建设尤其是多模态语料库建设能够克服现有软件如 Elan 等的缺陷和不足,是一种切实可行的建设多模态语料库的好方法。随着人工智能技术的蓬勃发展,语料库建设一定会建得更加科学、便捷与可靠。

应用篇

第 4 章　MCCECSER 中的修补待补

本书的第 4 至第 10 章是应用篇，旨在依托自建 MCCECSER 考察大学英语学习者在外语课堂口语交际过程中，如何运用言语模态和非言语模态，对所监控到的言语错误实施自我修补，揭示这一过程中的各种语言、认知和语用等特征，从中发现外语教学中存在的问题，提出解决的办法和路径，从而，实现本书的语料库应用目标。其中的第 4 到第 6 章分别对应修补内部结构的待补、编辑和改正三阶段，旨在采用文本挖掘方法，对 MCCECSER 语料中的学习者课堂会话自我修补现象进行本体研究。

本章研究修补第一阶段待补阶段中的诸现象。在这一阶段，说话者会运用自身的自我监控能力，对言语加工过程中产生的言语进行监测。一旦监测到言语错误，他便会停止语流，重新计划言语并计划修补策略。根据这一过程，本书聚焦自我监控、言语错误和语流中断三个层面，引介围绕自我监控所形成的各种理论以及由此而引发的争论，探析在这一阶段，大学英语学习者所呈现出来的自我监控特征；并结合语料中的学习者言语错误，论述其特点，最后，着重讨论在这一阶段出现的语流中断现象。

在讨论待补阶段之前，先对文本的挖掘处理流程做一介绍。

4.1　文本挖掘处理流程

在实施文本挖掘前，我们对语料库文本的 504 个文件，根据学习者自我修补策略类型，进行人工识别，打上不同的标签，便于人工挖掘，包括 R1（词片断重复，fragmentary repetition）、R2（一词重复，one-word repetition）、R3（双词重复，two-word repetition）、R4（多次重复，multi-word repetition）、r（重组，

reformulation）、I（插入，insertion）、S（替换，substitution）、O（叠加，overlapping）和 Rr(持续重复，repeated repetition)。

4.1.1　环境及资料

处理环境在 MacOS 13.3.1(22E261)操作系统下进行，采用 PyCharm 和python3.10 工具，使用 pandas、numpy、chardet、scipy 库对源数据文件 origin_txt.zip 进行文本挖掘。

4.1.2　数据预处理

浏览所有源文件并做如下操作。

（1）将源文件格式统一并修复错误数据。使用 chardet 工具监测源 txt 文本编码后读取文件，原因是部分文件编码为 utf-8-sig，直接读取文件后出现异常数据。按行读取文件，补足两列时间，原因是部分文件仅包含结束时间列，需要统一补充称为开始、结束时间两列。去除每行开头结尾的空字符，将错误的时间分割符号"；"修改为"："。将时间列中间的空字符替换为指定分隔符。使用正则表达式将结束时间列与说话者列间的空字符替换为指定分隔符。使用正则表达式将说话者列与内容列间的空字符替换为指定分隔符。去除多余的双引号，原因是部分文件包含单个双引号，导致 pandas 读取错误。筛选处理后的文本行，仅保留包含了指定分隔符的行，保存文件为 csv 格式。

（2）检查文件是否生成正确。遍历所有步骤 1 产生的文件并应用操作：读取文件所有行，检查该行指定分隔符数量是否为 3，若不是 3 则报错，并打印当前文件与行数信息等待排查。

（3）去除时间列。遍历所有步骤 1 产生的文件，使用 pandas 将文件按照［开始时间/结束时间/说话者/内容］4 列的方式读取。使用 pandas 把［说话者/内容］列保存为新文件。

（4）分离说话者。遍历所有步骤 3 产生的文件，使用指定分隔符拆分该行为说话者和内容，将说话者拆分为多个，把每个说话者和内容使用指定分隔符拼接起来保存为新文件。

（5）合并同一个人的所有内容。遍历所有步骤 4 产生的文件，使用

pandas 将文件按照[说话者/内容]2 列的方式读取,获取所有说话者。遍历所有说话者并把当前说话者的所有行的内容合并。使用 pandas 把合并的数据按照[说话者/内容]2 列保存为新文件。

(6) 按照人数对文本进行分类。分类的类型有:单人——说话者仅包含 S1 和 T;双人——说话者仅包含 S1/S2 和 T;多人——说话者包含两个以上的 S 或包含 group/class。遍历所有步骤 5 产生的文件,使用 pandas 将文件按照[说话者/内容]2 列的方式读取,后使用 pandas 获取所有的说话者并去除其中的 T。判断对话类型的流程为若包含 group/class 则标记为多人,若仅 1 人则标记为单人,若仅 2 人则标记为双人,若大于 2 人则标记为多人,使用 pandas 将文件保存在对应分类的文件夹中。

(7) 统计每个分类下的文件编号。遍历所有步骤 6 产生的文件夹下的文件,文件夹名即为对话类型,仅获取文件名中的数字记录为文件编号,对文件编号进行排序,将各个文件夹下的编号保存为 json 格式。

(8) 寻找修补策略的部分。遍历所有步骤 6 产生的文件夹下的文件,使用 pandas 将文件按照(说话者/内容)2 列的方式读取。根据文件夹名和文件名添加文件名列,和对话模式列。使用正则表达式找到符合规则的部分添加匹配列,再把匹配列的数组拆分为多行数据。根据匹配列的前缀添加策略列,再按照需要的修补策略筛选数据,使用 pandas(文件名/对话类型/说话者/策略/匹配)保存为文件。

(9) 生成 total.csv 统计基础文件。读取步骤 7 产生的索引文件。按照顺序遍历所有步骤 8 产生的文件,使用 pandas 读取文件并创建总表格,将读取的表格拼接到总表格后,保存总表格为新文件 total.csv,包含(文件名/对话类型/说话者/策略/匹配)5 列。文件产生的 total.csv 文件为统计基础文件,包含当前统计任务必要信息。

4.1.3　数据统计

不同数据的统计,根据 total.csv 生成需要的数据后对数据进行分组即可,针对不同的数据之间的分组数量的统计均采用"pandas"的"groupby"操作完成。本书共统计暂停时长和暂停类型、填充词、非言语模态和修补策略等,将在以下章节说明。

4.2 自我监控

如同产品质量需要质量检查,言语产出和加工也需要经过检查和控制环节。它是对发音前和发音后阶段所产生的言语错误进行有效的监测的机制。为了使言语得到最理想化输出,在言语产出过程中,必定有某种警觉机制在监控和监测语误,如此,便有了自我监控概念(Hieke,1981:148)。

言语自我监控源于元认知理论。元认知,究其核心,便是对认知的认知。它是认知主体对自身状态、任务目标和能力等的认知,同时,它又是认知主体对自身各种认知活动的计划、监控和调节(Flavell,1985:103—240)。认知主体对各种认知活动的监控是通过元认知知识、元认知体验、目标(或任务)和行为(或策略)这四个方面的相互作用来实现的。Nelson 认为,元认知过程分为监控和控制两个过程,认知主体有能力监控自己的知识和行为并实施自我调节和控制(引自 Koriat,2000:150)。虽然不同的学者从不同的角度对元认知提出了自己的看法,但他们的基本思想是一致的,即元认知是认知主体对自身认知活动的计划、监控、评价和调节。认知主体具有自我监控、自我计划、自我修正和自我解决问题的元认知能力。因此,说话者对自身言语产出和加工过程进行自我监控实际上就是说话者作为认知主体对自己的言语认知过程进行元认知监控的元认知行为。

自我监控也是二语习得的重要理论之一。学习者在二语习得过程中对自己的思维活动不断检查、验证、校正以达到预定的学习目标。二语习得中的自我监控有理解监控(comprehension monitoring,检查、检验和校正个人的理解)、产出监控(production monitoring,检查、检验和校正个人的语言产生)、语音监控(auditory monitoring,听觉形象判断)、视觉监控(visual monitoring,视觉形象判断)、形式监控(style monitoring,根据自我心理语言形式模型来查验和纠错)、策略监控(strategy monitoring,跟踪和监控策略的有效性)、计划监控(plan monitoring,跟踪和监控计划的有效性)和复查监控(double-check monitoring,监控前期执行情况及可能出现的问题)等。

总之,对言语产出进行自我监控,能确保所表达的言语体现说话者的交际意图,使之符合语言准则。它是言语加工的关键环节。修补只有当说话者监测到言语错误之后,方能实施。因此,监控是修补之前提。

下面具体梳理各种自我监控理论,讨论所产生的争议以便对监控有更深刻的了解。在此基础上,分析 MCCECSER 中所体现的学习者自我监控现象。

4.2.1　自我监控理论

由于其在言语产出和加工中的重要性,自我监控得到了言语研究界的关注,形成了下列主要理论,也由此引发了一番争议。

4.2.1.1　编辑器理论

编辑器理论亦称监控器理论(monitor theory)。该理论认为,言语监控器好似人类的眼睛,监视着言语的产生和构建。但编辑器的职责是为了"编辑",即用更加适合说话者交际意图的信息替换或重构有悖于言语意图的信息。

编辑器理论由两种理论组成。其一为发音前编辑理论(pre-articulatory editing theory,Motley et al.,1982)。其二为产出性理论(production-based theory,Laver,1973,1980),亦称分布编辑模型(distributed editing model)。发音前编辑理论认为,监控器只能监控尚未发音的言语。而产出性理论之所以称其为分布编辑模型,是因为它的编辑器是分布在言语产出和加工各个阶段的。它们与各阶段的言语处理器(local speech processor)一起处理和监控一些模棱两可或有错误的言语选项,因此,编辑器未能发挥其应有的理想的作用。因为每次遇到相同的信息,编辑器只能单独监控每个言语处理组件,重新处理一遍与组件所对应的信息,这样的处理就显得十分低效。有关产出性理论,将在下节论述。

编辑器理论认为,自我修补各阶段可在言语产出的各个阶段发生,因此,它并未局限于一个监控器;相反,它认为,在言语产出的各个层面均有监控器。此外,还声称言语监控并未主要依赖分配给它的资源,有些监控器拥有自己特有的资源(Postma,2000)。说话者的自我监控行为并不是一种感知的行为。

4.2.1.2　产出性理论

如前文所述,自我监控的产出性理论(production-based theory)是编辑器理论的两大分支之一,由 Laver(1980)提出。该理论认为,说话者在言语产出过程中监控到言语错误,其心理活动存在某种或某些机制。Laver(1980)假设,言语产出系统中存在某些特殊目的的编辑器。言语产出的每一加工层均有一个小监控器(mini-monitor),用来监控该加工层的目标是否达成并将该目标与经该层加工后生成的言语形式加以比较。

针对 Laver 等人所提出的产出性模型,Levelt(1983)提出两条意见:① 说话者无法进入言语产出的中间层,因此对各层间进行有意识的比较,似乎有点牵强;② 既然小监控器是添加于产出系统的,其唯一的目的是监测每一层的产出过程,因此,产出性模型与基于理解系统的模型相比则过于简约了。MacKay(1987)、Nozari 和 Novick(2017)提出第三条意见,即对知识的不必要重复。Laver(1980)假定,产出目标存在于产生回应的同一产出层。但问题是,既然目标和回应存在的格式相同,那为何不能首先产出? 面对这些疑问和思考,Levelt(1989)的知觉循环理论应运而生。

4.2.1.3 知觉循环理论

Levelt(1989)和 Levelt 等人(1999)提出的知觉循环理论(perceptual loop theory)是迄今最有影响、最为系统的语误自我监控理论。1989 年,Levelt 建立了言语产出模型。它由四模块、两循环和一系统所组成,即概念形成器(conceptualizer)、句法形成器(formulator)、言语发音器(articulator)和自我监控(self-monitoring)四模块以及内循环(inner loop)、外循环(outer loop)和言语理解系统。这一模型生动地描绘了人类言语加工的认知过程。说话者通过概念形成器提取程序性知识(procedural knowledge)和陈述性知识(declarative knowledge),形成言语前信息(preverbal message),然后,经概念形成器输出,输入到句法形成器进行语法和语音编码。说话者从心理词汇中激活并提取词素(lemma),再激活并建立句法结构。当所有的词素和句法结构被激活后,语法编码器生成语法表层结构,然后,进入语音编码阶段以便为每一个词素和每一段言语制订语音计划包括音段切分和重音等。Levelt 称上述阶段形成的信息为内部言语(internal speech)。最后,信息进入发音器,由各发音器官具体实施语音计划,生成外部言语(overt speech)。这是言语产出的连续单向说(serial unidirectional)或串行处理说。

有别于 Laver(1980)将自我监控模块放置在言语产出系统,Levelt 则将它放置在概念形成器。他所建立的知觉循环模型有内循环和外循环之分,即从句法生成器输出经言语理解系统到概念生成器的内循环和经发音器输出(外部言语)到听觉和言语理解系统的外循环。其最大特点是自上而下,各模块各司其职,下面的模块不能反馈信息给上层模块,呈单向瀑布式传递信息的态势(unidirectional cascading),属连续渐进式(serial incremental)。这样,说话者可以监控外部言语,监测言语错误,这一言语处理过程被称为"言语理解系统"(speech-comprehension system)。该系统输出经语法分析过的言语(parsed speech)。同样,说者还可监控自己的内部言语(inner monitor),并认为这种内部言语监控机制存在着内循环,它同样受制于言语理解系统,如"we can go straight to the ye-... to the orange dot."(Levelt et al.,1999:33)这里,语流在第一个音节后就中止,说明"语误在此之前就已被监测到,或许在发音开始之前"(Levelt et al.,1999:33)。这种被监测到的内部言语,Levelt(1989)称为"语音计划"(phonetic plan),后称为"发音姿态分值"。

该理论认为,对于言内和言外语误的监控均依赖言语理解系统。该系统同样适用于监控他人言语,其中,内部言语直接进入言语理解系统,无需经过发音等声学路径,并假设言语心理生成期间所产生的语误如语音编码错误可在发音之前被监控到并得到修补。他们称此现象为言内修补(covert repair)或前修补(prepair)(Postma and Kolk,1992)。

该理论还认为,言外语误可以通过听觉和理解系统被发现。言语理解系统的产出进入到中央监控器进行监控和修补,修补计划在言语中断时便已开始。说话者可以通过言语自我监控机制监控到诸如概念、词汇和语音等错误,还可监控到言语的社会适宜性错误和说话的语速、响度、准确性和流利度等方面的错误(Levelt,1989)。

4.2.1.4　节点结构理论

节点结构理论(node structure theory)也称扩散激活理论(spreading activation theory)。该理论借鉴了神经学和神经网络的概念,由 Stemberger(1984)和 Dell(1986)提出,最终由 MacKay(1987)发展起来。

扩散激活理论认为,言语产出各层面由节点构成。节点的激活可以扩散到下层,也可以扩散到上层。层面共有四层或四个节点层,即语义层、句法层、形态层和语音层。每一层面的节点都永久处在长时记忆里。各节点可以被激活,并扩散到其他层面上的相连节点。而且每一层面均包括不同的内容,如句法层包括词条和附加区别特征,形态层有词干和词缀,而语音层有音节成分和音位等,但没有音素。词汇的提取是从一个层面传递到另一个层面,通过激活或启动(priming)节点进行,如要提取"reset"和"resell",首先在句法层上,我们激活动词词条"reset"(v.)和"resell"(v.),然后在形态层上激活词缀"re"和词根"set"和"sell",再在语音层上激活音节"re""set"和"sell",并激活首音(onset)和韵音(rime)以及韵音的主音(nucleus)和尾音(coda)。这是言语产出的双向交互说(bidirectional interactive)或并行处理说。

在节点结构理论中没有外部监控器,取而代之的是在不同的神经节点层面都有一个内置的、固有的监控器(inherent monitor)。当需要加工某个词时,其神经节点被激活的路径是相对应的神经节点—经脉冲到语义层—句法层—形态层。Dell(1986)假设,这种激活是双向激活,即从上到下和从下到上的激活。

4.2.1.5 正演模型理论

Lackner 于 1974 年提出正演模型理论(forward-modeling theory)。该理论假设,语音推测放电信号(corollary discharge signal)不但可以与听觉反馈进行比较,还可以与体感反馈(somatosensory feedback)以及(或)本体反馈(proprioceptive)进行比较。Lackner(1974)假定,听觉表征和感知在语误监控中起着一定的作用。在发音过程中,来自发音器的体感反馈以及(或)本体反馈同样可以监控语误。但 Lackner 并未区分言内和言外语误的监控。Hickok(2012)建立的分层状态反馈控制模型(hierarchical state feedback control model)优化了 Lackner 理论,提出在计划运动任务(motor task)时,感官目标活动也许会被遏制,这样,有助于监控所期望的目标出现偏移。此外,从早期计划到运动活动,比较目标和执行情况的反馈循环一直处于活跃状态,这就解释了言语产出前后的语误监控为何能发生。

除此之外,在讨论自然言语的自我监控理论时,Postma(2000:104—113)综合各理论,主张在言语产出模型中设立 11 个反馈循环(feedback loop),即概念循环(conceptual loop)、词素选择反馈(lemma selection feedback)、句法结构反馈(syntactic construction feedback)、节点激活反馈(node activation feedback)、内循环(inner loop)、发音时间性信息(information on articulatory timing)、神经元传出反馈(efferent)、触觉反馈(tactile)、本体感受反馈(proprioceptive)、听觉反馈(auditory feedback)和结果知识(knowledge of results),分别对应言语产出过程中的概念形成、词素提取、句法编码、节点激活、内部言语语法分析、发音系统和听辨等环节。他认为,这些反馈对言语监控尤为重要,具有指示(directive)、调节(tuning)以及改正(corrective)等功能。它们指示并驱动言语运动命令模式(motor command pattern),并根据环境变化调节言语产出系统并监测和纠正言语错误。

4.2.1.6　其他理论

除了上述言语监控理论之外,还有 H & K 模型和 Nooteboom 和 Quené (2019)所持的观点。

1) H & K 模型

Hartsuiker 和 Kolk(2001)针对知觉循环理论所做的计算模型指出,对言内和言外语误监控后的修补计划与指令执行是平行的,在监控到语误之后随即被启动。这与 Levelt(1989)和 Levelt 等人(1999)所持观点有所不同,后者认为修补计划在语流中断后开始。计算模型还指出,言内和言外间的语误监控延迟时间为 350 毫秒。这说明,言内外语误监控和修补发生在言语产出的两个阶段,呈双模态状态(bimodal)。

2) Nooteboom 和 Quené(2019)观点

Nooteboom 和 Quené(2019)依托两实验,探究语误的自我监控问题,提出言语产出过程中候选词竞争解释,并形成以下假设。

第一,说话者不仅能自我监控内部言语,还能监控外部言语。这一观点是自我监控知觉循环理论的基本要旨(Levelt, 1989；Levelt et al., 1999),得到 H & K 模型的支持。后者的研究也断定,语音的形式错误,其语误至语流中断阶段的分布呈双模态,伴有两个正态分布,分别代表自我监控的两个阶段。内、外部自我监控的时间延误为 500 毫秒。这比 Hartsuiker 和 Kolk(2001)模型所认为的时间要长。因此,毫无疑问的是,自我监控分别对外部和内部言语实施监控。

第二,内部言语和外部言语进入同一个言语理解系统,系统还可以感知他人言语,其中,内部言语通过缓冲区准备发音,而外部言语通过听觉和听觉表征发音。该观点突出了言语理解系统的作用,也因此受到了质疑。Nozari 等人(2011)开展对失语症患者的研究,提出成功的自我监控与产出手段有关联,而不是知觉手段。Nooteboom 和 Quené(2017)也指出,对语音的形式错误的监测并未依赖于听觉反馈,也应包括来自发音器的体觉和本体反馈。

第三,言语理解系统的输出部分进入到位居中央的监控器,监控言语错误。问题是,言语理解系统以何种形式输出。在词汇形式尚未形成前,系统在中央监控器又是跟谁互相比较。自然的解释应该是,在候选词与正确词之间做比较。正因为有这种说法,于是便有了 Nozari 等人(2011)所提出的基于产出的理论。该理论强调候选词和正确词之间的相互竞争。

第四,H & K 模型指出,监控器监测到语误之后,会迅速发出停止语流的指令。但 Levelt(1989)的假设是修补指令只是在语流中断时发出。H & K 模型假设,内部语误被监测后 200 毫秒,语流才中断。Nooteboom 和 Quené(2017)发现,言内语误被监测到之后,语误至语流中断时间从 0 毫秒到 1 000 毫秒不等。此现象与 Tydgat 等人(2011)的研究发现相同。他们发现,尽管说话者能够在语误监测之后迅速停止语流,他们并不经常这样做。

第五,H & K 模型并未涉及词汇形式的语误监测时间性。Nooteboom 和 Quené(2019)假设,词的中位语误的开始至语流中断时间比词的前位语误的开始至语流中断时间要长很多,但两者的语误至语流中断时间,则差不多相当。

第六,H & K 模型并未讨论选择性注意在自我监控中的作用。自我监控的选择性注意会影响语误的监测率和加工速度。Nooteboom(2011)指出,词组中的音段语误比新词汇中的音段语误会更难以被监测到,这是因为自我监控选择性注意与所监控的词项是逆相关的。

总而言之,上述有关言语加工过程中的自我监控理论,各有千秋,至今未有正解。但无论怎样,说话者自我修补过程中自我监控的作用是无可非议的,两者的关系紧密相连。早在 1983 年,Levelt(1983:41—104)在《认知》上发表了专门研究言语自我监控和修补的力作。他认为言语监控器具有两种功能，其一为匹配功能（matching），将经语法分析后的内部言语和外部言语与交际意图和言语产出标准进行比较；其二为创建言语调整指令。要是监控器监测到了超越某些标准的不匹配现象，它就会使说话者注意到，也就是说，它会将警报信号发至工作记忆，说话者就可以根据所接收到的信息采取行动包括对响度和语速进行调整，对监测到的言语错误进行修补。在该论文中，他还用提问的形式论述了自我监控的对象以及修补的类型。

4.2.2　引发的争议

上述有关言语自我监控的理论和模型也引发了一番争议，主要集中在以下方面。

4.2.2.1　监控器位置

围绕说话者如何进行自我监控，学界争议不断。主要包括以下观点：① 自我监控器位于言语产出的概念形成器模块，说话者自上而下通过言语理解系统，分内循环和外循环感知和监控言语产出和其中的错误；② 自我监控器位于言语产出系统中；③ 自我监控器位于节点网络中。

4.2.2.2　监控是否仅仅依靠听觉反馈

有关语误自我监控在多大程度上取决于听觉反馈，则众说纷纭，莫衷一是。在知觉循环理论看来，尽管言内言语使用与言外言语相同的言语理解系统，但其听觉并未涉及。然而，基于产出的自我监控理论则认为言外语误的监控依赖于听觉。关于这点，最为突出的观点来自正演模型。该模型认为，语误监控不仅取决于来自发音器的听觉反馈，而且还来自体感反馈以及（或）本体反馈。

响亮掩蔽噪声（loud masking noise）实验证据支持了听觉反馈观点。倘若语误监测率在响亮掩蔽噪声下有变化，则说明了听觉的重要性。Postma 和 Kolk（1992）、Postma 和 Noordanus（1996）、Oomen 等人（2001）曾做过此类实验。Postma 和 Kolk（1992）发现响亮掩蔽噪声能减少间断语流和自我修补的数量，体现了听觉反馈与自我监控的相关性。Postma 和 Noordanus（1996）的实验要求被试在四种状态，即沉默、掩嘴、噪声掩蔽和正常的听觉反馈状态下以加速的速度绕口令之后，各自报告所监测到的语误。结果发现，前三种状态下的语误监测率基本相同，但第四种状态即正常的听觉反馈的语误监测率趋高，显然，听觉反馈能提高监测率。Oomen 等人（2001）比较了 Broca 失语症患者与健康人控制组在有响亮掩蔽噪声和无响亮掩蔽噪声下的语误监测率。实验显示，在响亮掩蔽噪声下，两组实验被试的语误监测率差不多，但是，在正常的听觉反馈状态下，Broca 失语症患者比健康组所监测到的语误要少，说明患者比健康组人群更依赖发音前自我监控（prearticulatory self-monitoring），也说明健康组人群的发音后的自我监控部分依赖于听觉。这与 Huettig 和 Hartsuiker（2010）的研究相同。后者设计了眼动实验，发现眼动变化受到了说话者本人的言外言语感知的驱动，从而得出言外言语的自我监控是基于言语感知的结论。

关于听觉反馈，言语研究界不少学者（如 Hartsuiker and Kolk，2001；Hartsuiker et al.，2005）所持的观点是：说话者是通过听觉感知监控到言语错误的。

Lackner 和 Tuller（1979）的实验发现，噪声影响对清音和浊音语误以及元音的监测，但不影响对发音部位语误的监测。这一发现支持了 Lackner（1974）的观点即语误监测通常基于体感反馈和（或）本体反馈，但 Lackner 和 Tuller（1979）并未区分言内语误和言外语误监测。现有证据足以证明，听觉通过自我监控言外语误参与了对语误的监测。Lind 等人（2014，2015）采用词语产出实验，在说话者的言外言语中插入词语，发现说话者会很快对其做出反应，并将它视为自己的言语错误而加以修补。关于这一现象，他们的解释是语误监测主要是基于倾听说话者本人的声音，言内监测的假设是多余的。但问题是，听觉在多大程度上起作用？这似乎难以知晓。

基于以上实验分析，他们假定，言内监测率在有无响亮掩蔽噪声状态下保持不变，但在响亮掩蔽噪声状态下监测言外语误，其监测率几乎跌到零。至于听觉反馈，发现涉及不同辅音的语误，其监测率要比含有相同辅音的监测率要高。掩蔽噪声对言外语误监测率不起作用，这与 Lackner 和 Tuller（1979）研究结果相同，即来自发音器的体感反馈和（或）本体反馈作用于言外语误的监测。

4.2.2.3　时间性

1）监控速度

对此，许多学者有不同的看法。Postma(2000)指出，正是因为内置监控器四处分布的特性，错误处理的效率大大提高。然而，Petite(2005)却认为，由于产出性模型是分布编辑的，其监控器分布在言语产出的各个阶段，因此，这种层层监控的特性影响了监控速度和言语加工过程。相比之下，对于知觉循环理论，它的一个中央监控器就可以在言语产出的最后阶段进行监控，因此，它的效率就会更高。然而，Levelt 本人却对知觉循环理论的处理效率并不满意。

2）发音前和发音后监控

Nooteboom 和 Quené(2017)引用 Blackmer 和 Mitton(1991)的例子，研究了说话者自我监测到的言语错误及其修补。

第一个例子："if Quebec can have a ba/a Bill 101." 说话者发出第一个音节"ba"之后就监控到了言语错误，随即停止了语流，采取了替换修补，用对词"bill"替换了"ba"。但是，这一修补中，他采用折回(retrace)策略，将修补成分折回到言语成分的开始处 a 之后，然后，实施替换修补。

第二个例子："behownd her/behind her own closed doors." 说话者在说出错词"behowned"并跨越了代词"her"之后才监测到言语错误，并实施自我修补，用对词"behind"替换了错词"behound"才开始着手修补。

他们将这两个例子区分成发音前和发音后语误修补。同时，结合这两种不同的监控和修补形式，提出是否存在两种不同的修补形式：快修补(fast repair)和慢修补(slow repair)以及言语错误自我监控在多大程度上依赖听觉反馈的设问。同时，指出言内监测(internal detection)和言外监测(external detection)两概念。

Levelt(1983,1989)也用"v/horizontal"例子来说明言语错误可以在整个词的音发出之前被说话者监控到。有说法认为，说话者在错误发出之前就监控到言语错误，并在中断语流前等待修补，是为了争取时间计划修补(Seyfeddinipur et al.，2008)。

关于内部言语的自我监控，Dell 和 Repka(1992)、Postma 和 Noordanus(1996)、Levelt 等人(1999)提供了实验证据，证明说话者有能力监控自己的内部言语,甚至在抽象的语音提取阶段就已具备这方面的能力。

因此,大量语料以及研究和实验结果支持言内监控和言外监控的假设。说话者不仅有能力监控到发出的言语错误,而且还能监控尚未发出的言语错误。这不但从词片断的监控和修补可以看出,数量众多的重复更是明证。

Hartsuiker 和 Kolk(2001)提供了两个计算实验数据来支持言内修补说法。其一,模型假设,说话者在监测到内部言语语误后,会在 200 毫秒之后中断语流;其二,模型认为,计划语音比发出语音要快,因此,在多词语段中,后词比前词得到更长时间的缓冲,产生更多的言内修补。这一发现为从时间性视角研究言语监控和修补提供了方向和支持。

3) 时间分布

争议围绕语误监测到中断的时间和中断到修补的时间展开,从而说明说话者的监控方式(言内监控和言外监控)以及监控能力(快监控和慢监控)。

观点一:语误监控到语流中断时间为 150 毫秒,言内和言外语误监控延迟时间为 350 毫秒。这一观点主要来自 H & K 模型。它不仅预测了语误到语流中断时间分布,还预测了语流中断到修补的时间分布,其中,语流中断到修补时间可以很短,甚至可以短到 0 毫秒。他们假设,修补可以在语误监控到之后执行停止语流指令所需的 150 毫秒期间计划,但是,150 毫秒不足以计划修补,因此他们推论,修补的计划应该在语误尚未形成之前的言语产出较早阶段就已启动。有趣的是,言内和言外语误的修补计划的时间特征是相同的。言内和言外间的语误监控延迟时间为 350 毫秒,说明语误到停顿以及语误到修补都是双模态的。

观点二:言内和言外语误监控延迟时间为 500 毫秒。它来自 Nooteboon 和 Quené 的实验。实验结果显示,语误到中断时间分布为双模态,两个峰值相隔 500 毫秒,这与 Hartsuiker 和 Kolk(2001)的研究结果 350 毫秒有所不同。双模态说明言内语误和言外语误的存在。就修补计划而言,言内语误的监测无修补计划,但是,言外语误的语误监测却比较耗时,语误到修补时间从 434 毫秒到 1 373 毫秒不等,平均为 896 毫秒。

遗憾的是,上述时间分布之争,至今尚未有定论。我们认为,这主要还是取决于研究语料、研究方式和研究工具。随着研究的深入，期待有权威的结论。

4.2.3　大学英语学习者课堂话语自我监控

MCCECSER 为英语专业视听说课堂自然发生的实时语料，记录了我国大学英语学习者自我监控自己的言语产出和加工质量，自我监测言语错误并对错误采取相应的自我修补策略进行自我改正的行为。语料显示，学习者有能力监测到言语错误并加以改正，见例。

①00：00：35 00：00：42 S1 playing video games with us how much time we <-_-> spend in extra

uh <..>curri

　　00：00：42 00：00：47　S1 curriculum <..> activities，like sports <_\> and music programs.（MC081）

②00：01：23 00：01：29 S1 the negative effects were stronger. So how much screen time is <\><..>too much? The Canadian

　　00：01：30 00：01：37 S1 <-_-> paediatric society society <..> says all <[_> teenagers <[_>should have less than 2 hours（MC081）

③00：01：15 00：01：23 S1 the extra screen days were </> especially harmful to girls for them <_\> for the researchers. <_\> They said（MC081）

④00：00：30 00：00：37 S1 Um <..> staying up late can have many uh <..> may have many irreversible effects on the body

　　00：00：37 00：00：40 S1 such as memory loss，especial(MC367)

在上述例子中，例①为词片断重复亦即如前所述的发音前监控。当说话者 1 发出部分音之后，监测到了言内错误，因此在尚未发出整个词之前就被监测到；例②为说话者的自我重复，属于言内错误的监控范畴；例③，说话者说到代词"them"之后，监控到了不确切的信息"them"，因此，只能将"them"用更确切、更明了的信息加以替换;例④,说话者并未在错词"can"之后马上停留,而是跨越了两个词之后才被监控到。

需要指出的是,在 MCCECSER 中,发音前监控均遵守词同原则。所有识别出来的发音前监控例子都是前后词性相同,故称作词片断重复(fragmentary repetition)。这种重复连同整词重复,在中国大学英语学习者英语交际中尤为突出,甚为普遍。文献显示,国外学界对重复做了比较全面的研究,但对于这种现象的作用机制、功能以及原因等等尚未有突破性的进展,从实验、数据科学以及借助眼动、ERP 和 fMRI 等技术的研究尚未形成规模。国内研究更是如此。因此,研究重复必定有其广阔的空间和潜力,推动这方面的研究很有意义。本书将另辟一章讨论重复。

不仅如此,例④说明了言语研究中的两个信息。其一是 Nooteboom(1980)所主张的"主要中断规则"。该规则指出,说话者会"一发现错误就立即停止语流"。但是,在实际交际中,却存在着另外一种现象——说话者监测到言语错误后并没有立即在错词后中断语流,而是跨越几个词之后才停止语流。其二是折回(retracing)或折回修补(retraced repair)。如例④所示,说话者并非在监控到错词后实施修补(instant repair),而是折回到词组边界(phrase boundary)再进行修补。关于折回,例③亦然,我们将在第 6 章讨论。

上述例子也说明了我国大学英语学习者在言语加工方面具有自我监控能力,不仅如此,他们的自我监控能力还存在着可分等级性,其中,词片断重复为最高等级,重复次之,跨越多词的自我监控为最低等级。

然而,与本族语口语语料库相比,MCCECSER 尚有大量未被学习者监控到的现象。试比较下列语段。

1) Santa Barbara 美国英语口语语料库语料

⑤2.660　　2.805　　JOANNE:　But,

　　2.805　　4.685　　　　　　　so these slides ＜X should X＞ be real interesting.

　　6.140　　6.325　　KEN:　　eah.

　　6.325　　7.710　　　　　　　I think it'll be real interesting

7.710	8.535		I think it'll be a real，
8.535	9.815		（H） a good slide show.
9.815	11.065		Too bad you can't make @it.
11.625	13.805	LENORE:	（TSK） Who else do you know

that's been there besides .. what's her name.

13.805	15.450	KEN:	（TSK） （H） % ［Just ～Jessie

and］～Shana，

14.200	14.715	JOANNE:	［～Shana，
14.715	15.210		her］，
15.450	16.140	KEN:	that's all.
16.675	17.009		Yeah，
17.009	17.453		～Shana's，
17.453	18.020		sort of，

（SBC015）

2) MCCECSER 语料库语料

⑥00:00:51 00:00:56 S1 So uh <..>the formation of the Lantern Festival has been long process，

00:00:56 00:01:03 S1 <_]> are rooted in the Asian custom of uh <..> turning on lights or pray for good luck.

00:01:03 00:01:10 S1 According to general information and folk legends，the 15 days of the first lunar month has been

00:01:10 00:01:13 S1 taken seriously in Han Dynasty.

00:01:13 00:01:20 S1 But it was after the Wei Dynasty had Lantern Festival would really became a national <--> folk festival.

00:01:20 00:01:25 S1 The rise of the custom of burning lanterns on the

00:01:25 00:01:33 S1 uh <..> <_\> Lantern Festival is also

related the spread of Buddhism uh <..> Tang Dynasty Buddhism florist (flourished).

00:01:33 00:01:40 S1 People generally in the Lantern Festival burning lanterns for Buddhism uh <..> Randeng Xianfu，

00 :01:40 00:01:48 S1 Buddhism lights all over the folk. Since the Tang Dynasty Lantern Festival has become a legal

00:01:48 00:01:52 S1 uh <..> matter (Chinese)

00:01:52 00:01:57 S1　Ranhou the custom of uh <..> the Lantern Festival

00:01:57 00:02:06 S1　uh <..> are as many a series of traditional fork activities such as watching lanterns，jiushi uh <..> Shang Huadeng. (MC097)

Santa Barbara 美国英语口语语料库基于采自全美范围的自然言语录音。尽管两者没有可比性，毕竟 Santa Barbara 语料库是英语本族语说话者的语料，而 MCCECSER 是大学英语学习者课堂话语语料库，在一定程度上，也能折射出学习者的自我监控能力以及外语功底和教学问题。例⑥中，未被监控到的言语错误，其比例甚高。说话者 S1 甚至还用了汉语"ranhou"，"jiushi"。

4.3　言语错误

4.3.1　言语错误

言语错误指的是人们在言语交际过程中所产生的错误。对它的研究由来已久。早在 1968 年，Boomer 和 Laver(1968：123)就试图给"言语错误"（口误)下定义：说话者在言语行为中不自主地偏离想要使用的语音、语法或词汇形式的失误现象。Goldrick 和 Daland(2007)却认为，语误是对说话者想产生的目的语的无意偏离。类似的定义还有很多，但大多大同小异，在此不一一赘述。我们则认为，语误是说话者在言语交际过程中产生的偏离交际意图的言语产出现象。它不仅仅体现在词汇、语义层面,也表现在语用等层面。

语误可分为计划内部错误(plan internal error)、替代计划错误(alternative plan error)和竞争性计划错误(competing plan error)(Butterworth,1983),也可细分为简化(simplification)、过度概括(overgeneralization)、过度准确(hypercorrection)、错误教学(false teaching)、石化(fossilization)、避免(avoidance)、学习不足(inadequate learning)和错误概念假设(false concepts hypothesized)(Touchie,1986)。也可以分为错误类推(false analogy)、错误分析(misanalysis)、不完全规则运用(incomplete rule application)、利用信息余度(exploiting redundancy)、忽略共限规则(overlooking cooccurrence restriction)、过于准确或过度监控(hypercorrection,monitor overuse)和过度概括等 7 种(Carl,2001)。

对语误的分类还有很多,如从造成言语错误的人为因素角度,语误可划分为来自教材、教师等人为的输入错误和由于学习者自身性格、学习习惯等的不同以及交际策略的缺乏而导致的言语错误;还可以从言语错误产生的结果角度,将语误划分为语音、词汇、语法形态、句子或语篇结构等的错误。

长期以来,言语研究界试图从自然发生的语料中研究言语错误。早在1896 年,Meringer 和 Mayer 就收集了大量言语错误语料,建立了较大型自然言语错误语料库并加以分析,从中发现了很多人类言语产出的规律,其中一个发现便是词汇替换要么基于意思(meaning-based),要么基于形式(form-based),说明词汇产生有基于意思和基于形式之别。他们的研究还提出了重要的经验主义范式。然而,直到 20 世纪 70 年代,该范式才被广泛用来建构言语产出理论。之后,不少学者致力于言语错误分析,其中,Chaudron(1988)的研究揭示了学习者言语错误具有语音、语法、词语、内容和语篇等五种类别;Goldrick 和 Daland(2009)的研究指出,语言标记性影响了言语错误发生的概率。

国内也有类似研究,如崔海迪(2011)的研究,基于 Chaudron(1988)的言语错误分类,统计了我国英语教师在二语课堂所纠正的学习者言语错误的分布。这些言语错误分别是语音、语法、词汇、内容和语篇。然而,遗憾的是,国内的研究要么步国外研究后尘,要么是引介性的研究,难见有创新或突破的研究。

分析语误,其重要性不言而喻。人们普遍认为,语误可以作为语言证据使我们洞察人类语言产生以及语言使用的本质,也可以作为重要窗口使我们了解人类言语产出过程中复杂的心路历程,更是开展二语习得研究的切入口和突破口。观察和分析学习者在二语习得过程中产生的语误,标志着应用语言学研究的一大进步,因此,具有十分重要的理论和实践价值。首先,它能使外语教育工作者和外语教育研究者了解外语教学发展的现状,了解学习者在外语学习过程中所遇到的问题,从而试图解决问题,并相应地调整现有的外语教育政策。其次,它能使教师及时掌握外语教学动态,掌握学习者中介语发展的轨迹,帮助学习者发现问题并解决问题,从而,提高二语习得的效益。最后,它能使学习者了解自身问题,正确认识和判断自己的交际能力和水平,培养语言敏感性以及语言识别能力尤其是语误识别能力,提高对语误的自我监控和自我纠错能力,从而提升语言综合水平,减少言语错误,确保可理解的语言输出。

如前所述,说话者会话自我修补是说话者在交际过程中对所出现的言语错误所实施的自我改正的行为。因此,要讨论本语料库中存在的学习者言语错误的自我修补现象,先从言语错误入手。

4.3.2　MCCECSER 中的言语错误

从 MCCECSER,我们识别出以下学习者能监测到并加以修补的言语错误。

（1）概念错误,见例。

⑦00:00:00 00:00:08 S1 Today's my topic is my another $<\backslash\_\backslash>$ hometown. Uh $<..>$before my speech，there's a question that why do I

00:00:08 00:00:16 S1 why do I choose my hometown to do? Uh $<-\_->$ $<..>$ there are two reasons. <u>One the first is</u>

00:00:17 00:00:25 S1 uh $<..>$ my $<\_]>$ sister live in Chongqing $<\backslash\_\backslash>$ and the other the other

reason is I prefer Chongqing by contrast. (MC036)

⑧00:00:10 00:00:17 S1 Just　take　the　high　speed　trains　for example. By the end of 2020 the

00:00:17 00:00:20 S1 the the China's

00:00:20 00:00:33 S1 the China's a railway network <u>have reached would have</u> <^_^> <u>reached</u> 146，000 kilometers of which about 38，000 kilo

00:00:33 00:00:38 S1　meters <@_@> are high speed <@_@> trains mileage and（MC196）

例⑦，学生 1 想要陈述两个理由，因此，本应提取"the first"，却提取了 "one"。在他监控到语误之后，随即实施修补。在错词"one"之后停止语流，通过无填充暂停争取时间以提取 the first，并进行了替换修补。例⑧，学生 1 已提取"已达到"这一概念，但认为应该是"早应达到（但未达到）"的概念，因此，只能采取重组修补行为。

（2）信息充分性，见例。

⑨00:01:15 00:01:22 S1 The risk he wrote are rich in competition，and the flow <u>is very is also very</u> powerful.（MC149）

⑩00:00:14 00:00:21 S1 he poor. Um <..> in 1931, uh <..> Teresa became a nun uh <..> and

00:00:21 00:00:28 S1 <u>he be and he decided</u> <..> to become a career mom in May </_/> nineteen nineteen thirty seven.（MC276）

对这类语误的监控和修补集中体现在插入修补中。例⑨，说话者 S1 插入了"also"，使交际信息更为充分。同样，例⑩，说话者 S1 在监控到不完整的信息之后，在词片断"be"之后就中断了语流，插入了"decided to"之后，恢复语流和会话交际。这里，不但看到了说话者的自我监控能力，也看到了说话者不惜在词片断之后中断语流实施插入修补，以便使信息更为完整的决心。

（3）词汇错误，见例。

⑪00∶01∶30 00∶01∶35 S1 /T Um <..> what uh <..> I think uh <..> which do you think

00∶01∶35 00∶01∶37 S1 um <..>

00∶01∶37 00∶01∶38 S1 is the best

00∶01∶38 00∶01∶42 S1 visited? Uh <..> that are many

00∶01∶42 00∶01∶45 S1 places <_\> of interest make me

00∶01∶45 00∶01∶47 S1 uh <..> <~_~> <..>

00∶01∶47 00∶01∶50 S1 uh <..> give me a deep impression. (MC165)

⑫00∶01∶28 00∶01∶37 S1 and I also participate in my interesting activities which increa enrich my life dramatically. (MC181)

中国学生从开始学习英语起一直十分重视词汇，然而，真要轮到他们开口说英语，却发现用词过于简单，词汇错误等问题比比皆是。主要问题包括选词错误和搭配错误，甚至胡乱说一个词来搪塞。例⑪，说话者 S1 显然监测到了与"impression"搭配的动词有误，而例⑫显示，说话者 S1 选错了词汇。他原本打算用"increase"，但"enrich"更能与"life"搭配，因此，在尚未发完整个"increase"的音之前，就果断中断语流，选用了更为合适的"enrich"。

（4）语法错误，见例。

⑬00∶01∶48 00∶01∶56 S1 It is located in riverside area where the Long River<@_@> and the Jialing River meet

00∶01∶56 00∶02∶02 S1 and <@_@> the Hong Ya Dong have has 11 floor floors. (MC036)

⑭00∶00∶00 00∶00∶12 S1 Um <..> <-_-> <[_]> Mother Teresa is was <_]> born in 1910

00∶00∶13 00∶00∶20 S1 and she was the youngest children of

three. Uh <..>she was the youngest （MC075）

在语法错误中，占比例较大的是时态和语态错误，如例⑬中的单复数错误和例⑭中的过去时和现在时错误等。

（5）句法错误，见例。

　　⑮00:01:17 00:01:27 S1 sorry，um <..> when you you <@_@>
will talk about um <..> you

will um <..>tell children uh <..> when time um <..>

　　00:01:27 00:01:32 S1 they can play video uh <..> when time
uh <_\>　<..>

　　00:01:32 00:01:34 S1 to uh <..>

　　00:01:34 00:01:46 S1 do　<-_-> their uh <..> things in uh
<..> <@_@>　every day.

　　（MC203）

句法错误主要表现在错用结构词、句子结构错误、句中词语错位等，如例⑮中"when"的误用，应该用"what"，说话者却用了"when"。

（6）语音错误，见例。

　　⑯00:00:26 00:00:31 S1 Uh <..>a group<_\> of researchs
from the University of

　　00:00:31 00:00:41 S1 uh <..>Tutergen in <\>Germany has
developed um <..> an arfitical arfi artifical

　　00:00:41 00:00:50 S1 intelligence AI that can play Super Mario
uh <..>Advance Games.

　　（MC204）

例⑯中，说话者 S1 对"artificial"这个词的发音怎么也提取不了，虽经努力,最后仍然发音错误。

从上述各例来看,在言语错误中,有的是语法错误,有的是句法错误,有的则是语用错误,那么,为什么这些大学英语学习者在会话交际过程中如此频繁地犯这种"低级错误",原因何在?Taylor(1986)提到,错误的来源可能是来自心理语言的、社会语言的、认知的或是话语结构的原因。除此之外,还有语际迁移、语内迁移和交际策略等原因,但是,究其根本,恐怕还得从外语教与学这两头来检讨。

此外,我们发现,说话者关注的错误基本上集中在词汇。这一发现与二语习得相关研究相吻合。对第二语言的自我修补研究显示,说话者的语言监控机制对词汇错误特别敏感。Fathman(1980)对 75 名儿童的第二语言自我修补研究发现,50%的纠正来自词汇纠正,这个比例远远高于其他任何纠正,其中形态修补占 20%,句法修补占 12%,语义修补占 15%,音位修补占 3%。Lennon(1984)对 12 名德国大学生的研究结果也发现了类似的分布结构,即词汇修补占 73%,音位修补占 13%,句法和语义修补占 13%。Beshir 和 Yigzaw(2022)的研究也指出,句法错误和词汇错误是二语学习者最为频繁的言语错误。

本书发现与国外研究发现基本一致。就中国大学英语学习者而言,他们的言语错误呈现出一定的共性:基本功欠扎实。然而,对于基本功的训练,我们强调了很多年,为什么还有类似的问题?这一现象值得外语教育工作者深思。

4.4 语流中断

Levelt(1983:45)指出,说话者会在监控到言语错误后,中断语流,重新编辑言语,计划修补。因此,在勾画自我修补结构时,特别设计了语流中断点(point of interruption),来表明说话者对言语的监控程度以及修补的状况。

Levelt 的言语产出模型指出,说话者的言语产出过程受到自我监控模块的监督。该模块通过言语理解系统监控着内部言语和外部言语。当说话者自我监控到语误后,他会停止语流,并且采取措施进行修补。这一过程体现在所

谓的"主要中断规则"里。该规则首先由 Nooteboom 在分析了 Meringer
Corpus(1908)的会话修补之后提出,后经 Levelt 在分析了 1 000 个自我修补
实例后将其具体化。根据此规则,说话者"一旦监测到语误会马上停止语流"。
(Levelt,1989:478)他们发现的语流中断位为① 言内修补,如"Here is a-er a
vertical line";② 词间中断,如"We can go straight on to the ye-, to the
orange node";③ 语误词后中断,如"Straight on to green-to red";④ 语误词后
若干词之后中断,如"And from green left to pink-er from blue to pink"
(Levelt,1989:479—481)。

　　然而,这一规则也有其漏洞。根据这一规则,说话者"一旦监测到语误会
马上停止语流",但是,它的第④条却说语流在跨越语误词几个词后才停止。
这似乎有点自相矛盾。因为在这一现象中,说话者并非是在监控到语误词后,
立即停止语流。对于这一现象,归因于说话者语误监测的迟缓(delay in
detection)。按照 Levelt 的说法,这一"违背"是由于说话者对尚未结束发音的
词汇缺乏语误监测。他指出:"Words are not sacred cows in self-repair"
(1989:481)。Levelt(1989:481)进一步指出,通过语流中断,说话者想要传递
给听话者的信号是:这个词是错词。通过完成该词,说话者希望听话者明白
该词已被正确传递。从听话者的视角来看,该语用规则包含两种含义:① 如
果出现语流中断,该词即为错词。② 如果该词的语流没有中断,那么该词即
为对词。第一个含义不难理解,但第二个含义就有点牵强了,毕竟除了词汇修
补之外,还存在其他形式的错误及其修补和语流中断,比如重复。

　　乍看这一解释也说得过去,但从元认知的角度来分析,我们却以为实际上
是说话者的自我监控能力被迟缓激活,因此,也耽搁了说话者对语误的监测。
这里面有词汇提取的问题,也有时间压力、话题复杂性和任务复杂性所致的认
知负载等原因。

　　Levelt(1983)通过分析自建语料库语料,得出以下结论:① 立即中断
(immediate interruption)中的词间中断(within-word interruption)的频率比
延迟中断中的词间中断频率要高;② 错误修补(error repair)中断要比中性或
不合适词修补中断要频繁。这些结论得到了 Bredart(1991)研究的支持。然
而,在 Levelt 所建的语料库中,总的现象还是说话者选择发完词语整个音,词

间中断只占词误修补和合适性修补的 22.5%。他预测，待补词越长(以音节为单位)，词间中断的数量会越多。

关于语流中断点，研究表明(姚剑鹏，2007)，我国大学英语学习者能在监控到言语错误后在不同的点位中断语流，包括词片断后、语误词后以及语误词后跨越几个词。不同的点位表现出不同的监控等级，同时也表明了说话者对言语错误的自我感知以及修补言语错误的意图。当然，还有出现语误后不中断语流，继续言语的现象。

此外，由于 Nooteboom 和 Levelt 所用语料均是实验诱发的，因此，有可能他们对语流暂停位的统计缺乏完整性。我们以 MCCECSER 为依托，考察了语料库中的语流中断位如下。

(1)重复或称言内修补，表示语误在还未发出之前就被监控到(Postma and Kolk，1993，Levelt，1989)，见例。

⑰00:02:20 00:02:27 S1 and I <-_-> will try my best to </> to make it colorful as well as meaningful

00:02:27 00:02:32 S1 I will keep moving forward and keep and keep working hard

00:02:32 00:02:39 S1 and move in the right direction. That's all thanks for listening. My speech is over.(MC091)

(2)语误在一个或几个音素之后就被监控到，称为词间中断，见例。

⑱00:01:14 00:01:21 S1 gradually I become familiar <--> with our uh <..> life and start enjoy </> it.

00:01:21 00:01:28 S1 I participate in some departments like admission of our schools and make a lot of friends，

00:01:28 00:01:37 S1 and I also participate in my interesting activities which increa enrich my life dramatically. (MC093)

（3）语误在发出语误词之后就被监控到，称为立即中断或词后中断，
见例。

⑲00:00:27 00:00:34 S1 Uh <..> and <^_^> some <--> and
fireworks can still be picked and be set off in some allowed allowed areas
00:00:34 00:00:38 S1 Uh <..> on New Year's Eve，uh <..>
00:00:38 00:00:44 S1 the children who go out or work will come
back home with their family for our reunion dinner. (MC030)

（4）语误在语误词产生跨越几个词之后才被监控到，其语流中断延迟，
见例。

⑳00:02:33 00:02:39 S1 Players plays face to face when they play
traditional
00:02:39 00:02:42 S1 games like monopoly，but the
00:02:42 00:02:44 S1 video game，
00:02:44 00:02:49 S1 but when they play video games，they
can't face to face.
00:02:49 00:02:52 S1 they only <-_->face to the screen world.
(MC111)

（5）语误在语误词产生很久才被监控到，其语流中断也随之延迟很久，
见例。

㉑00:08:08 00:08:16 S1 Anyway，become more and more fashion
and <-_-> <^_^>more and more the color become <_\>more and
more um <..>
00:08:16 00:08:29 S1 uh <..> <-_-> <_\>acceptable by
new new generation. And this one also<@_@><[_> <-_->the the

97

these clothes become the popular for the tourism. $<$-_-$>$We all know that Xishuangbanna is

　　00:08:29 00:08:38 S1 um $<..>$ famous for the tropical landscape，also for its tourism.$<\_\>$ But these $<$-_-$>$ clothes can be in the part of $<@\_@>$

　　00:08:38 00:08:38 S1 um $<..>$.

　　00:08:38 00:08:44 S1 um$<..>$to to to develop to promote the development of economy. $<\_\>$And (MC214)

（6）语误在语误词产生之后，未被监控到，因此，语流并未中断，见例。

　　㉒00:01:14 00:01:20 S1 She's$<$-_-$>$ my $<$^_^$>$friend and <u>she is</u>$<$-_-$>$ study in Kunming now.

　　00:01:20 00:01:21 S1 Uh $<..>$

　　00:01:21 00:01:26 S1 a$<$^_^$>$very kind and very um $<..>$ <u>hospital</u> woman. Yeah $</>$.

　　00:01:26 00:01:30 S1 And she's$<\>$ my classmate.

　　00:01:30 00:01:32 S1 Um $<..>$ we've known$<$-_-$></>$each other for

　　00:01:32 00:01:34 S1 10 $<\_\>$years.(MC214)

综上所述，Nooteboom 和 Levelt 所主张的规则有其缺陷所在，鉴于言语交际的复杂性，本书提出将规则"Stop the flow of speech immediately upon detecting the occasion of repair."修改成"Stop the flow of speech immediately or after overshooting upon detecting the occasion of repair."这里，我们沿用 Levelt 在讨论自我修补内部结构时所给的词汇 overshoot 来描绘语流跨越数词后语流中断的现象。

同时，不同的语流中断位说明了中国大学英语学习者在课堂话语中具有各种监控能力，他们的自我监控存在可分等级性，同时，也体现了他们对言语交流的质量要求理想表达意识以及强烈的听话者意识(listenership),反映出交际是一个说话者和听话者共同合作的双向行为。

中断点研究的另一发现是,学习者的词间中断和词后中断的比例较高。我们对 MCCECSER504 个文件进行了统计。方法是使用 pandas 读取经过处理的完整记录文件。增加合并策略列,合并策略列将不同的重复(Rx)策略合并统计数量;增加中断类型列,类型为词间中断、词后中断。对会话类型—中断类型进行分组统计,并使用 scipy 包进行卡方检验,统计得出词间中断有542 处,占 16.7%,词后中断有 2 710 处,占 83.3%(见表 4.1)。

表 4.1　对话类型和词间中断和词后中断统计　　　　　　单位:处

	独　　白	对　　话	多人对话	所有会话类型
词间	308	77	157	542
词后	1 334	392	984	2 710
所有中断	1 642	469	1 141	3 252

而且,从语料库三个会话类型来看,当学习者一个人说话时,无论是词间中断还是词后中断,都是比其他两个类型,即对话和多人对话要高。因此,会话类型与中断有关联。卡方检验证实了这点,由表 4.1 数据得出:Chi2ContingencyResult(statistic=12.215799759068055, pvalue=0.0022252191373121045, dof=2),其中 $p < 0.05$,说明会话类型和中断类型有关联。

我们认为,对于中国大学英语学习者来说,词间中断和词后中断反映了学习者一定的言语自我监控能力以及对监测到的语误进行修补的意识,而且,也体现了中国传统文化"自我求善、自我规范、自我修复"的完美活性功能的影响。此外,与中国人的面子观不无关系。毕竟,与对话和多人对话相比,一人发言对学习者而言更注意个人形象。在众目睽睽之下,监测到言语错误之后,不去立即修补,确实令人无地自容,有损个人形象,是一件丢面子、有损自己社交形象的行为。从这点来看,与一语说话者不同的是,词间中断和词后中断比例还折射出浓郁的中国文化背景,使其具有十足的"中国性"(Chineseness)。

研究还发现，词后中断数量超过词间中断整整 5 倍，这说明学习者在进行话语交流时，具有概念完整性和对他人利益的考虑（利他性，otherness）。他们总是希望将完整的概念呈现给听话者，这样，对方得以理解言语，交流得以进行下去。中国传统文化对该现象具有解释力。需要再次指出的是，语料库中存在大量未被监控到的言语错误，这一现象不得不引起我们的高度重视和反思。

4.5　本章小结

本章回顾了自我监控研究以及各相关理论和假设，论述了研究所产生的争议，同时，就学习者言语错误和语流中断位进行了讨论，最终得出结论——学习者能运用自身的自我监控能力，监控到言语错误。这些言语错误包括了概念、词汇、句法等。学习者会在不同的位置上中断语流，计划修补。语流中断位符合自我监控知觉循环理论的基本要旨即说话者不仅监控外部言语，也能监控内部言语。同时，语料库语料支持发音前监控和发音后监控之说，并认为，重复和词间中断体现了发音前监控，说明说话者在尚未发出错误信息之前就已监控到错误，或者在错误信息尚未完整发出之前就已监控到言语错误，因此，通过重复或修正词片断来加以修补，并使语流得以恢复。此外，本章还通过文本挖掘办法统计了词间中断和词后中断的比例，发现词后中断比词间中断要多整整 5 倍，并做了相应的讨论。卡方检验的结果也支持了本章节的假设，即会话类型和中断类型有关联。

本书支持 Lackner(1974)的正演模型说，认为说话者的言语错误监控是说话者利用听力反馈、体感反馈和本体反馈的综合效果，这从重复、词间中断和词后中断均能得到佐证。

本书拟将学习者在跨越数词后才监控到言语错误并停止语流的现象称为延迟监控(delayed monitoring)，并假设为认知负载所致。学习者所要提取的信息的概念复杂性以及候选信息的相互竞争等因素给说话者造成一定的认知负载，使得说话者未能及时监控到言语错误。这一现象说明 Nooteboom 的"主要中断规则"有漏洞。它并不能全篇一律地解释监控后的语流中断现象。

根据以上分析,本书提出对 Nooteboom 的规则进行修补。

　　最后,想再次指出的是,本章的另一发现便是语料库中存在着大量未被监测到的言语错误,这不得不使我们更加关注外语教学的质量,使我们更加清醒地认识到外语学习的一个基本问题便是学习者的外语基本功问题。

第 5 章　MCCECSER 中的修补编辑

　　修补经过以监控、语流中断等为其主要特征的待补阶段进入到编辑阶段。这一阶段的关键观察点是暂停和填充词。暂停由填充暂停和无填充暂停组成。它具有多种功能,如帮助说话者赢取必要的时间来重新计划言语并计划修补策略。随着研究的深入,其功能和对修补成功与否的贡献不断被人们所认识。本章以 MCCECSER 为依托,以暂停和填充词为主要研究对象,采用文本挖掘方法,呈现它们的规律与特征,分析它们在学习者修补中的作用。

5.1　暂停

5.1.1　研究回望

　　暂停被看作"某人言语中出现的一段沉默时间"(O'Connell and Kowal,1983:221)或是"任何声音信号的暂时中止。当用来指自然言语暂停时,可定义为言语的暂时无声停顿"(Burger,2005:7)。

　　从语言学的角度来划分,暂停可分为音段内暂停(intra-segmental pause)和词间暂停(inter-lexical pause)。从心理语言学的角度来划分,它可分为无填充暂停亦称沉默暂停(silent pause)和填充暂停(Zellner,1994:42—45)。前者指在言语交际过程中出现的一段不带填充词的语流暂停时间,期间交际双方均沉默不语;后者指一段出现填充词和非言语模态的语流暂停时间。从暂停者的角度来划分,它又可分为有意暂停和无意暂停。前者指的是暂停者有意将暂停作为一种认知策略,以表达自己的某种交际认知意图,发挥着指示功能,如无填充暂停和填充暂停,属于自然言语研究范围;后者指暂停者由于沉默寡言、紧张和习惯等原因在言语交际过程中出现暂停,从认知和语用的角度来看,很少有其显见的交际意义,因此,不属于自然言语的研究范围。

暂停研究发轫于 1895 年开始的西方言语研究界对言语产出的研究。研究者围绕暂停的性质、影响因素和功用等展开研究,提出了不少见解。

根据 Goldman-Eisler 的假设(Goldman-Eisler Hypothesis, 1968,1972,引自 Zellner, 1994:46—47),暂停是言语产出认知过程的外部反映。它表示说话者需要额外的时间来计划和编制言语输出。经观察,一种现象是说话者往往会在言语交际过程中暂停交际,再做出清晰、流畅和准确的言语交际来。另一现象是说话者暂停言语交际,回指到前言语的某些部分,再延续交际。该假设认为那是说话者的言语计划走在了认知活动的前面,或者说,说话者的认知活动跟不上言语计划的速度,因而需要额外的时间让认知活动赶上。

早在 1975 年,研究者就揭示了暂停与交际任务复杂性之间的关系(如 Grosjean and Deschamp, 1975:144—184)。他们基于法语语料对暂停进行了研究,从中发现,交际任务越复杂,暂停就出现得越多,其持续时间就越长。描绘卡通片出现的暂停平均持续时间为 1 320 毫秒,而访谈回答中出现的暂停平均持续时间则为 520 毫秒,说明交际任务复杂性变量对言语产出和暂停均有影响。

暂停与话轮也有关联(Heldner and Edlund,2010;Fors, 2015),如 Fors (2015)从暂停的产生、感知和暂停在话轮转换中的作用进行研究,提出暂停持续时间与暂停类型有关联并影响言语加工等假设。研究得出,暂停长度与说话者、暂停类型和对话有关,对言语语段记忆有积极的作用,暂停与话轮转换"绑在一起"(2015:1)。该研究在分析的基础上,提出了新的话轮模型。

研究揭示说话者暂停表现出音韵特征。O'Shaughnessy(1992:931—934)研究了航空公司旅行信息系统语料库(Airline Travel and Information System Corpus)的语料,分析了暂停的持续时间和音调突出现象的会话修补提示(repair cue)。Shriberg(1994:25)发现,填充暂停中元音的发音比在其他词汇中同样元音的发音要长。另外,Shriberg(1994:175)还发现,填充暂停的基本频率比周围词汇的基本频率要短,呈现出逐渐的、直线型的基本频率下降

(Fo fall)。人们还从未知—已知信息分类视角研究了暂停。暂停用来引导未知信息的输入。就听话者而言,他们可从说话者的语流暂停中获得提示,即暂停以后的信息不可能是说话者刚提及的信息,而更有可能是说话者想表达的未知信息。由于未知信息一时难以提取,所以出现暂停(Arnold et al.,2003:27)。这样,暂停及其持续时间对听话者的言语感知有影响。其持续时间越长,听话者就越有可能感知言语和说话者的意图。

暂停还与交际双方的认知状态有关联,如 Matzinger 等人(2023)基于实验比较了波兰语本族语者和非本族语者的会话暂停,从感知意愿(perceived willingness)、自信和知识等维度考察了两类实验对象的口音与认知状态和暂停长度之间的关系,认为口音能影响到不同暂停长度所反映的认知状态。

暂停还是一个重要的交际策略,起着指示和拖延的作用。一方面,它向交际对方指示说话者监控到言语错误,需要实施修补;另一方面,它为说话者重新计划言语、计划修补策略争取时间。它属于交际策略中的拖延策略(Wannaruk,2003:1—18)。Markee(2000)的研究从会话分析视角出发,将暂停视为修补标志(markers of repair)。这些标志包括了"各类初期修补现象,如暂停、沉默、音拉长、语流中止和类似"you know"和"I mean"这样的短语"(Wannaruk,2003:86)。它还可以帮助言语自动分词(切分),设计和建立言语心理语言学模型,分析心理障碍问题等(Khojasteh and Abdullah,2012:103)。

尽管如此,人们对暂停的认识还是有过程的,曾经出现如下三种观点。

观点一:暂停只是表示说话者正试图决定要往下说的话,它只是说话者言语计划的副产品,因而,无任何交际价值,只不过是自然言语中的可弃物(mere throwaway elements)。如乔姆斯基就认为:暂停之类的间断语流现象只是"将(某人)的语言知识加以实际运用时出现的错误(任意的或典型的)"(1965:3)。因此,它不属于语言本身,应排除在语言理论之外。在乔姆斯基理论的影响下,这种现象一度被排斥在了听说研究之外。

观点二:说话者在交际过程中出现暂停尤其是填充暂停会使听话者对说话者产生不利印象(Rose,2005:1)。

观点三:暂停研究还没有发展到能成为言语研究的一个单一的、连贯的研究领域。甚至有人还认为，填充词"um"听起来让人感到很呆板，而"uh"听起来就像"duh"。也有人认为，要是你过多地使用填充暂停，你就会显得很愚蠢（Rose，2005：2）。

但是，从以上分析来看，暂停绝不是"某人言语中出现的一段沉默时间"（O'Connell and Kowal，1983：221）或是"任何声音信号的暂时中止。当用来指自然言语暂停时，可定义为言语的暂时无声停顿"（Burger，2005：7）。由于它在人际交流中所起的重要作用，暂停越来越受到言语研究界的青睐，还因此产生了暂停学（pausology，White，1997：329）这一术语。

与国外研究相比，国内对言语暂停的研究可谓乏善可陈。搜索中国知网，键入"暂停（填充暂停或无填充暂停）＋言语"，共搜到两篇论文，其中一篇还是本研究负责人所作。键入"暂停（填充暂停或无填充暂停）＋会话"，未果。键入"暂停（填充暂停或无填充暂停）＋会话修补（修正）"，再次未果。因此，暂停有必要引起国内学界应有的关注。

5.1.2　MCCECSER 中的暂停

在 MCCECSER 中，暂停比比皆是，所处位置各不相同，有句首、居中，也有句尾，这其中不乏修补第二阶段中出现的暂停，我们将其暂称为修补暂停（pausing in self-repairing）。以下略举数例。

①00：00：00 00：00：08 S1 In 2018, the company uh <..> company stop permitting the users to search for one another

00：00：09 00：00：17 S1 search for one another using their phone numbers <_\> did so after you did so after the news spread (MC164)

②00：00：34 00：00：43 S1 and this kind of clothing uh <..> can block more than 98% of

00：00：44 00：00：48 S1 of ultra uh <..> ultraviolet <[_> <@_@> rays. (MC166)

③00：00：32 00：00：40 S1 um <..> the <_\> the finally, the magnetic protection protected electromagnet

00:00:40 00:00:47 S1 turns into the <u>magne magnetic</u> self-control state (MC173)

例①,说话者 1 重复修补了"company",在第二阶段出现了填充暂停,即 "uh"和中暂停<..>,接下去重复修补了"search for one another",但在重复的第二阶段出现未带任何填充词的暂停,因此,属于无填充暂停。例②亦然。说话者 1 重复了"of",中间为无填充暂停。紧接着,又是词片断重复"ultra",但带了填充词"uh"和中暂停<..>,属于填充暂停。例③,说话者 1 重复了 "the",在第二阶段未有填充词出现,因此为无填充暂停。他最后还做了词片断重复(mangne-magnetic)。

语料显示,中国大学英语学习者在课堂会话自我修补的第二阶段,无填充暂停数量上要远超过填充暂停。我们用文本挖掘方法统计了 MCCECSER 中的自我修补第二阶段中的暂停(填充暂停和非填充暂停)在三种会话模式中的分布。方法为使用 pandas 读取经过处理的完整记录文件。增加填充类型列,类型为填充暂停、非填充暂停。对会话类型-暂停类型进行分组统计,结果如表 5.1 所示。

表 5.1　暂停在会话类型中的分布　　　　　　　　单位:处

	独　　白	对　　话	多人对话	所有会话类型
填充暂停	478	176	421	1 075
非填充暂停	1 556	437	1 082	3 075
所有填充类型	2 034	613	1 503	4 150

不出所料,无填充暂停(3 075 处)明显超越填充暂停(1 075 处)。

第二个发现是,无填充暂停似乎与重复策略有关联。我们仍用文本挖掘方法统计暂停与修补策略的关联。方法是使用 pandas 读取经过处理的完整记录文件。增加填充类型列,类型为填充暂停、非填充暂停。对修补策略—填充类型进行分组统计。

结果如表 5.2 所示。

表 5.2　暂停在修补策略中的分布　　　　　　　　　　单位：处

修补类型	填充暂停	非填充暂停	所有填充类型
R1	19	225	244
R2	185	996	1 181
R3	111	461	572
R4	80	191	271
Rr	145	240	385
r	192	291	483
i	23	92	115
s	115	433	548
o	205	146	351

在学习者课堂会话修补四种策略（重复、重组、替换和插入）中，无填充暂停与重复（词片断重复 R1、一词重复 R2、双词重复 R3、多词重复 R4、反复重复 Rr）的关联度最高。而且，在五种重复类型中，与一词重复的关联度最高（996）。

如前所述，本语料库将修补暂停分为短暂停、中暂停和长暂停，其中，短暂停为语流中止后即刻暂停，中暂停为一段不超过 10 毫秒的暂停，而长暂停是暂停时间超过 10 毫秒的暂停。暂停研究中，有个假设是暂停持续时间与暂停类型有关联（Fors，2015）。我们用文本挖掘方法加以验证，其方法是：使用 pandas 读取经过处理的完整记录文件。增加填充暂停类型列，类型为：填充暂停、非填充暂停；增加暂停时长类型列，类型为：短暂停、中暂停、长暂停。对暂停类型—暂停时长进行分组统计，结果如表 5.3 所示。

表 5.3　暂停时长与暂停类型　　　　　　　　　　单位：毫秒

	短暂停	中暂停(<..>)	长暂停(<...>)	所有暂停时长
填充暂停	45	1 030	0	1 075
非填充暂停	2 936	127	12	3 075
所有暂停类型	2 981	1 157	12	4 150

可见,非填充暂停中的短暂停在数量上是遥遥领先,同时也说明暂停时长与暂停类型有关联。卡方检验也支持这一假设,得出:Chi2 Contingency Result (statistic＝3 330.039 231 570 492, pvalue＝0.0, dof＝2),其中 $p <$ 0.05,进一步指出两者存在关联性。

那么,该如何来解释这种现象呢? 一方面,是时间压力所致。由于该语料库是在线英语视听说课,有个人独白、对话和多人会话。无论是哪种会话形式,都容不得你有足够的时间去加工,毕竟,会话总要讲究流利度,在台下,老师和同学都在用耳倾听,用眼紧盯。尤其是对话和对人会话,如果说话者拖延时间,就很有可能会被对方抢过话头,从而丢失话语权。因此,如果用填充词加暂停,必定需要更长的时间,就会冒着被听话者抢去话头的风险。

另一方面,我们认为,跟言语的加工认知复杂性有关。说话者的修补策略中,重复(一词重复)(1 093 次)、替换(474 次)、重组(288 次)和插入(100 次),其认知加工呈现出可分等级性。重复尤其是一词重复比起其他策略的认知加工要显得容易,而替换在 MCCECSER 中多为一词替换另一词,重组涉及言语的重新推倒重来,插入则需要跨越几个词并将一个或更多词插入原言语中,因此,这样的认知梯度决定了程度不等的认知负载,因此,重复尤其是一词重复带有更多的无填充暂停。

此外,也不可避免地存在着社会文化的因素。我国大学英语学习者长期受到儒家思想的影响,做什么事情讲究面子。根据面子理论(Goffman, 1967, Brown and Levinson, 1987),在言语交际中,交际者往往会给面子、留面子、丢面子。为了保住面子或给对方面子,交际者会采取一些措施。此外,面子可分为积极面子和消极面子。任何交际都是对面子的威胁,既可能构成对自己面子的威胁,也可能构成对对方面子的威胁。

国外学者也有论述,如 Faerch 和 Kasper(1982)就把带有语误的话语看作面子威胁行为,为了维持和恢复说话者的面子,对这种语误就应该予以自我修补。White(1997)也提出,通过对话语错误的修补,人们意欲建立和维持和睦,避免面子威胁,提升与听话者的一致程度。

当然,暂停以及填充词的运用本身就是一种会话技巧,更是一种交际策略。L2 会话分析学者早期对犹豫策略的研究对象集中在二语初学者。研究发现证明,初学者的犹豫策略形式多为无填充暂停,而相比之下,本族语者却倾向于使用各类填充词来填充暂停,比如音拉长、准词汇化填充词(quasi-lexical filler,"uh""uhm")、词汇化填充词("well""you know")以及重复。

最后,需要指出的是,学习者对暂停以及填充词的认知缺乏,恐怕也是原因之一。

5.2　填充词

填充词是语言不可或缺部分,具有语言特有的性质(de Leeuw,2007),用来填充言语交际中出现的语流暂停空隙时间,是填充暂停中的关键部分。它亦称小品词(particle)、启动词(initiator)和犹豫词(hesitator)(引自习晓明,1988:51)以及编辑词(editing term,Levelt,1983:45)或编辑语(editing expression,Levelt,1989:482),分非词汇化(unlexicalized,Rose,1998:24)如"um""uh""er"等和词汇化(lexicalized,Rose,1998:24)如"I mean","well","sorry","you know"两种。亦称为编辑词(editing term,Levelt,1983:45)或编辑语(editing expression,Levelt,1989:482)。词汇化填充词亦称话语标记(discourse marker,Heeman and Allen,1997:1)或提示语(cue phrase,Heeman et al.,1996:1)。

5.2.1　研究回望

相关研究始于弗洛伊德对言语错误的分析。他希望通过研究人类言语错误来洞察一个人的无意识自我。20 世纪 50 年代,耶鲁大学精神病专家 George Mahl 将病人的感情状态与他们言语中的间断语流(disfluency)一并加以研究,其中一个现象便是填充词。专门研究可追溯到 1959 年 Maclay 和 Osgood 所做的研究。他们认为,这类填充词有其作用可言,能用来留住话轮(Maclay and Osgood,1959:41)。到了 20 世纪 80 年代,心理语言学家开始利用间断语流来研究大脑如何产生语言,此后,研究向纵深发展。

5.2.2 研究内容

研究围绕填充词定义、性质、功能和教学效用等方面来展开。

有关它的定义,学界定义得不多,且大多牵强附会,如 Goffman(1981:293)的定义:"说话者在遇到一时无法提取或不愿表达的词或词组时发出的一种有声证据以证明他正在从事言语产出的劳动。"以及 Smith 和 Clark(1993:34)的定义:"说话者使用诸如'uh'和'oh'之类的感叹词,有时为叹息、口哨或自言自语的现象"等。本书认为,从语料分析来看,填充词绝不是一种有声证据,也不是感叹词,更不是叹息、口哨或说话者的自言自语。它不但有意义,而且在言语交际中有其积极的一面。

性质研究围绕填充词是什么展开并形成了不同的假设(见 5.2.3 节)。功能研究聚焦管理交际(communicative management)和计划话语(discourse planning)。研究认为,填充词能反馈交际(Allwood et al.,1992;Allwood,2001),调节话轮交换(Maclay and Osgood,1959;Duncan and Fiske,1977;Clark and Fox Tree,2002)。说话者通过填充词发出计划言语的信号,帮助说话者留住话轮。具体来说,填充词体现了说话者下列交际信息:

(1) 遇到了言语计划上的问题(Levelt,1983,1989);

(2) 正在记忆中搜索并提取词汇(James,1972;Krauss et al.,2000);

(3) 对词汇产生疑虑和不确定性(Brennan and Williams,1995);

(4) 意欲请求听话者帮助以完成正在进行的言语活动(Goodwin and Goodwin,1986);

(5) 向听话者提供有关自己目前思想状态的信息(Brennan and Williams,1995;Smith and Clark,1993,引自 Clark and Fox Tree,2002:90—91)。

在功能上,填充词能帮助听话者进行言语理解和记忆(Fraundorf and Watson,2011),如 Fox Tree(2001:320—326)通过实验研究了填充词"uh"和"um"对听话者言语理解的作用,认为,"uh"有助于听话者识别后续言语,但"um"对听话者的言语识别既无益也无害。"uh"有别于"um",前者表示接下去出现短暂停,后者则表示接下去出现长暂停。Corley 和 Hartsuiker(2011:1—5)也通过实验证明了"um"与长暂停的关系,解释了时间延迟假设(temporal delay hypothesis)。

它的功能还体现在教学效用上,如 Dornyei(1995:55—85)认为,填充词可作为交际策略进行教学,且效果不错。Celce-Murcia 和 Olshtain(2000)将使用话语连接词(discourse connector)如"well""oh""I see""okay"的能力纳入学习者良好交际能力的十大要素之一。Rose(2008:47—64)提出教授填充词的四个原则如尽早频繁接触填充词,设计具体的教学活动如认识练习、转述练习、拖延练习和减轻语气练习等,并给出了事后评估的方法。

学者还从会话分析和语用视角进行了研究。Rose(2008:51)认为,填充词在言语交际中可用作减缓语气手段(mitigating device)。她认为在下列对话中:"Would you like to go to the movies? B. Uh... no, thanks.",填充词"uh"等于说:"Please get ready. I'm about to decline your invitation",从而有效地减缓了谢绝邀请的语气。Yamada(2008)对英语填充词"you know"从关联理论角度进行了较为系统的研究。

多模态视角研究值得一提,集中体现在填充暂停和手势的关系上,如 Esposito 等人(2001)认为,如果"uh""hum""ah"等填充词伴有手势,其意义趋于增强;研究还见于会话软件设计(Traum and Rickel,2002;Pfeifer and Bickmore,2009)。

引发填充词的原因很多。在早期研究中,Reynolds 和 Paivio(1968)发现,当学生需要定义抽象物体时会更多地使用填充词。Rochester(1973)在研究中也发现,当说话者面临言语选择或需要表达挑战性信息的时候,会借助填充词和填充暂停。Shriberg(1994)报道,美国英语中,鼻音填充词常出现在语段首位,而喉音填充词则更为经常性地出现在说话者提取特定词汇的时候。

Oomen 和 Postma(2001)的研究发现,在任务型活动中,分散注意(divided attention)和分心(distraction)会引发更多的填充词。Goldwater 等人(2010)发现生僻词和说话者语速过快会引起填充词的大量出现。然而,Dockrell 等人(2014)提出生僻词是出现填充词的主要原因。当说话者在言语交际中碰到生僻词,会造成言语加工困难。这时填充词就会应运而生。分散注意和生僻词会造成说话者情绪紧张,反映到言语中便会出现填充词和其他间断语流的现象。

跨语言比较研究也方兴未艾,比如,de Leeuw(2007)分析了荷兰语、英语和德语里的填充词并区分了它们的语言特征,发现鼻音填充词多存在于英语和德语,而喉音填充词在荷兰语中较为普遍。

对填充词的系统研究当属 Duvall 等人(2014)。他们对引起填充词的原因、填充词对说话者和听话者的影响以及改进交际质量的方法进行了深入的研究,提出了造成填充词的原因是注意力分散、生僻词和紧张;填充词影响说话者的可靠性以及听话者的言语理解;不用和过度使用填充词均会给说话者的可靠性造成损害,应适度使用填充词。

但是,有关填充词和听话者言语理解的关系问题,学界意见不一。虽然很多学者认为填充词会影响听话者的言语理解(Brennan and Schober,2001),仍有学者认为填充词对听话者的言语理解有积极的作用,如 Arnold 等人(2003)发现,当被试被提供含有填充词的提示语时,他们往往会寻找新信息。这是因为人们遇到不熟悉的词汇或内容,往往会利用填充词,这样听话者会根据填充词做好听到新信息的准备。因此,填充词对于言语理解是有利的。

与暂停在国内的研究相类似,对填充词的研究同样令人遗憾。我们搜索中国知网,键入"填充词+会话修补(修正)",得到的结果寥寥无几。键入"话语标记+会话修补(修正)",也只有区区四篇文章,其中的一篇讨论了话语标记语"and"的语用功能,其余各篇均结合会话修补"附带"做些讨论。倒是修补语段除外的称为"话语标记"的填充词却引起了中国学者的关注。

5.2.3 研究假设

填充词到底是什么? 围绕这一问题,形成了下列三种假设(Clark and Fox Tree,2002:75—76):

假设一,填充词是表征(filler-as-symptom view)。该假设认为,"uh"和"um"之类的填充词是言语交际过程中一种自动的、自然而然产生的现象,因此,这只是一种现象(Levelt,1989:484)。这类假设站不住脚,因为说话者的言语产出行为是一种有控制的和有感知的行为,填充词绝不可能是一种自动的行为。

假设二,填充词是非语言信号(filler-as-nonlinguistic-signal view)。该假

设认为,"uh"和"um"之类的填充词只是一种信号而已,犹如交际者在交际过程中的清嗓子行为,意欲向对方发出某种交际信号(Maclay and Osgood, 1959)。

假设三,填充词是词(filler-as-word view)。早在1972年,James就首先提出填充词就像感叹词的观点。她将填充词"uh"和"oh""well""ah"一道看作感叹词,用来评论说话者的在线言语交际行为(James,1972:162—172)。最早明确提出填充词是词的假设的学者是 Smith 和 Clark(1993:25—38),对这一假设加以详细的叙述见于 Clark 和 Fox Tree 的研究(2002:73—111)。他们认为,"uh"和"um"与任何别的词一样,作为语段的一部分,经历了概念形成、句法形成和言语产出各环节。同时,进一步认为,说话者在使用"uh"和 um时,往往依赖最大关联性来隐含意义,并提出了说话者使用"uh"和"um"的三条预设理由,即① 说话者有理由希望或有理由认为他们被期望在填充词(t)位上说话;② 说话者有理由在(t)位上说话时产生暂停;③ 说话者有理由告知在(t)位上说话时产生了暂停。言语交际中,通过预设,说话者将上述命题看作是与听话者共享的共同点。

除了上述三个假设之外,还有学者将其看作声音(sound,Benus,2013:271)、咕哝声(grunt,Ward,2000)和噪声(noise,Lickley,1995,Lickley and Bard,1996,引自 Corley and Stewart,2009:6)。更有学者认为填充词在书面语以及正式语体中"不受待见"(Brighton,1996,转引自 Khojasteh and Abdullah,2012:103),因此,很少在"随意交谈"之外的文体中使用(Webber,2004,转引自 Khojasteh and Abdullah,2012:103)。

我们赞同 Clark 和 Fox Tree(2002)的观点,即填充词是词,也颇为认可 de Leeuw 的说法,即填充词是语言不可或缺的部分,具有语言特有的性质(de Leeuw,2007)。所谓词,它必须有意义。填充词是有意义的,表达说话者多种交际意图,此外,它要有句法功能。填充词能连接语段,提升连贯与衔接。不仅如此,我们还认为,它不仅是词,而且还是说话者所依赖的交际策略,蕴含着丰富的认知和元认知含义,体现了说话者的交际能力,这一特性在说话者会话自我修补中尤为突出。填充词体现了说话者如下交际策略。

其一,赢得时间策略(time-gaining strategy)。Dornyei 和 Scott(1995)曾

指出,L2 说话者常常比流利交际需要更多的时间来处理和计划 L2 话语,而且,往往和诸如填充词、暂停和自我修补等策略有关。根据 Goldman-Eisler 假设(Goldman-Eisler Hypothesis,1968,1972,转引自 Zellner,1994:46—47),暂停是言语产出认知过程的外部反映。它表示说话者需要额外的时间来计划言语输出。经观察,说话者往往会在言语交际过程中暂停交际,再做出清晰、流畅和准确的言语交际。另一现象是说话者暂停言语交际,折回到前言语的某些部分,再延续交际。该假设认为那是说话者的言语计划走在了认知活动的前面,或者说,说话者的认知活动跟不上言语计划的速度,因而需要额外的时间以免让认知计划赶上。因此,填充词能帮助说话者赢得计划修补和重新计划言语所需的时间。

上述观点同样体现在中国英语学习者的填充词运用上。何莲珍和刘荣君(2004:60—65)将填充词归纳为交际策略的成就策略,称为赢得时间策略。李广明(2010:87—89)基于 SECOPETS 语料库,抽取了 PETS1、PETS2、PETS3 和 PETS4 四种水平英语学习者的口语语料各 20 篇,对 PETS 口试环境下中国英语学习者交际策略的使用情况进行了调查。统计数据表明,PETS 口试者使用最多的交际策略也是赢得时间策略。由于 PETS 口试具有边说边想、时间紧迫等特点,考生在与考官的交流中常采用填充词、重复语言输出和套语等交际策略来赢得思考时间,从而使表达更流畅、贴切。他认为,"从某种意义上说,填补空缺词(本书译为填充词)和使用套语能保证交际顺畅自然地进行下去。"(李广明,2010:88)

该策略同样见于 MCCECSER 中,见例。

④00:02:14 00:02:16 S1 sometimes it's uh <..>

00:02:16 00:02:20 S1 they will uh <-->   <..> have a negative

00:02:20 00:02:21 S1 <...>

00:02:21 00:02:26 S1 negative emotion because of the loss in the

00:02:26 00:02:27 S1 mission. (MC109)

⑤00:00:01 00:00:04 S1 Develop other intre

00:00:04 00:00:16 S1 <u>intre um <..>other habits and uh <..></u> interest. Uh <..> you can encourage your children to enjoy uh <..> saying uh <..> and

00:00:16 00:00:23 S1 and so from and so on. Uh <..> social activity and </>uh <..>(MC115)

例④,说话者 S1 在表述玩电脑游戏所带来的不利情绪。在提取到"it's"之后,意识到应该用"they"来指"computer games",因此,他采用重组修补来重新组织言语。然而,重新加工提取新的信息需要时间,因此,他只能依赖填充词"uh"和中暂停<..>来赢取重新加工所需要的时间。例⑤,说话者 S1 试图向听话者提供足够多的信息,因此,在意识到信息不充分的问题后,他采取了叠加修补,即先用重复后用插入的修补策略来使信息完整以便充分表达自己的交际意图。这样的叠加修补需要更多的加工和提取时间,因此,"um"和中暂停<..>以及重复均起到了赢取时间的作用。

其二,提示策略(cueing strategy)(Brennan and Williams,1995)。为了能对自己的言语错误实施自我修补,说话者会凭借一些指示手段来引起听话者的注意,其中一个手段便是借助填充词向听话者提示言语错误以及即将到来的修补。

关于这一点,已有实验论证。为了证明听话者能否理解说话者利用填充词和音韵变化提示的元认知信息,Brennan 和 Williams(1995:383—398)采用实验方法证明听话者能够理解说话者的信息提示。Brennan 和 Schober(2001:274—296)研究了非流利现象包括填充词对听话者言语理解的影响问题。他们基于四种实验,得出的结论是,非流利现象所蕴含的信息提示有助于听话者弥补自然言语交流中出现的语流暂停及其造成的言语理解障碍。Fox Tree(2001:320—326)通过实验研究了填充词"uh"和"um"对听话者言语理解的作用。为此,Heeman 等人(1996:1)称填充词为提示语(cue phrase)。

MCCECSER 也反映了这样的策略运用,见例。

⑥00:01:52 00:01:56 S1 he played he took part <@_@> in um <..>

00:01:56 00:02:03 S1 Nirvana in <@_@> Fire and Biology Graphic in Chile, but he didn't get uh <..>

00:02:03 00:02:14 S1 but he didn't gain a lot of <@_@> popularity from uh <..> lost lost ... (MC121)

⑦00:03:37 00:03:43 S1 Uh <..> the third example is the television series Monk S who

00:03:43 00:03:49 S1 which deb <_]> uted in 2002. Its main character

00:03:49 00:03:57 S1 uh he struggles with the sefar (severe)

00:03:57 00:03:58 S1 anxiety and obsessive-compulsive save symptoms, tri uh <..> <_]> triggered

00:03:58 00:04:06 S1 by the unsettled

00:04:06 00:04:13 S1 murder of his life his wife.(MC127)

例⑥,说话者 S1 试图实施重复加替换的修补策略。这一策略中的填充词"uh"以及短暂停<..>和语流中止都在向听话者提示即将到来的言语错误及其修补。例⑦亦然。

其三,留住话轮策略(turn-keeping strategy)。填充词体现了说话者不想让出话轮的心理。尤其在课堂会话环境下,如果被对方抢过话轮,就会失去话语权,进而影响平时成绩。这样,说话者就会想方设法留住话轮。从这点来看,对于中国英语学习者,使用填充词留住话轮也有对于面子的考虑。毕竟被人抢去话语权,是会威胁到个人的面子以及形象的。

这在 MCCECSER 中得到了充分的体现,见例。

⑧00:04:1700:04:23 S1 So global sharing tra consolidation platform is very necessary.

00:04:2300:04:27 S1 We will esta we will establish uh <..> uh <..>.

00:04:2800:04:34 S1 we will establish a platform just for digital and transparent platform

00:04:34 00:04:40 S1 for foreign $<..>$ trade companies and suppliers to share. (MC483)

⑨00:02:15 00:02:16 S1 So it is

00:02:16 00:02:18 S1 called the world

00:02:18 00:02:25 S1 best sports <u>because of see uh $<..>$ because of its</u> uh $<..>$ changeable tactics and

00:02:25 00:02:27 S1 large $<\_]>$ number of participants.

00:02:27 00:02:30 S1 and the next the next type is

00:02:30 00:02:38 S1 ok

00:02:38 00:02:48 S6 Let's take a look，table football. Table football is different from outdoor football，but the rules remain the same. (MC486)

例⑧，说话者 S1 的连续重复以及同时使用两个填充词"uh"也体现了说话者不想让出话语权的意图。例⑨，说话者 S1 通过重复加替换以及填充词"uh"将话语权抓在自己手里，但是，当他要讲第二类时，却被说话者 S6 抢到了话语权。

其四，延迟表达策略(delivery stalling strategy)。当认知主体，即说话者运用自我监控能力监控到自己的言语认知活动出现错误时，他会停止语流以便争取时间计划修补。这时需要借助某些手段来拖延表达，填充词恰恰应此之需。以上各例均可以看出，填充词、短暂停以及重复均能帮助说话者延迟表达，直到计划好言语。

此外，从语料库语料来看，中国大学英语学习者表现出对词汇提取的犹豫和不确定性(Lin et al.，2019)。换句话来说，学习者在词汇提取面前显得"底气不足"。难怪，Francis 称填充词为犹豫词(hesitator，引自习晓明，1988：51)。

填充词与会话自我修补的关系及其交际意义得到了相关研究的支持。Schiffrin(1987)发现，填充词"well"与背景修补(background repair)有关联，"I mean"用来表示替代修补(replacement repair)。Levelt(1989：482—484)指

出,"er"常见于言内修补(covert repair),用来填补迟疑空隙(Levelt 1989:
484)。"that is"用来具体说明修补中的指称,"I mean"指十足的言语错误,表
明说话者监控到了言语错误并试图予以更正。

5.3　发现与讨论

从 MCCECSER 中,发现了如下问题。

(1) 如前文所述,自我修补中无填充暂停与填充暂停之比数量惊人。

(2) 所用填充词十分有限。采用文本挖掘的方法是:使用"pandas"读取
经过处理的完整记录文件。使用正则表达式对可能的填充词前缀进行查找,
在匹配的词语中进行人工筛选,得到填充词列表后进行在源数据中核对正确
性获得填充词列表,以此列表做正则表达式匹配并增加填充词列统计数量。

结果如表 5.4 所示。

表 5.4　MCCECSER 中的填充词数量

填充词	数量/个
mhm	2
uh	548
um	178
yes	2
ah	2
er	1
hum	1
you know	7
oh	13

研究共发现:"uh"(548 次)、"um"(178 次)、"oh"(13 次)、"you know"(7 次)、
"mhm"(2 次),甚至,还发现了中文填充词"bushi""nage""shenme",见例。

⑩00:00:00 00:00:07 S1 $<\backslash\_\backslash>$In in 20 in 2018,the company stops permitting news

00:00:07 00:00:15 S1　to search for one another using their phone numbers $<-\_->$It is it is so often news spread that

00:00:15 00:00:21 S1　uh $<..>$ the political agency <u>can can</u> <u>reach uh</u> $<..>$uh shenme

00:00:21 00:00:29 S1 $<\backslash\_\backslash>$ had access the information $<-\_->$ on up to 75 million Facebook users without their knowledge of condition. (MC149)

例⑩中,说话者 S1 先重复了"can",然后,觉得用"had access to"更为合适,因此,做了重组修补,但可惜的是,却丢了"to"。期间,他用了"shenme"作为填充词来留住话头,争取时间计划"had access"。

(3) 倾向于使用"uh"。原因有三。"uh"似乎是唯一一个几乎全球通用的填充词。除了稍微有些语音变化之外,它存在于很多语言中。除此之外,其通用性还有另外两个原因。其一,由于对此类填充词以及填充词在言语交际中的作用的认知甚少,中国的英语学习者尚未有能力运用更多的填充词来达到交际目的。因此,只能使用这一通用的填充词。其二,"uh"带有明显的汉语痕迹,类似于汉语口语交际时常见的填充词,如呃、哦等。因此,我们有理由假定,中国学生使用"uh"可能会受到汉语填充词的影响。另外,"uh"在发音时往往可以拖长音,便于说话者拖延交际时间,以便重新计划言语或计划自我修补。从语料来看,"uh"还表示学习者词汇提取遇到了困难以及对言语交际的不自信,与词汇贫乏、交际能力的缺损不无关联。

有趣的是,上述统计中,"uh"和"um"占了第一和第二,这与国外研究不谋而合。

关于"uh"和"um",国外研究将其相提并论进行研究。Fox Tree(2001:320—326)通过实验研究了填充词"uh"和"um"对听话者言语理解的作用,认为,"uh"有助于听话者识别后续言语,但"um"对听话者的言语识别既无益也无害。"uh"有别于"um",前者表示接下去出现较短停顿,后者则表示接下去出现较长停顿。Barr(2001:1—5)从未知—已知信息分类的视角用实验方法研究了"uh"和"um"。实验结果表明,被试在描述新的所指物时,使用"um"的数量是"uh"数量的 4 倍。他们指出,这是因为,其一,说话者在描述新信息时,往往会比描述旧信息要花费更多的认知资源,因而,更容易产生填充暂停;其二,"uh"和"um"的数量之比说明"um"与较复杂的概念认知处理有关,而"uh"则与言语产出过程中较为表面的问题有关,如词汇提取问题等。同时,研究者还发现,听话者会利用说话者的暂停来预测接下来的言语信息。Corley 和 Hartsuiker(2011:1—5)也通过实验证明了"um"与较长停顿之间的关系,并解释了时间延迟假设(temporal delay hypothesis)。

Clark 和 Fox Tree(2002:73—111)的研究值得一叙,并由此引发了与 O'Connell 和 Kowal(2005)之间的学术之争。他们基于 London-Lund 语料库语料,分析了自然言语中的填充词"uh"和"um",提出,从语音、韵律、句法、语义和语用等层面上来分析,这两个填充词属于"常规的英语词"(Clark and Tree, 2002:73),具有表明说话者产生较短和较长语流暂停意图的作用。两者也是感叹词,用来评述"说话者正在进行的言语行为"(Clark and Tree, 2002:76)。他们认为,"uh"和"um"与任何别的词一样,作为语段的一部分,经历了概念形成、句法形成和言语产出各环节。他们提出"uh"和"um"的基本含义是:"uh"用来告知在该词的位置后,即将产生较短停顿,而"um"用来告知在该词的位置后,即将产生较长停顿。同时,进一步认为,说话者在使用"uh"和"um"时,往往依赖最大关联性来隐含意义,提出了说话者使用"uh"和"um"的三条预设理由,即① 说话者有理由希望或有理由认为他们被期望在填充词(t)位上说话;② 说话者有理由在(t)位上说话时产生停顿;③ 说话者有理由告知在(t)位上说话时产生了停顿。在言语交际中,通过预设,说话者将上述命题看作与听话者共享的共同点。这样,要是这三条理由被交际双方共同认可,听话者应将它们视为隐含意义。

研究还进一步指出,填充词"uh"和"um"对说话者的感知智能有效应(Pytko and Reese, 2013),对自闭症儿童话语也有语用价值(Lawley et al., 2023)。

针对填充词是词的假设,O'Connell 和 Kowal(2005:555—576)提出了不同的观点。在他们的研究中,他们提出了三种假设,即① "uh"和"um"无法可靠地预测较短停顿和较长停顿;② 沉默暂停并非紧跟这两词;③ 它们无感叹词的各种特征。由于 Clark 和 Fox Tree 的研究基于电视和广播访谈语料库的语料,主要依赖专业编码者的知觉。该小型语料库包括了六个希拉里·克林顿的访谈。凡是出现"uh"和"um"或者是该词前或后出现沉默暂停,就用 Praat 软件进行声学测量。研究表明,"uh"和"um"在大多数情况下不能预测停顿,后面也未出现沉默暂停,因此,根本就无停顿而言。那些出现在"um"之后的沉默暂停的时间实在太短,根本无法视其为停顿,因而,也就无法作为听话者可靠的预测手段了。

上述假设从不同角度表达了研究者对"uh"和"um"的看法,可见它们确实具有重要的研究价值。

同时,也揭示填充词与修补策略有关联。在填充词数量统计的基础上对填充词—修补策略进行分组统计。结果如表 5.5 所示。

表 5.5　填充词在修补策略中的分布　　　　　　单位:次

填充词	R1	R2	R3	R4	Rr	r	I	S	O	所有策略
ah	0	1	0	0	1	0	0	0	0	2
er	0	0	0	0	0	0	0	1	0	1
hum	0	0	0	0	0	1	0	0	0	1
mhm	0	0	0	1	0	0	0	1	0	2
oh	0	2	0	1	3	1	0	3	3	13
uh	15	115	56	42	82	79	12	71	76	548
um	1	46	25	13	26	28	4	18	17	178
yes	0	0	0	0	0	0	0	0	2	2
you know	0	0	4	1	0	0	0	0	2	7

卡方检验也支持这一假设,得出结论:Chi2 Contingency Result(statistic＝110.915 585 744 115 42,pvalue＝0.000 250 831 043 786 262 2,dof＝64),其中 $p <$ 0.05,说明填充词和修补策略之间有关联。

中国学生使用填充词多半出现在重复中,并认为,这一特点与重复的功能与目的相一致,即争取时间,以便克服概念复杂性所带来的言语计划的困难,计划好言语,顺利提取后续信息,使言语交际得以进行,并且使自己的话语权不至于落入他人之手。可以看出,凭借填充词所作的重复,比纯粹是重复似乎更能使说话者有时间计划言语,提取正确信息。

此外,本书还发现,无论是词汇化还是非词汇化填充词,学习者所选的填充词非常单一,尤其是词汇化填充词,数量更是寥寥无几。

5.4 本章小结

本章是对会话自我修补第二阶段编辑阶段的分析。在第二阶段,其突出表现是暂停和说话者使用的填充词。因此,本章就这两个表现形式进行了论述。首先,对暂停研究的学术史做了简要的回顾,讨论了围绕暂停所形成的不同的观点,提出了自己的看法,其次,结合 MCCECSER 语料,探讨了中国大学英语学习者在课堂会话自我修补中的实际情况,用文本挖掘方法对语料库语料中的修补暂停分填充暂停和无填充暂停进行了统计,还统计了这两种暂停在短暂停、中暂停和长暂停中的分布,从中发现中国大学英语学习者的修补暂停中,无填充暂停远远超过填充暂停,无填充暂停中的短暂停在数量上也居多,并且暂停与重复策略有关联。在统计分析的基础上,对上述现象进行了较为深入的探讨。同时,结合修补暂停研究,对填充词学术史进行了简要的梳理,介绍了围绕填充词所形成的三种假设,提出了自己的观点,并从交际策略的视角,对填充词的策略功能进行了归纳讨论。最后,用文本挖掘方法分析了大学英语学习者在课堂会话中使用填充词的情况,得到令人惊讶的结论。研究表明,学习者应合理运用暂停以及填充词以达到大学英语学习者的交际目的,实现交际意图。它们是十分有效的交际策略,对于提高学习者二语习得水平,推动可理解性输出,提高会话在线加工能力和言语提取自动化,有其积极的作用。

第 6 章　MCCECSER 中的修补改正

自我修补经过待补和编辑阶段之后,进入改正阶段。这时,说话者会按照计划好的修补策略,对言语错误进行修补。待修补完成后,恢复语流和交际。本章重点考察两个方面的问题:一是 MCCECSER 所反映的大学英语学习者课堂会话修补策略和修补策略在语料库语料中的分布;二是修补过程中较为突出的现象:折回修补,研究折回修补所折射出来的言语加工特征以及说话者意图。

6.1　修补策略

6.1.1　MCCECSER 中的修补策略

修补策略指的是说话者在监控到言语错误之后,通过暂停语流等手段赢取计划修补的时间,根据所监控到的言语错误性质所制订的具体的修补办法。

如前所述,言语研究界从不同的视角对修补策略进行了分类,本书主张基于课堂自然发生的语料,将说话者自我修补策略分为重复、重组、插入和替换四大类。

我们人工识别了 MCCECSER 504 个文件中的修补策略,产生六类策略,包括重复(R)、重组(r)、插入(I)、替换(S)、叠加(O)以及持续重复(Rr),其中,叠加修补指的是不同修补策略的反复运用,而持续重复是连续不断的重复。此外,为了更为有效地研究重复,将重复又细分为词片断重复、一词重复、双词重复和多词重复。对于几种类型具体的分析如下。

重复

1) 词片断重复

此类重复类型在英语语料库中十分常见,表现为在重复的第一阶段一个或数个音素的重复而不是一个完整的词的重复,这样,我们把此类重复叫作词片断重复,见例。

①00:03:12 00:03:18 S1 At the same time, the rate of correct i <..>

00:03:18 00:03:25 S1 identification of anxiety disorders has increased.

00:03:25 00:03:27 S1 Therefore, we can know that the uh <..> practice and discrimination against

00:03:27 00:03:35 S1 a mental

00:03:35 00:03:42 S1 uh <..> patients still exist, but uh <..> the situation is gradually improving.(MC124)

②00:00:11 00:00:17 S1 Media in shaping attitudes towards mental illness. Next, I will introduce to you <_]> about the positive role of the media.

00:00:17 00:00:24 S1 It it can be seen as a pow powerful tool.

00:00:24 00:00:36 S1 Uh <..> <_]> it has three main functions uh <..> in shaping attitudes. (MC127)

例①,说话者 S1 在发出"identification"的"i"遇到了提取困难,他只得重复词片断,然后完成整个词的提取。例②亦然。

2) 一词重复

一词重复指的是说话者重复一个单词的现象,见例。

③00:00:48 00:00:58 S1 And there are some examples about the negative roles. The first one is stigmatization of mental illness by the media.

00:00:58 00:00:59 S1 <...>

00:00:59 00:01:06 S1 Uh <..> stigmatization <~_~> of mental illness in society is abundant，

00:01:06 00:01:14 S1 uh <_]> <..> <--> such as schizophrenia schizophrenia are seen as being so disruptive

00:01:14 00:01:20 S1 that people uh <..> should be transported (isolated) from the society.(MC130)

④00:03:47 00:03:52 S1 The Chinese were uh <..>wearing

00:03:52 00:03:58 S1 wearing masks even uh <..> it is not not required and

00:03:58 00:04:05 S1 and they enter the public area wearing show their smartphones <..> how they code. (MC142)

例③,说话者 S1 通过重复"schizophrenia"来赢取时间计划"schizophrenia"的后续言语。例④,"口罩"的英语单词,很多人似乎不是很了解,说话者 S1 通过重复"wearing",正确地提取到了"mask"。随后,在提取"required"和后续言语时,同样碰到了困难,他还是依赖重复赢取言语计划时间。

3）双词重复

顾名思义,此类重复涉及两个词的重复,见例。

⑤00:00:47 00:00:54 S1 Okay Let's see the table. <..> The <&_> table name is negative attitude towards mentally mental illness.

00:00:55 00:00:57 S1 In the in <_]> the table，

00:00:58 00:01:07 S1 the higher score is it means that some more negative <..> attitudes，the respondents <^_^> are

00:01:08 00:01:14 S1 object. <..> and in the table，we can see that(MC131)

⑥00:00:46 00:00:52 S1 um <..>in the early part in the <~_~> early part Wuhan's uh <..> influence

00:00:52 00:00:53 S1 people

00:00:53 00:00:54 S1 uh <..> rose

00:00:54 00:01:03 S1 quickly to <..> to 50000 <@_@> cases and inclu

00:01:03 00:01:07 S1 uh <..> included uh <..> almost <u>four</u>

00:01:07 00:01:12 S1 <u>thousand four thousand</u> uh <..> <@_@> deaths.(MC143)

例⑤,说话者 S1 重复了"in the"以便提取到"table"。例⑥更有意思。说话者 S1 做了一连串的重复。他不仅重复了"in the early part",为多词重复,还重复了"to",为一词重复,重复了"inclu",为词片段重复,重复了"four thousand",为双词重复。看来,这些数字的提取对说话者来说还是造成了一定的认知负载。

4）多词重复

多词重复指的是涉及三个词以及三个词以上的重复,见例。

⑦00:00:57 00:01:07 S1 <\> um <_\> <..> <[_> what's <@_@> this? <u>what's the? what's the?</u> For example,

00:01:07 00:01:15 T for example, okay, someone, ya. Chinese. Let's let's continue. What are you talking about it?

00:01:16 00:01:20 T Yes, please continue, for example, Jesse. (MC132)

⑧00:01:02 00:01:11 S1 Compared to other major economy, China's economy

00:01:11 00:01:16 S1 recovered very quickly. <u>In the United States</u>

00:01:16 00:01:19 S1 uh <..> <u>in the United States</u> the

00:01:19 00:01:31 S1 <...> <_\> the health system are under great <^_^> pressure as

00:01:31 00:01:38 S1 uh <..> the cases rise and the country recorded fifty

00:01:38 00:01:45 S1 thousands <..>death over the past week. (MC137)

例⑦,说话者 S1 对于后续言语的提取可谓一筹莫展,又不想让出话语权,只得重复"what is the","the"后面该是什么呢? 例⑧,说话者 S1 重复了"in the United States",赢取了时间来编码和加工后续言语。

除了上述重复之外,我们还发现了说话者连续重复词语。本书暂称这种现象为持续重复,见例。

⑨00:00:00 00:00:08 S1 1 year ago 1 year ago,the first case of uh <..>Covid virus 2019 uh <..> appeared in central Chinese

00:00:09 00:00:17 S1 city of Wuhan and China China first told China first told the

00:00:17 00:00:24 S1 World Health Organization of 20 27 cases of of viral pneumonia (MC138)

⑩00:01:25 00:01:28 S1 Leaders have introduced

00:01:28 00:01:36 S1 new restricts restricts uh <..> new <~_~> <^_^> restricts on gathering

00:01:38 00:01:45 S1 uh ahead of Christmas in an effort to prevent a new wave of infection.(MC139)

例⑨,说话者 S1 先重复了"China",继而重复了"China first told"。例⑩,说话者 S1 先重复了"restricts",又重复了"new restricts"。这样的例子在语料库中为数不少。

6.1.2　重组

重组亦称重新开始(fresh start,Hindle,1983)、错误开始(false start,

Fitzgerald et al.，2009)或重启(restart，Levelt，1989)。在这一修补策略中，说话者完全放弃原言语，用新的思想重新开始(Fitzegerald et al.，2009：256)，重新计划和组织新言语。请看下列语料。

⑪00：00：00 00：00：07 S1 <_\>In in 20 in 2018，the company stops permitting news

00：00：07 00：00：15 S1 to search for one another using their phone numbers<-_->It is　it is so often news spread that

00：00：15 00：00：21 S1 uh <..> the political agency can can reach uh <..>uh shenme

00：00：21 00：00：29 S1 <_\> had access the information <-_-> on up to 75 million Facebook users without their knowledge of condition.(MC149)

⑫00：00：00 00：00：08 S1 In 2018，the company stop <-_-> users to send stop

00：00：08 00：00：17 S1　permitting users to search for one another uh <..> using the <[_> phone numbers，uh <..>in the

00：00：17 00：00：25 S1　<[_> um <..> it did so after news spread that </_/> uh <..>nage

00：00：26 00：00：31 S1 Cambri，uh <~_~> <..> political agency Cambridge Analytical (MC162)

在本语料库中，共有两类重组修补被发现，即完全重组和部分重组。前者指的是重组部分完全改变了原言语，后者指的是重组部分中只有部分言语被改变，并伴有回指现象。上述语料中，例⑪为完全重组，例⑫为伴有回指的部分重组。

6.1.3　替换

说话者为了使语义更精确、更达意、更完整，也为了更理想化表达自己的交际意图,往往会替换某些词项。请看下列语料。

⑬00:01:21 00:01:28 S1 and $</>$ OMI-UB refers to the same $<\backslash\_\backslash>$pens uh $<..>$the same pace of

00:01:28 00:01:34 S1 mental $<[\_>$patients and OM OMI-SR refers to uh $<..>$

00:01:34 00:01:36 S1 fields that

00:01:36 00:01:42 S1 uh $<..>$ pay uh $<..>$ mental patients should to should be avoided.

00:01:42 00:01:48 S1 and $<\&\_>$ OMI-I IE refers to the community mental health

00:01:48 00:01:50 S1 uh $<..>$ fields.(MC124)

⑭00:01:10 00:01:13 S1 and here are some

00:01:13 00:01:14 S1 mhm $<..>$ $<-->$

00:01:14 00:01:17 S1 ways to change

00:01:17 00:01:18 S1 uh $<..>$to help

00:01:18 00:01:20 S1 us turn to the

00:01:20 00:01:23 S1 situation as the first

00:01:23 00:01:27 S1 one is active students about mental illness.
(MC129)

　　例⑬,说话者 S1 用对词"pace"替换了错词"pens"。例⑭,说话者 S1 用对词"help"替换了错词"change"。在这一修补策略中,触发说话者进行自我监控的是词项,这说明说话者实施这一修补的出发点是更为贴切、明晰地表达自己的交际意图。

　　对替换的研究由来已久。早在 1895 年,Meringer 和 Mayer 就通过记录所有听到的语误材料,建立了第一个较为系统的语料库,开始分析和研究语料中的言语错误,区分了两类替换即语义和语音替换。他们还发现,词汇替换或是基于意思(meaning-based),或是基于形式(form-based),说明词汇产生有基于意思和基于形式之区别。不仅如此，还把替换分成了交换型（如"left hemisphere"被替换成"left lemisphere"）、前置型（如"a reading list"被替换成"a leading list"）、后置型（如"beef noodle"被替换成"beef needle"）和混合型（如"rat"被替换成"cat"）等几种类型。

上述观点为进一步理解学习者的替换修补提供了一定的解释。我们也发现，说话者在实施替换修补时，有一个共同的特点，即说话者往往遵循词同原则（category-identity convention）和音同原则（phonology-identity convention），即说话者所替换的词项是那些在词类上和语音上等同的词项。例⑬和例⑭说明说话者遵循了词同原则，所替换的词项分别是名词和动词。例⑬，说话者还遵循了音同原则，"pens"和"pace"，发音基本相同。因而，我们有理由认为，自我修补中的替换修补受到了语音和句法相同性的制约，句法错误往往对句法词类的特征敏感，而语音错误则对语音特征敏感。

替换修补也说明，言语错误通常具有特别的模式和趋势，能洞察哪些语言单位和结构参与了语言的认知表征，比如，说话者在说"sad"，往往会提取"bad"，但他不会提取"pad"。这一现象也许可用来说明，言语产出与加工中，相同语法范畴的词条具有更强的相互联系，也许一起储存在大脑里。也就是说，"bad"和"sad"均为形容词，而"pad"是名词，因此，"pad"与"bad"相比就不容易被提取到。同样，如果言语错误之间句法范畴相同，可以推断，语言加工内部模型中有这些范畴表征。

如何解释该现象？从言语产出来看，传统言语产出模型主要有三个阶段，即概念形成、句法形成以及言外执行（overt execution）（Levelt，1989）。概念形成阶段建构交际意图与信息。这一阶段的加工涉及"前语言"表征。在句法形成阶段，与词条意义和功能相关的词目被激活。最后，到了言外执行阶段，即肌肉运动编码的外围阶段（peripheral stage），将语音输入转变成肌肉运动计划，并将其输入到发音器。当信息表征激活最合适的词条，也同时激活了语义相同的目标词条。此外，选了目标词条后，其语音形式就会被提取，与该目标词语音相同的词也会被激活。因此，言语错误主要是由于语义或语音相同的词其激活程度错误地高于目标词，错词才被插入到功能/句法串里（Jaeger，2004）。

研究得出,日耳曼语和罗曼语中的词汇错误,其目标词和错词的语法范畴几乎是一样的。相关语法结构给词语选择造成了重要的限制(Jaeger,2004;Jaeger and Wilkins,2005)。而且,这种现象多集中在名词中,很少出现在动词中。早在 1977 年,Fay 和 Cutler 就注意到,在他们的语料库中,纯粹是语音引起的词汇错误趋向于语法属性相同,音节结构相同,重音模式相同。Jaeger(2004)比较了儿童语料和成人语料后,发现词汇错误最常见的是实义词,名词语误的数量超过了其他词性。词汇错误与目标词的关系主要体现在语义关系而不是语音关系,因此,两类语误即语义和语音语误存在着权衡关系。如何解释这种现象,Jaeger(2004)提出从语音的角度来解释的方案。他发现,词汇错误往往涉及主音词,而且大部分为普通名词,其次为专有名词和形容词加副词,很少会涉及动词,因为动词发挥着焦点结构的作用。

Wan 和 Marc(2021)基于汉语语料库语料,对汉语言语错误中的词汇替换进行了分析,得出同样的结论:汉语言语交际中出现的词汇错误,95%的词汇替换为同一词性,91%的替换为实义词之间的替换。这一研究发现与之前的研究如 Jaeger(2004)的研究发现相同。词汇的语法模式对词汇的选择形成了限制,被激活的词汇因此必须符合词汇属性以避免违背计划好的语法结构(Levelt,1989;Jaeger,2004)。同样,名词错误占 54%(400/747),而动词错误占 30%(222/747),这与之前的研究发现也相吻合(Jaeger,2004)。但动词的比例要比之前发现的动词比例(9%)要高。研究提出了两种解释:其一是,动词乃命题和从句的中心,动词的选择是言语计划的核心,汉语亦然。其二是,Jaeger(2004)认为,语音词组中的语调重音增加了词汇错误的可能性。由于语调重音往往落在英语中的名词,因此,名词替换的频率就会偏高。汉语短语末没有韵律或语用突显的语调音节(tonic syllable),汉语中的语调更趋向于与词项有关,而重音与短语韵律有关(Wan,2007a),这些成分在汉语短语中没有组合组织,因此,造成汉语中动词替换多于英语中的动词替换。

6.1.4　插入

除了以上的修补策略之外,说话者还采取了插入策略,在自我修补的第三阶段,插入了某些成分。请看下列语料。

⑮00:00:00 00:00:05 S1 For for that vaccination. First uh <..> is those

00:00:05 00:00:07 S1 allergic to

00:00:07 00:00:11 S1 ingredients of the COVID-19 vaccine or who have a <[_>

00:00:11 00:00:17 S1 history of allergic to the same same type of vaccine,

00:00:17 00:00:20 S1 and the next uh <..> people of

00:00:20 00:00:21 S1 the next, second one is

00:00:21 00:00:24 S1 who have a </> history of serious

00:00:24 00:00:25 S1 reactions

00:00:25 00:00:26 S1 to vaccine,

00:00:26 00:00:32 S1 such as acute allergic reactions(MC146)

⑯00:00:00 00:00:06 S1 You think about uh <..> <^_^> the users was

00:00:06 00:00:15 S1 stop was stop searching for one another using their phone numbers. After news spread,

00:00:15 00:00:23 S1 the political agency Cambridge Analysis had access to information to

00:00:23 00:00:49 S1 um <..> up to eighty eighty-seven million Facebook users.(MC152)

上述语料表明,在自我修补的第三阶段插入了"people of"和"up"。这些插入实例不仅说明了大学英语学习者对自己的言语产出和加工有知觉,行监控,言语自我监控是一种感知行为,而且,也体现了学习者最理想化、最优表达自己的交际意图的意识和信念。

关于插入,有一观点值得关注,O'Shaughnessy(1992:931—934)在其研究中发现,替代和插入由于增添了语义内容,其语调突显特征和暂停持续时间则十分突出,表现为语音拉长和基本频率趋高,这一发现与 Levelt 和 Cutler

(1983)的发现相一致。Blackmer 和 Mitton(1991)在他们所做的自我修补分类中,则将这种插入称为合适性插入(appropriateness insert)。

除了上述修补策略之外,还发现两种以上的修补策略叠加在一起的现象,在本书中称为叠加修补(overlapping repair,O),见例。

⑰00:00:08 00:00:15 S1 when I'm <^_^> a 15 or 13 </>I I don't really remember the actual time <_]> and

00:00:15 00:00:22 S1 there's a had there at that time have two British people

00:00:22 00:00:23 S1 um <..> <~_~> <..>

00:00:23 00:00:26 S1 came to my came to my uh <..>

00:00:26 00:00:32 S1 small town that that came to our small town and have a meal, and um <..>

00:00:32 00:00:34 S1 I just

00:00:34 00:00:36 S1 at </> that day I just<-_-> uh <..> <^_^> <..>

00:00:36 00:00:38 S1 come across <\> them <_\> (MC201)

例⑰中,说话者 S1 先重复了"come to my",然后,再重复"that",再用"our"替换"my"。

6.1.5　发现和讨论

我们用文本挖掘方法对识别出的修补策略进行频率统计,使用 pandas 读取经过处理的完整记录文件,对修补策略—对话类型进行分组统计,结果如表 6.1 所示。

策略六大类分布为:重复(R)1 950 次、替换(S)474 次、重组(r)288 次、插入(I)100 次、持续重复(Rr)270 次和叠加(O)170 次,其中重复分别为 R1(231次)、R2(1 093 次)、R3(442 次)、R4(184 次)。所有策略中,重复策略为数最多,而且多出现在独白中。

表 6.1　MCCECSER 修补策略频率分布　　　　　　　单位：次

修补策略	独　　白	对　　话	多人对话	所有会话类型
R4	102	26	56	184
Rr	128	36	106	270
O	77	22	71	170
I	62	14	24	100
r	170	40	78	288
S	242	61	171	474
R1	142	25	64	231
R2	524	176	393	1 093
R3	195	69	178	442

研究有如下发现。

（1）与国外研究结果（如 Levelt，1983；Tseng，2006）和本书的先导性研究相同的是，重复仍然是所有修补策略中为数最多的策略，同时也是大学生课堂会话修补使用最多的修补策略，而且其数量压倒性地占多数。Rieger（2003）的研究揭示，重复是修补最为常见的修补策略。她发现，英语说话者重复更多的是代词—动词组合、人称代词和介词，而德语说话者重复更多的是指示代词。她将这种区别归因于"英语和德语结构上的不同，表明语种语言的结构可以改变语言使用者的修补策略"Rieger（2003：47）。

这一发现得到了不少学者的支持，如 Rababah（2001）对约旦英语学习者的研究支持了这一发现，即重复和自我修补的语言特征。他们同样重复名词、人称代词、介词、冠词和指示代词。同样，Wood（2006）也发现，英语学习者讲述故事中最为常见的语言特点是重复和填充词的使用。

这一发现也得到了神经语言学研究的支持，如 Wan 和 Liao（2018）比较了 Wernicke 失语症中文患者和 Broca 失语症中文患者的自启自补。结果是，两者的自我修补情况相等，然而，研究揭示一些显著区别，如 Wernicke 失语症患者中的完整说话者比例较高，因为他们的言语产出比较顺畅，但 Broca 失语症患者的语误监测能力较强，因为他们的理解能力受损不是很严重。有趣的是，两个群体的修补策略中，自我重复比例最高，原因是：① 言语加工出现困难；

② 患者语言缺损;③ 修补策略影响自我修补。

有趣的是,Shen 和 Liang(2020)的研究却得出截然不同的结论:重复只占所有修补策略的 20%。

(2) 替换策略数量上为第二(474 次),接着依次为重组(288 次)和插入策略(100 次)。何以如此? 我们认为,首先,从词汇选择和提取来看,选了目标词条后,其语音形式就会被提取,与该目标词语音相同的词也会被激活(Jaeger,2004)。替换的词汇错误,其目标词和错词的语法范畴几乎是一样的。特定词组的语法结构给词语选择造成了重要的限制。这就给替换既造成了限制,也造成了便利。其次,从词语加工的认知复杂性来看,替换比重组和插入需要的认知加工资源要少,因此,更容易被加工。难怪,在研究插入时,O'Shaughnessy(1992:931—934)发现,由于插入增添了语义内容,其语调突显特征和暂停持续时间则十分突出,表现为语音拉长和基本频率趋高,说明说话者在实施插入修补时所投入的认知加工资源增加。

(3) 与先导性研究不同的是,叠加修补(170 次)和持续重复(270 次)在大学英语学习者的课堂会话自我修补中也为数不少,主要是先导性研究使用的语料是 COLSEC 语料库,其语料采自考试环境,而 MCCECSER 语料来自自然发生的课堂语料,因此更为真实地展示了学习者运用英语进行交际的水平。

从本语料库出现的叠加修补和持续重复来看,学习者表现出对修补策略的不确定,对后续信息加工和提取的不确定和犹豫不决,可见,后续信息的计划和提取造成多大的认知压力。

此外,本书统计了修补策略在三种会话形式:独白、对话和多人对话中的分布,从表 6.1 可以看出,各修补策略在独白中为数最多,但叠加修补和多词重复在独白和多人对话中的分布数量几乎相当。

关于独白等言语交际形式对修补的影响,Healey 和 Purver(2018)曾基于自然发生的口语语料库(The Diachronic Corpus of Present-day Spoken English,DCPSE),比较过独白和对话中的自我重复,得出独白比对话更能产生重复的结论。在独白中,说话者越说越会重复,他们将这一现象称为"the bore effect"(暂译为钻孔效应)。这类似于钻头钻孔,会越钻越深。因此,说话者说话越多,重复就会越多。

鉴于重复在大学英语课堂会话修补如此普遍，频率如此之高，形式如此多样，本书将在第 7 章进行专门讨论。

6.2 折回修补

在分析修补策略过程中，我们发现一个十分突出的现象，即学习者对言语错误实施自我修补时，往往将修补折回到词组之首的修补行为。这一现象被称为折回修补（retraced repair，Levelt and Cutler，1983：211；retracing repair，Van Wijk and Kempen，1987：405；anticipatory retracing，Levelt，1989：490；Tang，2013：253—275，简称折回）。人们发现，86％的修补折回到词组之首（Tseng，1998：3），因此认为，言语加工是按照成分为单位进行的，换句话来说，词组是言语建构和产生的单位（Levelt，1983）。同样的结论见于Tang(2013)对汉语折回修补的研究，见例。

⑱00:00:00 00:00:08 S1 I think I can spare my feelings, but while <[_> <@_@> I am from is there are a lot of pressure

00:00:08 00:00:18 S1 for my daily life uh <..> and running for me, running is uh <..>

good,
uh <..>

00:00:18 00:00:27 S1 good tools to uh <..> to stress stress stress (stretch) my body.

00:00:27 00:00:33 S1 and keep keep my body fit. Uh <..>

00:00:33 00:00:41 S1 and and <~_~> I also listen listen music when I run, because uh <..>it can

00:00:42 00:00:43 S1 <..>

00:00:44 00:00:53 S1 uh <..>it will make me feel relaxed when I run. (MC039)

⑲00:00:24 00:00:26 S1 um <..> I just want to

00:00:26 00:00:29 S1 met he met she <_\>quickly，so I

00:00:29 00:00:34 S1 um <..> I went to the station the previous station we have

agreed.(MC202)

⑳00:01:27 00:01:35 S1 <..> She never leave for herself and only for the suffering from the age of 12

00:01:35 00:01:40 S1 to until he until she died at the age of 87 <..>

00:01:40 00:01:44 S1 There is no doubt that she is a great person. That's all. Thank you. (MC195)

例⑱，说话者 S1 实施的是替换修补。他没有直接对错词进行替换，而是折回到成分开始处，再替换错词。例⑲，说话者 S1 实施了插入修补。同样，他选择折回到成分开始处"the"，再插入"previous"。例⑳，也是替换修补，说话者 S1 先折回到"until"，再用"she"代替了"he"。这就是折回修补。这一现象引起了言语研究界的关注。

6.2.1　折回规则

关于折回规则，早在 1974 年，DuBois(1974：1—25)就提出了成分规则(constituent rule)，即说话者往往在词组或成分边界处重新延续言语。然而，Levelt(1989：485)却指出成分规则的不足，认为这一规则虽然正确，却过于肤浅。说话者遵循成分规则的原因实际上应归于语言本身。他认为，像英语或荷兰语那样的右展语言(right-branching language)，句子中几乎所有的单词都可以成为句法成分的开始，如以下例子。

To the red node.(Levelt，1989：485)

无论该成分从哪个单词开始均可以构成词组单位。也就是说，说话者在实施修补时，很难不遵循这一规则。在他的图案描绘实验语料中，有 89% 的修补均为词组单位。此外，他认为："该规则不能确保修补是否合格。如同我们对句子的合格性有直觉一样，我们对修补是否到位也有强烈的感受。"(Levelt，

1989：486)因而,在他看来,在修补和原言语之间有某种关系存在,即句法并列规则(syntactic rule of coordination)或称为修补合格性规则(well-formedness rule for repairs)。该规则规定：当且仅当插入词串 β,修补词串为 $<\alpha\beta$ 和 $\gamma>$,此修补成立,这里,β 为直接作用于 α 并是 α 的最后一个词项,用于表明成分的完整性。修补词串中,α 指原言语(original utterance),γ 指修补本身(repair proper)。

该规则从被提出至今,受到了言语研究界的极大关注,尤其对从句法的角度对修补进行句法分析的研究颇具启发作用。Hale 等人(2006)基于合格性规则,利用书库概率上下文无关文法(PCFG)成分句法分析器(Treebank PCFG)将两类修补提示,即韵律和句法提示相结合,对语料库修补语料进行句法分析,结果证明两提示有助于定位修补。类似的发现见于 Miller(2009)和 Miller 等人(2009)的研究。

我们尝试用该规则来分析下列折回修补是否成立,例⑱中,α,即原言语为 "a great",β,即用来完成原言语的一串词语为空语项,γ,即修补本身为 "a festival with great significance",依照上述规则,结果如下：

It had become a great festival or a festival with great significance.

这一修补合格。

同样,在例⑲中,α 为 "the station",β 为空语项,γ 为 "the previous station",依照合格性规则,结果如下：

I went to the station or I went to the previous station.

这一修补也同样合格。

可见,Levelt 的合格性规则对解释折回有一定帮助。但是他对折回的解释也有问题。他认为,由于英语属于右展语言,说话者在实施自我修补时,很难不遵循右展规则。然而,在说话者自我修补的过程中,虽然折回是一个突出的现象,但是也不乏其他修补形式,如即刻修补(instant repair)就是其中的一种。在这一修补中,说话者选择对言语错误直接进行修补,而不是进行折回修补。

6.2.2　折回动机

有关折回动机,Levelt(1989)认为,折回表示说话者试图帮助听话者解决言语延续问题。因为听话者面临着区分和确定说话者所要表达的言语和间断言语的问题,因此,折回可帮助听话者将修补言语与原言语联系在一起。但是,Clark 从听话者的角度给予了解释,他认为折回表示说话者在句法形成方面遇到了问题(Shriberg,1994:28)。

我们却认为,除了上述动机之外,还可从言语计划和说话者的认知心理角度来分析。从言语计划的角度来分析,说话者也许会发现言语延续从词组之首或句首开始比从中间开始更容易计划和产生言语,能使他们知晓目前的交际状况和位置。然而,从说话者的认知心理来看,折回体现了说话者对如何完整表达修补言语的知晓。从这一点来看,折回也体现了说话者对面子观的遵守。通过将整体修补信息传达给对方,他试图保全自己的和他人的面子,希望以一个有准备的、有思想的、表达清楚的说话者形象出现在公众面前,因此,修补还可以从社会文化的视角来加以研究。

诚然,折回也体现了说话者对听话者的关注,即对他人的知晓感(other feeling of knowing)。他明白,完整的成分比零散的成分更容易使听话者进行句法分析和理解,延续暂停的语流,使双方的交流能继续下去。

因此,折回体现了说话者对自己和对听话者利益的关注,与言语计划和产生也有关联。同时,说明了说话者言语自我修补是一种有感知的行为。

此外,也有言语研究科学家利用折回词(retraced word)对间断语流进行自动识别和修正,因为折回能十分近似地重复词或词串,其产生的表面句式易于对间断语流进行识别和修正。Bear 等人(1992:56—63)、Nakatani 和 Hirschberg(1994:1603—1616)以及 Heeman 和 Allen(1994:187—192)做了这方面的尝试性研究。

6.2.3　MCCECSER 中的折回

根据 MCCECSER 的语料,折回可分为下列几类。

1) 无外显纠错的折回(retracing without overt correction)

此类折回实际上就是自我重复,因为后者经历了折回过程,请看下列语料。

㉑00:00:40 00:00:49 S1 um <..> so um <..><u>there are three uh</u>

<..> there are three or five kids in my grandparents' home.

00:00:49 00:00:51 S1 So um <..>

00:00:51 00:00:58 S1 um <..> um <..> because there are many kids, so um <..> uh <..> my grandparents are um <..>

00:00:58 00:01:04 S1 um <..> maybe uh <..> will be a little um <..> and uh <..>

00:01:04 00:01:08 S1 ignorance to ignorance to some of us (MC236)

例㉑,说话者均折回到"there"和"ignorance",然后再重复。

2) 纠错折回(retracing with correction)

在此类折回中,说话者在实施替换修补和插入修补时往往经过折回—修补这一过程。请看下列语料。

㉒00:01:13 00:01:21 S1 S yearning of the </> yearning for the China's splendid uh <..> <-_-> culture, um <..> China

00:01:21 00:01:25 S1 China's uh <..> reform and opening up (MC266)

㉓00:04:27 00:04:34 S1 I <--> know I sometimes ha uh <..> drink some <^_^>drink some soft drink or and have some have some snacks to eat.

00:04:34 00:04:38 T So you you will discuss the the content of the movies with your friends, right?

00:04:38 00:04:44 S1 That it is not a uh <..> right thing to do.(MC317)

例㉒属于替换修补中的折回,例㉓属于插入修补中的折回,两语料中说话者分别折回到成分的起始词"yearning"和"some"。

3) 重组折回(retracing with reformulation)

在此类修补中,说话者折回到成分的起始处,但在折回词之后却重新从句法结构上或从语义组成上重新进行言语计划。请看下列语料。

㉔00：00：25　00：00：27　S1　When it comes to fashion,

00：00：27　00：00：33　S1　designers are hot topic. So I'm so next I will show to famous designers in the world.(MC267)

例㉔，说话者意识到了正在输出的言语有悖于自己的交际意图，需要重新计划言语，因此，折回到句首，然后再进行重组修补。

Shriberg 和 Stolcke(2007：1—4)利用 Switchboard 电话人际对话语料库语料，对折回长度和折回位进行了测量，所得出的结论如下：① 折回位不可能在词间发生，如尚未发现"I'll-'ll"之类的折回；② 折回不可能跨越句子边界。此外，他们还对折回的原因做了解释，其一是说话者计划言语出现困难；其二是时间压力。说话者延续言语所需的时间越长，折回长度就会越长，因为计划额外的言语需要更多的时间。折回长度还与记忆有关。de Ruiter(2013：29—32)研究了德国儿童同伴会话中的自我修补，发现绝大多数修补为即刻修补，只有五例为折回修补，但其长度也只有一个音节。这与成人的折回修补大相径庭。研究将其归因于短期记忆的差异。此外，还发现，折回很少超过一两个词，这与修补的局部策略有关(Hough and Purver，2013：2)。我们认为，折回长度及其原因除了时间压力和记忆等认知因素之外，还应考虑交际过程中的认知负载以及概念复杂性。

认知负载理论认为，学习者或其他认知主体在从事某一认知活动过程中由于受到主体认知能力、任务复杂性、概念复杂性、环境、心智负载(mental load)、心智努力(mental effort)和主体效能(subjective effect)等因素影响(Paas and Van Merrienboer，1993：737—743)，往往不得不使用额外的认知资源来应对不断输入的信息，导致其认知活动的处理效率和实际效果受到影响。由此来看，说话者言语自我修补是一个认知和元认知活动过程，同样会受到诸如任务复杂性、概念复杂性和环境等因素的制约。语料显示，当说话者监控到言语错误，暂停语流并实施修补时，如果需重新提取的言语概念较为复杂，对说话者会构成一定的认知负载，使言语提取和产生出现困难，这时，折回修补产生概率较高,其长度往往超过一两个词。这些言语往往涉及"定论"、"断言"、"估算"和"描绘"等较为复杂的概念。

由于折回在自我修补过程中并不是强制性的,因此,如何来判断、预测说话者是否会折回修补言语对于研究自我修补也是至关重要的。然而,关于这一突出的问题,很少有人问津,仅有 Nooteboom 提出,语音错误引起折回的可能性要比词汇错误小,但至今它仍然是"一个重要的尚未回答的问题"(Shriberg,1994:28)。

从上文,我们不难看出概念复杂性造成的认知负载在影响折回长度方面所起的作用。那么,如何解释这一现象呢? 可能的解释包括如下几方面:① 当说话者遇到这种复杂概念的言语计划时,需要一段较长的时间进行言语重新计划和修补策略计划,也就是说,需要使用额外的认知资源,因此,折回可谓是说话者争取时间进行准确言语计划的认知策略。② 表示说话者正在提取词语或决定后续言语、想留住话轮等认知心理(Clark and Fox Tree,2002:73)。由于人际交际的在线性和时间要求,交际双方往往会在交际另一方出现交际障碍时,抢过话轮进行交际,以便使交际得以进行。因此,为了不让对方抢过话轮,说话者会采取一系列策略,包括折回和音韵调策略。

以上研究表明,折回有规律和功能可循,并可预测。此外,它对机器识别和修正间断语流有所帮助,但仍存在着很大的研究空间。

根据以上分析,我们认为,折回具有不同的表现形式,认知负载中的概念复杂性是造成说话者折回修补的认知原因之一。同时,说话者进行折回有其言语计划的因素,也有其自身言语交际的考虑。这里不但体现了说话者对完整性交际的愿望,也体现了说话者的面子观和对自我社会形象的关注。

6.3 本章小结

本章是对 MCCECSER 语料所反映的学习者课堂会话自我修补的第三阶段,即改正阶段的讨论,主要内容是修补的策略及其分布和折回修补。首先,对语料库语料中的修补策略进行了识别,并分类出重复、重组、替换和插入修补,分析了各策略的特点和突出现象,介绍了本章节研究发现:叠加修补和持续重复现象。其次,用文本挖掘方法对策略在语料库中的分布进行了统计和讨论。最后,针对折回修补,从折回规则、折回动机和折回类别等方面分别进行了阐述。

第 7 章　MCCECSER 中的自我重复

　　话语自我重复(下文简称"重复")顾名思义是说话者对自己的话语所进行的有序重复。它亦被称为循环表述(recycle)(Rieger，2003：51)，发生在同一话轮中。重复曾被视为"毫无意义的机械行为"或"无法分析的行为"(Deese，1984；Holmes，1988)，而被排斥在话语研究之外。Ochs 和 Schieffelin(1983)认为重复是心理语言学学科中最被人误解的现象之一。20 世纪 50 年代末，Maclay 和 Osgood(1959)开始对其展开研究，其重要性才被学界所认识。国外研究者针对重复的性质、功能和分类等内容，采用各种方法对其进行了探讨，取得了不少成果，并从一语环境延伸到二语环境。

7.1　研究回望

　　西方相关研究分为以英语为基础的单语重复研究和以多语言为基础的跨语言比较研究。其中，以英语为基础的单语重复研究围绕重复的分类和功能展开并形成了三种主要的假设。根据分类，重复包括精确重复(exact repetition)、修改(modification)和改述(paraphrase)(Kobayashi and Hirose，1995)或词重复和词组重复(Genc et al.，2010)等。从功能上看，重复被认为是解决适时、顺畅说话等问题的方法(Clark and Wasow，1998)，有助于话语产出、理解、连接和互动(Tannen，1987)，其最大作用是"建立连贯和人际参与"(Tannen，1989：48)。Tannen(1989)的一系列观点值得参考。他认为，从说话者的角度来说，重复能够使说话者以较少的努力继续会话，为说话者留出一定的时间决定后续言语；就重复语言本身来说，重复表明了说话者的态度——强调等。并且指出，重复可用于言语产出、理解、衔接和互动，前三个目的与会话语义的产生有关。他认为，重复有以下作用，即保住语轮、表示听话者关注和延迟言语，表达幽默，对佳句表示赞赏，说服、衔接观点，肯定别人的贡献等（Tannen，1989：51）。Tyler（1994）指出，有些重复类型类似元话语标记语，用来向听话者指示如何理解新的信息。Murata（1995）则将重复视为某一文化所特有的表示会话管理的信号。

重复还具有拖延和修补功能，是说话者的言内修补策略，在会话修补策略中，它的出现最为频繁（Hieke，1981；Levelt，1983）。

重复还被视为一种符号学方法，可用作建构或理解信息的支架（scaffolding），从而达到完成意义生成行为的目的。因此，重复成为帮助学习者建构以及理解外语话语的重要工具。Tannen（1987）认为，研究重复对语言学习和教育意义重大，因为重复是获得某种技能或习得某种语言包括词汇和结构的快捷方式。DiCamilla 和 Anton（1997）发现，学外语的学生无论在 L1还是 L2 交际中均使用重复来产生和维护主体间性。

对重复的研究产生了言内修补假设（Hieke，1981；Levelt，1983）和约定与恢复假设（Clark and Wasow，1998）以及其他假设，其中影响最大的是言内修补假设。Levelt（1983：55）在对自我修补进行分类时，将重复归于言内修补，认为重复是说话者在话语尚未发音之前监控到言内错误而采取的言内修补策略。Postma 和 Kolk（1993：472—487）明确提出了言内修补假设，认为重复表示言语错误在未发音之前就被说话者监控和修补，因此将重复视为说话者的言内修补策略。

此外，西方学界还针对重复影响因素进行了研究，发现重复的使用会因年龄而变化。儿童往往重复同伴话语进行交际（Tannen，2007）。当儿童日益成熟，重复往往是部分重复，但随着孩子的不断长大，重复会变得越来越频繁，而且越来越完整。Ochs-Keenan（1977）曾建立了重复发展模型来描绘不同年龄段的说话者对重复的使用。说话者的文化背景（Johnstone，1994a；Tannen，2007）、语言结构（Johnstone，1994a）和个人风格（Tannen，2007）都能影响重复程度和类型以及重复的使用。而且，重复视语言的不同而不同，如 Johnstone（1994a）和 Tannen（2007）曾报道阿拉伯语的话语重复发生在该语言的语法结构中。Rieger（2003）也报道，双语说话者，即英语和德语说话者在这两门语言会话中运用了不同的重复策略。这些说话者说英语比起说德语时更能使用人称代词进行重复。

不仅如此，重复研究还在神经语言学视阈下进行。Most(2002)比较了听力受损学生与听力正常的学生如何应对交际失败的情况。他发现，重复是这两类学生使用最多的交际策略。Ho等人(2002)发现，亨廷顿患者(神经性舞蹈病)其正确产出的词汇明显减少，相反，重复不断增加。此外，Wolf等人(2014)研究了左右脑受损患者话语重复的语用作用，证明脑神经受损会对重复语用功能产生影响。这些研究说明重复可以作为一种有效的鉴别神经功能缺损患者的诊断标志，同时，也为进一步了解重复提供了新的研究视角。

以多语言为基础的跨语言比较研究涉及英、日语重复(Fox et al.，1996：185—237)，英、德语重复(Rieger，2003：47—69)和英、德以及希伯来文重复(Fox et al.，2010：2487—2505)等。还有针对汉语会话中的自我重复所进行的研究，如Hsieh(2009：153—168)研究了汉语会话中自我重复和他人重复的分类、功用以及施为之力(illocutionary force)，将重复研究上升到了语用层面。

研究方法主要可分为基于语料库语料和基于实验两类，比如Shriberg(2001：384—387)基于Switchboard电话会话语料库语料的研究探讨了重复的声学特征；Healey和Purver(2018)基于自然发生的口语语料库(The Diachronic Corpus of Present-Day Spoken English，DCPSE)比较了独白和对话中的自我重复，得出独白比对话更能产生重复的结论。而Fox Tree(1995：709—738)通过四次实验研究了重复对后续话语理解的影响等。前者基于真实、自然发生的语料，对重复分类、频率、特征和作用等进行描述，后者则基于科学实验。

随着外语和二语教学理论的不断发展，重复在外语课堂中的作用以及对学习者习得外语的有效性也引起了不少西方学者的研究兴趣。它被视为外语学习的一种学习策略(Viano and Conejos，1996)和交际策略(Stuart and Lynn，1995；Dornyei and Scott，1997)，是一种中介语行为，和语言水平有关联，有助于学习者的话语产出和互动，起着重拾话题、转换话轮和吸引注意的作用(Viano and Conejos，1996)，更是学习者所经常使用的自我修补策略(Rieger，2003：47—69；Bada，2010：1680—1688)。此外，在聚焦形式教学研究的框架下,重复被视为纠正性反馈和确认话步(Chaudron,1988)。对于言语交际而言,重复的作用犹如暂停,表明说话者正在组合言语。在这一过程中,说话者的记忆暂时受阻,词汇提取出现困难,需要时间来提取准确的词汇以克服当前的词汇选择问题(Shimanoff and Brunak,1977)。正如 Allwright 和 Bailey(1991)所言,自我重复是学生们为之奋斗的目标,因为重复可以重塑他们的交际缺损形象。在没有任何教师干预的情况下更为精确地交际,并将正确的言语内在化。

值得一提的是,Yang(2020:99—120)以香港某大学中文课 40 小时的录像为语料,以超语理论(translanguaging)为理论框架,分析了学习者课堂话语伴有超语的自我重复(self-repetition with translanguaging,SRT)的意义和功能,从而发现,SRT 是二语学习者的学习策略,为学习者利用超语学习和使用目的语创造了空间。它是学习者习得二语的认知机制和手段,是二语教师提高教学质量的重要方法。

Translanguaging 是发源于英国威尔士的教育模式。当地人为了振兴日渐被英语边缘化的威尔士语,提出用双语实施公共教育,并获得了不错的效果。后来,该模式传到了北美的多元文化社会,同样获得了广泛的应用。具体实施方法有分时间段轮着用两种语言上课的,也有上课用 A 语言、课后看书写作业用 B 语言的做法。

Haniah 等人(2020)认为,自我修补是二语学习者的学习策略。学习者确实会重复或替换词项,而且名词是最容易被重复的词项。同时,他们提出了延迟策略来解释学习者重复的动机——用重复来争取计划和提取下一词条的时间。

要想进一步了解自我重复,Williams(2022)所著的《二语言语产出中的间断语流和语言熟练水平》提供了很好的窗口。书中专门有一章节(Williams,2022:147—178)是对自我重复的深入分析。他把自我重复视为间断语流和学习者的修补策略,所用的研究语料来自独白而不是对话。

国内相关研究已然呈现出日益增多和升温的趋势,如张念(2005)的《中国大学英语课堂中用于自我修正策略的重复》和权力宏(2012)的《中国英语学习者会话修补中的重复策略研究》等。尤其是近十年,重复的研究覆盖了儿童话语(曾国才,2022)和大学(陈泽源等,2016)、高中(郑一茜,2019)和初中英语课堂(欧光安、郑一茜,2018),甚至还覆盖了对外汉语课堂(李云霞,2017)。研究者就重复的类型、结构、功能、模式、制约机制和语用特征等进行分析和探讨,揭示了中国英语学习者使用重复进行交际的情况,取得了不少成绩。但总体而言,尚缺乏对重复包括自我重复和他人重复进行整体性和系统性的研究,也缺乏对英语学习者话语重复进行有深度的探究,缺乏基于大数量真实有效数据开展的实证研究,以发现重复的内在动因、规律与有效性特征,从而将研究推向新的高度。

7.2　重复结构模型

在对重复的诸多研究中,尽管对重复结构有所涉及,但至今尚未建立明确的内部结构。现有重复结构介绍如下。

结构一:Hsieh(2009:154)在谈到自我重复的结构时,提出了三分法(trio-set)的区分方法。Shriberg(1995:384)在其讨论重复的声学特征时也给出了重复的结构模型(见表 7.1)。

表 7.1　Shriberg(1995)的重复结构

in the the Senate
R1 R2 Continuation

她用 R1 来表示被重复项,用 R2 来表示重复项,用 continuation 表示重复后语流的恢复。

结构二:Norrick 等人(1987)认为,自我重复在同一话轮中发生,如表 7.2 所示。

表 7.2　Norrick 等人(1987)的重复结构

row	self-repetition	speaker	Spoken
1	Repetition within a speaker's utterance	A	We are fine, yes, we are fine.

Norrick 等人所建立的自我重复结构显得过于简单,仅仅指出了重复是同一话轮下的重复。

结构三:从本语料库语料来看,重复有其规律可循:它有固定的结构形式,总是表现为一个待重复项和一个重复项,中间有一段时间不等的语流暂停阶段。我们依据 Levelt(1983)所提出的自我修补内部结构,拟建立自我重复结构如图 7.1 所示。

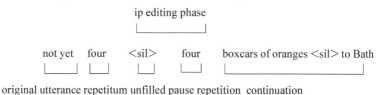

图 7.1　重复结构模型

这里,用拉丁词"repetitum"(重复)来表示待重复部分。用"editing phase"表示重复者正试图进行言语计划和编码。用"repetition"表示重复部分,"not yet"为重复前的原话语,称为"original utterance","boxcars of oranges"为重复后语流的恢复,称为"continuation"。

用这一结构来考察语料库中的重复例子。

①00:04:15 00:04:18 S3 With the improve

00:04:18 00:04:25 S3 uh <..> improvement </> of China global status and influence

00:04:25 00:04:30 S3 influence and the promotion of One Belt and One Road,

00:04:30 00:04:36 S3 the Chinese fever is bound to um <..> deepen fether (further)(MC371)

例①,"improve"为"repetitum","improvement"为"repetition",重复的第二阶段,即编辑阶段出现填充暂停"uh"和填充词,重复后语流恢复。在第二个重复中,第一个"influence"为待重复项,即"repetitum",中间为中暂停(第二阶段),第二个"influence"是重复项,"and the promotion of One Belt and One Road"为"continuation"。

该结构成立,能描绘自我重复的整个运行轨迹。

7.3 重复假设

有关学习者自我重复,学界已有不少研究发现,在本书第 1 章已有陈述,在此不再重复。本节讨论重复的言内修补假设和约定与恢复假设,同时兼谈其他假设。

7.3.1 言内修补假设

有关说话者的自我重复假设,最具影响力的假设当属言内修补假设。该假设认为,重复为说话者在话语尚未发音之前监控到言内错误而采取的言内修补行为,从而将重复看作言内修补策略。假设发轫于 Hockett(1967,1973) 对重复的研究以及 Levelt(1983:55)对自我修补的分类和修补监控理论。其系统成形应归功于 Postma 和 Kolk(1993)的失语症顺应论(adaptation theory of aphasia)。结合口吃研究,Postma 和 Kolk(1993)将重复、口吃和拖长音等间断语流归因于说话者对言语错误尚未发出之前的修补行为。

Hockett(1967,1973)是最早(1967)注意到这一现象的学者。他曾说过他本人会时常发现自己能通过内部言语(inner speech)编辑并剔除语言错误,"趁它们尚未通过舌和唇映射到外部言语"(1967,1973:118),并称这一过程为言内编辑(covert editing)。其研究成果在 1973 年再版。Brocklehurst (2008)将这种现象称作"发音前编辑"(prearticulatory editing),并认为发音前编辑有可能发生,这是因为内部言语的句法形成在发音前几秒钟就已完成。在这段时间内有可能完成修补,而且可以没有任何言外修补痕迹。

Postma 和 Kolk(1993)在 Hockett 的假设基础上加以拓展。他们提出假设:口吃病人为什么会有持续重复?那是因为他们的言语计划过程受损,影响语音计划的生成。正常人只要尝试一两次就可以成功地进行言内修补,但口吃病人却需要尝试好多次才能修补。由于重复可能是词项或部分词项的重复,所以他们认为重复的原因是说话者对音韵编码的修补。他们继而用 Dell (1986)的扩散激活模型来解释重复现象。从扩散激活模型看来,当说话者试图形成言语句法时,计划的言语格律框架首先被创建,接着通过激活神经网络的语音节点来完成该格律框架的音韵加工。那些可填框架槽的节点表示言语运动计划开始所达到的最高激活水平。他们的假设是,对那些口吃病人来说,语音节点的激活速度比较缓慢,因此,需要较长的时间来达到比其他竞争节点更高的激活值。因此,假如口吃病人能以"常速"说话,就很有可能选择不合适的语音节点来产出语音框架。这样,只有放慢他们的语速才能选择正确的音位并且确保语音计划准确无误。

言内修补假设(Postma and Kolk,1993)基于 Levelt(1983)的言语产出和监控模型,围绕言内修补现象,提出口吃和重复等间断语流现象是说话者的发音前言语计划的语误修补,其原因是语音编码缺损,言语计划阶段出现语误,重复频发。

7.3.2　约定和恢复假设

1998 年,Clark 和 Wasow 在《认知心理学》杂志上发表了题为"Repeating Words in Spontaneous Speech"(1998:201—242)的研究成果,对自然言语中的重复现象进行了系统的分析,提出了他们称为约定和恢复的重复模型(commit-and-restore model)和与之相关的三种假设,为我们认识和了解重复现象提供了帮助。

重复常被视为无法分析的言语现象(Deese,1984,Holmes,1988,转引自 Clark and Wasow,1998:203)。但它却由一系列认知过程组成,每一过程均有其不同的选择和局限性。在他们所建立的模型中,重复被分成了四个阶段。

7.3.2.1　重复的四个阶段

1) 预先约定

他们认为,当说话者说出一个词来,他就使自己受到了含有该词的一个或几个成分及其意义的约束。比如,I thought it was before sixty-five.当说话者 Reynard 说出"I",他就受到了以"I"开始的较大成分的约束,同时也受到了对听话者 Sam 产生该成分意义的约束。Sam 可以期望他完整地表达出整个意思,除非他被阻止而中断。

2) 暂停言语

说话者原则上可以在言语的任何位置上暂停语流。以他们所引的例子为例,"because you see I uh some of our people（clears throat）who are doing Les - u：m have to consider which paper，to do。"

在上述语段中,Sam 暂停语流 4 次,而且,每次暂停都是出于不同的目的。他在"I"后面暂停了语流,为的是用"some of our people who are doing Les"替换"I"。同样,语流在"our people"后面停止,也许说话者是为了清清嗓子,但更多情况下是为了赢取时间来提取后续言语"who are doing Les"。同样,说话者在"Les"和"paper"后也停止了语流,用来提取后续言语"have to consider which paper"和"to do"。

3) 语流空隙

语流空隙指的是语流暂停和语流恢复之间出现的空隙。说话者在这一过程可以做很多事情,如沉默不语、使用填充词和清嗓子等。

4) 成分重启

语流空隙后说话者重新延续言语交际,这时,他有多种选择,可以继续延续言语,也可以重新组织言语,更可以重复言语。

他们对重复的四个阶段结构划分实际上跟修补的内部结构大同小异。虽然,这一结构详细地描写了重复从开始到结束的过程,但是从结构建模的视角来看,其清晰度和重复的关联度尚有距离。为此,我们根据语料库语料尝试建立了重复的内部结构(见 7.2 节)。

7.3.2.2　重复的三个假设

在上述基础上,他们提出了有关重复的三个假设——复杂性假设（the complexity hypothesis）、延续性假设（the continuity hypothesis）和约定假设（the commitment hypothesis）。

复杂性假设指的是成分复杂性（constituent complexity）。当说话者试图产出成分尤其是主要成分如名词词组、动词词组、介词词组、从句和句子时,往往会出现重复。这些成分长期以来被认为是言语计划的主要单位。在言语计划中的概念层,说话者常以一主要成分为单位选择想要表达的信息。在句法层,他们选择用于表达该信息的句法框架。在语音层,生成用于发音的语音词和词组。说话者最有可能在这些成分的第一个词发出之前就已中断语流。

这一假设认为,语法权重越重,这些成分在概念或句法层面上就越难提取。也就是说,一个成分越复杂,说话者就越有可能在初步约定之后暂停话语。这样,简单地说,语法权重就是复杂。同时,他们认为,这种成分的复杂性是可分等级的。如,"this English language paper, has been bedeviled long enough, by those literature wallahs."该句中,"this"位于名词词组"this English language paper"的左侧,也位于从句"this English language paper, has been bedeviled long enough, by those literature wallahs."的左侧,另外,"those"位于"those literature wallahs"的左侧,所以,假设预测,语流会在"this"和"those"之后由于成分复杂性的加重而出现暂停。

根据延续性假设,说话者往往倾向于在暂停某个成分之后延续该成分。说话者很有可能在启动某一成分之前而不是在它之后添加语流暂缓。此外,他们很有可能在延续该成分之前添加无填充暂停或带填充词的填充暂停。根据他们的研究统计,当停顿期间没有出现语流暂停时,重复率为 1% 到 6%;当停顿期间出现无填充暂停,重复率为 14% 到 35%;然而,当出现带填充词的暂停时,重复率可达 21% 到 47%。对重复词的统计得出,名词性代词的重复率达到了 5%。当该代词后跟有填充词时,重复率则达到了 28%。然而,当它们后面跟填充词 you know 时,重复率高达 35%。随着停顿现象的加剧,重复率也相应提高。

需要指出的是,他们的研究发现与激活假设正好相悖。该假设认为,说话者之所以重复某一词项,是因为这一词项是说话者恢复言语语流时最容易被激活的词。但随着停顿的持续,该词的激活水平也会随之减弱(decay)。这样,停顿持续时间越长,说话者重复词项的可能性就越小。

根据约定假设,每当说话者产生一个词项,他们使自己受约产生一个或更多的成分并使之具有意义。问题是何时约定?他们可以在说完"yes"之后马上启动一个新成分"I",如"yes, I."也可以等上一会,如"yes, um I."要是他们约定过早,他们也许就会马上暂停语流,如"I uh."Clark 和 Wasow 将这一现象称为"早熟约定"(premature commitment),就是说,说话者使自己受约无法延续的成分。

对于早熟约定现象,他们的解释是说话者受到了时间约束。要是暂停过久,他们就会退出交流,或表现出困惑、疑虑,不知该说什么,或者没什么好说。他们往往会采取措施预防这些现象发生。这些措施包括说出下一成分的第一个词以表明他们正在计划该成分,或者他们会利用填充词如"uh""um"或编辑语"you know""I mean""rather"和"like"等向听话者说明他们停顿语流的原因。Jefferson(1989)发现,说话者对语段中发生暂停的容忍程度不会超过一秒钟。倘若暂停持续过长,他们肯定会采取措施加以应对的。

通过研究分析,他们最终认为,虽然重复常被看作错误,但是实际上它不是错误。它是解决问题的方法,例如,如何在时间压力下说话,如何顺利地说话?由此看来,重复现象"作为解决上述问题的有效方法应受到我们的尊重"(Clark and Wasow,1998:239)。

7.3.2.3 功能词诱发

通过研究,他们提出了一个十分重要的观点,即功能词诱发(function word allurement)重复的假设。这一观点最早由 Maclay 和 Osgood(1959)提出。Maclay 和 Osgood(1959)以及 Lickely(1994)指出,更多情况下,重复涉及诸如介词和冠词之类的功能词。之所以这样,主要是如同暂停,功能词具有同样的作用,即帮助说话者赢取选择词汇的时间。

Clark 和 Wasow(1998)分析了 Switchboard 语料库中的所有重复词,将它们分成功能词和实义词,并进行了统计。结果发现,功能词比实义词多出十倍还要多。而在功能词当中,代词最多,每千字重复率为 37.7,助动词最少,每千字重复率只有 8.7。对功能词中的代词进行的统计发现,作为主格代词 I 的重复率最高,为 63.9。这是因为,I 这样的主格代词位于从句的最左端,它们最容易被激活和提取。

这一假设得到了发展性口吃儿童患者话语重复的研究支持。Bloodstein(2001)发现发展性口吃儿童最明显的症状是重复功能词中的代词和连词。但随着年龄的增长,如果口吃继续发展,这种功能词重复现象会减少,实义词重复就会增加。

国内相关研究也支持这一观点。权力宏(2012)研究了学习者与本族语者在重复起始词上的总体分布频数、百分比和差异性。结果表明,学习者和本族语者在功能词和实义词上存在显著差异。从使用频率来看,学习者使用最多的是主格人称代词(276 次/35.1%),其次是限定词(149 次/19%)、动词(78次/9.9%)和连词(67 次/8.5%);在一词重复中,学习者使用频率最高的是"I"(73 次),其次是"the"(60 次)、"and"(26 次)和 we(23 次)。

权力宏(2016)还采用汉语本族语者口语语料库(Corpus of Native Chinese Conversation)和英语本族语者口语语料库(Louvain Corpus of Native English Conversation)语料,探讨了汉语和英语本族语者在自我修补的两种常用策略:重复和替换使用上的异同,重点分析了在功能词和实义词各词类上重复起始词和替换词的使用情况。研究指出,汉英本族语者均倾向于将限定词作为重复起始词;倾向于将名词和限定词作为替换词。不同的是,英语本族语者比汉语本族语者更多地将功能词(如主格人称代词)作为重复起始词,汉语本族语者则将实义词(尤其是动词和副词)作为重复起始词和替换词。

还有如杨石乔(2013)对汉语会话中说话者的自我重复的研究。他同样发现,汉语本族语者的话语自我重复的起始词出现频率较高的是人称代词,"主要原因是人称代词属于高可及标示语,其提取速度比其他低可及词语更快,说话者就可以通过重复主语人称代词来赢得时间以解决后面其他句子成分提取上可能出现的问题。此外,重复主语代词也是说话者把住话轮的一个重要策略"(杨石乔,2013:11)。但是,需要指出的是,他的研究显示,引起汉语重复的起始词中,为数最多的并不是人称代词,而是指示词,人称代词则屈居第二。

本研究的先导研究也支持功能词诱发重复的假设,恕不赘述。那么,为什么学习者和本族语者将功能词作为重复起始词? 我们认为,其主要原因如下有四个。

(1) 从功能词本身来看,其一,它们在主要成分中往往位居最前面;其二,它们更易提取,更易发音(Clark and Wasow, 1998:210)。此外,停止激活假设(deactivation hypothesis, Shattuck-Hufnagel, 1979)认为,一旦词项被激活和提取,其激活状态就会保持一段时间。这样,当说话者重新计划言语时,这些词项就很容易被再次激活和提取。这一假设说明了为何在折回过程中,功能词作为高频词会被再次提取。

这从西方研究者关于功能词和实义词的提取、心理表征和加工机制的研究成果可以找到答案。对失语症病人的研究揭示,这类病人无法正常提取功能词,也无法通达功能词的句法信息,其命名功能词的反应时要比命名实义词的反应时要长(Biassou et al., 1997:360—373)。这说明,对两者的加工由人脑不同的区域控制,这一发现得到了行为实验证据的支持。行为实验表明,功能词的加工和存储分布于人脑左半球,但就实义词的加工和存储而言,它们的位置则在人脑两侧,因此,两者的加工速度是不同的。根据脑成像研究证据,两者的加工可能会引起不同的 ERP 模式。值得关注的是 Segalowitz 和 Lane (2000:376—389)的研究。他们通过实验也发现,功能词的提取比实义词的提取速度确实要快,并认为这一区别应归因于词汇的可预测性(word predictability)和词汇熟悉程度(word familiarity)。他们甚至称功能词的提取是"享有特权的提取"(privileged access)。

可以假设,正是由于功能词和实义词的加工和存储在人脑中的位置不同,以及功能词比实义词具有更高的词汇可预测性和熟悉程度,使得说话者在实施自我修补过程中优先提取功能词而不是实义词。当然,这一假设仍需要通过实验等实证手段来进一步加以验证。

(2)从语言性质来看,英语由于其相当一致的语句成分排列顺序而归类到 SVO 语言,因此,说话者启动重复时,往往会从句子的开始处开始。然而,相比之下,语句排列顺序为 SOV 的语言比如说日语,其排列则比较松散,这样,说话者的重复启动位是在有问题的词和词组的位置上,而不是折回到句子的开始处进行重复。

(3)从句法特征来看,英语句子有其严格的 SVO 词序,习惯用人称代词做主语。此外,其主格人称代词往往位于子句的开始处。这样的排列会对说话者造成一定的言语计划压力,因此,为了减轻压力,说话者容易重复主格人称代词。不仅如此,说话者还可以通过重复主格人称代词,来解决提取谓语动词时有可能出现的问题。再加上比较常见的附缀化现象,使得说话者很容易在言语在线加工时将它们提取。这一观点得到了 Wouk(2005)所做的研究的支持。他发现,英语具有靠前的动词位置和较高的句法投射性等特点,因此,其重复起始词往往很容易是位于句首部分的词,包括主格人称代词;但是在那些靠后的动词位置以及较低的句法投射性的语言中,如日语,重复则往往发生在词组内。

(4) 从功能词所处的位置来看。由于英语的功能词位置在实义词之前,功能词就很容易被当作重复起始词来重复,而且,重复功能词还可以作为赢取时间的策略为实义词的在线加工赢取更多的提取时间。

7.3.3　其他假设

除了上述假设之外,还有"EXPLAN"假设和自动重启机制(automatic restart mechanism, Blackmer and Mitton, 1991)。前者,Howell 和 Au-Yeung(2002)将类似口吃的间断语流归因于说话者需要说话时,词语言语计划尚未完成,这时,整词重复是说话者的拖延策略,而词片断重复是由于说话者的"推进策略"(advancing strategy),也就是为了加快语速。他们将这一说法取名为"EXPLAN"假设,将类似口吃的间断语流(stuttering-like disfluency,SLD)归因于言语实施和计划之间的不协调。后者,Blackmer 和 Mitton(1991)分析了流利说话者的说话录音,指出说话者重复话语是为了保持话轮,并且在肯定言内修补机制的前提下,针对自我重复提出自动重启机制这一观点。他们假设这一机制位于发音器,这样可以在说话者没有了新的言语计划用于发音的情况下加以激活。这一机制可以使说话者自动地重复已提取的单词,避免出现沉默暂停直到完成新的言语计划。假设得到了实验的支持。Howell 和 Sackin(2001)挑选了 4 个流利说话者为被试,要求他们讲述每个时长三分钟的系列自然故事。两次试验性实验后,研究人员给说话者一个电灯泡,并告知他们,如果他们的讲述被判定为质量不佳的话,灯泡就会亮起。事实是,每当出现 600 毫秒的沉默暂停,灯泡就会自动亮起。结果发现,4 个被试中有 3 个被试的功能词重复数量出现明显增加的现象。

然而,Lapointe 和 Horner(1981)的研究以及 Howell 和 Sackin(2000)所做的实验结果却相左。在 Lapointe 和 Horner(1981)对言语重复症(palilalia)患者的言语所进行的分析中,他们发现重复词汇最多的却是动词、形容词、名词和副词等实义词。在后者所做的实验中,12 位被试被要求为一部快速移动的无声卡通片进行评论,期间不能有停顿。研究发现,每当说话者需要快速计划词、句的句法形成以便跟上卡通片的速度时,他们就会产生更多的实义词词片断重复。他们将这一现象归因于时间压力。

那么,如何来理解这个问题? Schneider 和 Shiffrin(1977)的注意力理论认为,由于学习者的注意力资源还十分有限,再加上他们的言语产出尚未达到很高的自动化程度,在这样的背景下,由于实义词传递着更多的信息,学习者自然而然地会在言语监控过程中注意到实义词。英语句法分析也得出,尽管动词词组并不是一个突显的成分结构,但动词往往会引起一个动词词组,所以,对该动词词组的计划,会在一定程度上构成言语计划压力。

7.4 重复策略

如前文所述,重复在外语课堂学习以及对学习者习得外语均有其积极的作用。它同时也是学习者的学习策略和交际策略。除此之外,从交际策略的角度,它还担负着其他策略上的作用。研究者就重复的作用,提出了如下策略。

1) 赢得时间策略

如同暂停和填充暂停,重复起着为后续言语争取计划言语和重新计划修补的作用,研究者将其称为赢取时间策略。Dornyei 和 Kormos(1998:349—385)提出,学习者为了赢得时间会使用停顿和重复。众多学者认为,重复应归类为赢得时间策略和拖延策略(Tarone,1980;Faerch and Kasper,1983;Rieger,2003;Kormos,2006;Bada,2010)。

无独有偶,国内学者李广明(2010)基于 SECOPETS 语料库,对 PETS 口试环境下中国英语学习者交际策略的使用情况进行了调查。统计数据表明,PETS 口试者使用最多的交际策略为赢得时间策略。由于 PETS 口试具有边说边想、时间紧迫等特点,考生在与考官的交流中常采用填补词、重复语言输出、套语等交际策略来赢得思考时间,从而使表达更流畅、贴切。他认为:"从某种意义上说,填补空缺词(即本文的填充词)和使用套语能保证交际顺畅自然地进行下去,但是过度地重复语言输出恰恰是思维中断、口语表达不流利的表现。"(李广明,2010:88)

2）拖延策略

Hieke(1981)指出重复发挥着两大作用,即拖延和修补。他根据重复的作用将它分为前瞻性重复(prospective repetition)和回顾性重复(retrospective repetition),前者表示那些用于填补说话者计划言语时出现的停顿所做的拖延性重复,后者指的是那些起着纠正作用的修补性重复。陈莉和鲁楠(2009：37—40)将重复策略视为拖延策略,发现这一策略在学生话语策略中占较大比重,这说明学生的知识水平和口语表达能力在一定程度上存在不足。为此,Tannen(1989：51)持同样观点,认为重复行使多种功能,其中一个便是拖延。

3）犹豫策略

Khojasteh 和 Abdullah(2012：102—109)将重复和填充暂停和无填充暂停一并归为犹豫策略(hesitation strategy)。MCCECSER 的语料也真实地体现了中国英语学习者对所要提取的信息的不确定性和迟疑不决,见例。

②00:00:06 00:00:13 S1 As is launched ＜_]＞ us with the development of our society and the tech＜@_@＞ and the technology,

00:00:13 00:00:15 S1 um ＜..＞plenty of ways

00:00:15 00:00:23 S1 of ＜ - _ - ＞ plenty of ways of transportation this uh ＜..＞ appeared in in our daily life ＜_\＞.

00:00:24 00:00:30 S1 and today I want togive ＜@_@＞ a brief uh ＜..＞ give a brief

00:00:30 00:00:35 S1 introduction of the way I ＜..＞ used.

00:00:36 00:00:49 S1 Most I used uh ＜..＞ ＜～_～＞ frequently and and talk ＜@_@＞ something about it

00:00:50 00:00:59 S1 its the advantages and disadvantages and ＜\＞ and I choose ＜_＞ ＜_\＞ the shared shared ＜..＞ ＜@_@＞ bikes

00:01:00 00:01:03 S1 to be ＜_＞ my topic, um ＜..＞(MC107)

以上为 MC107 文件说话者 S1 的一番话。短短几句话,竟然出现六处重复。在提取后续信息时,说话者显示出不确定性和迟疑不决的心理。他只能用重复来赢得时间以便提取合适的信息。

4) 交际策略

重复是学习者的交际策略。在国外,重复被认为具有多种作用,如 Dornyei 和 Scott(1995)按照处理问题的方式(manner of problem management),即交际策略如何协助解决问题并使交际双方理解,将交际策略分为三大类:直接、间接和互动,其中,他们将自我重复划归到间接策略,是补偿策略(compensation strategy, CS)的一种。Dornyei 和 Scott(1997)在评述 L2 说话者频繁使用自我重复时,就指出,L2 说话者常常比流利交际需要更多的时间来处理和计划 L2 话语,而且,往往跟诸如填充词、暂停手段和自我修补等策略有关。Genc 等人(2010)在对土耳其 83 位法语学习者话语自我重复现象研究中发现,重复有助于语言学习者发展和维持话语交际,是"本族语和非本族语说话者所最为经常采用的交际策略之一"(Genc et al.,2010:216)。Yakut 和 Yuvayapan(2022)同样将自我重复视为补偿策略。通过比较 L1 和 L2 语料库语料,发现 L1 英语说话者将重复用作填充词,但 L2 说话者则将重复用作自我修补。

国内学者对于重复的功能和用处也给予了关注,如李悦娥(2000)指出,从宏观上来看,重复起着组建话语的框架作用,是会话顺利进行和改变话题的连接器;从微观上来看,它可以使语篇加强连贯性,起着回应和再现作用。她还提出,按照重复语言的形式、作用及其分布,可将其分为强调性重复、交流性重复和交际性重复。高玉英(2005)从会话合作原则、礼貌原则探讨了重复的语用作用。权立宏(2016)发现,重复也可以充当会话修补策略,其作用主要体现为拖延语流、守住话轮和赢得时间。在会话中,词的重复可以用来争取会话的话轮。在非母语使用者的日常交际中,重复往往反映了文化差异引起的高度不确定性,还可以将重复看作是某种试探等。

7.5 认知资源暂时缺失假设

除了上述四种策略之外,结合 MCCECSER 所收集的重复诸特点,我们提出认知资源暂时缺失假设。

请看下列重复例子。

③00:00:02 00:00:07 S1 Hello. Everyone. My name is Tao Luyi. Playing computer <_\>games has

00:00:07 00:00:13 S1 playing computer games has harmful effects on people. Do you agree? <_\> Do you ag...?

00:00:13 00:00:20 S1 Computer games has become a popular form <-_-> of entertainment among children, teenagers and even adults.

00:00:20 00:00:23 S1 Some <-_-> of them and many others every day. (MC108)

④00:00:31 00:00:34 S1 the sun screen function will not weaken

00:00:34 00:00:43 S1 and this kind of clothing uh <..> can block more than 98% of

00:00:44 00:00:48 S1 of ultra uh <..> ultraviolet <[_> <@_@>rays.

00:00:49 00:00:58 S2 So I have a question. You <-_-> said this clothing <..> <~_~>has <..> has the protective function, do you have real proof? (MC166)

⑤00:00:05 00:00:07 S1 I'd <--> like to <~_~> <_]> describe <@_@> a

00:00:07 00:00:08 S1 girl.

00:00:08 00:00:14 S1 She <_\> has very </> um <..> very black

00:00:14 00:00:15 S1 eye

00:00:15 00:00:19 S1 eyebrows

00:00:19 00:00:25 S1 uh <..> <~_~> very black eyebrows and she wears a <\> <_\> silver glasses

00:00:25 00:00:27 S1 a pair of

00:00:27 00:00:28 S1 silver glasses <-_->.

00:00:28 00:00:32 S1 uh <..> <-_-> she had <^_^> very

deep eyes，

00：00：32 00：00：35 S1 and she is a little <^_^> <-_->
shorter than me. (MC373)

例③，课堂上，教师要求同学们讨论电脑游戏带给同学们的影响。说话者
S1 简单介绍自己之后，就要发表对电脑游戏所带来的影响的看法，因此，在提
取自己的观点时碰到了概念加工和词汇提取的问题。到底是选"harmful
effect"，还是别的词汇表达，如"negative effect"等，到底该如何表达自己的观
点，影响是好还是不好？显然，他遇到了认知资源暂时无法跟上的问题，只得
通过重复来赢取时间计划观点，提取词语，最后确定为"harmful effects on
people"。

例④，出现两处重复，分别是说话者 S1 的词片断重复"ultra-ultraviolet"
以及说话者 S2 的一词重复"has-has"。S1 在提取"ultraviolet"时表现出提取
困难，毕竟"ultraviolet"是一个生僻词。因此，在提取该词时，学习者出现了迟
疑不决的现象。同样，S2 在提取具体的概念即保护功能时，也出现了认知资
源暂时缺失的问题，因此，重复了"has"，以便成功地提取"the protective
function"这一概念。

例⑤，显然，S1 不知道该如何描述自己的同学，而且，"eyebrows"一词造
成了提取压力，只得通过重复"very very"和"eye eyebrows"来赢取概念加工和
词汇提取的时间。

以上语料有一个共性问题：在加工后续话语时，他们似乎不知道该如何
说下去，换句话说，后续话语的概念复杂性给他们造成了一定的认知负载，只
得暂停语流，重复原话语以便有时间来计划话语。早在 1977 年，Shimanoff 和
Brunak 就注意到了这一现象。在他们看来，重复的作用犹如暂停，表明说话
者正在组合言语。在这一过程中，说话者的记忆暂时受阻，词汇提取出现困
难，需要时间来提取准确的词汇以克服当前的词汇选择问题。可见，重复是中
国大学英语学习者的词汇提取策略和后续话语加工策略。

鉴于以上问题，本书提出认知资源暂时缺失假设，认为说话者在监控到言
内错误之后，需要重新计划言语。但是，后续信息的概念复杂性造成了一定的

认知负载,以至于认知资源暂时跟不上言语的重新加工,他不得不重复言语。其动机是,意欲通过重复来赢得时间以便恢复言语认知资源的供应。

其一,假设的理论支持。言语产出是一系列的认知活动。根据言语研究学派荷兰派的领军人物 Levelt(1983,1989)建立的言语产出模式来看,人类言语产出是一项复杂的心理认知活动,涉及概念形成、词汇提取、语法编码、语音编码和发音诸过程。它是一种动态资源,与其他静态的知识资源等结合,为言语产出提供认知资源。要是某一环节受阻,就会暂停语流,交际就会暂时中断,以便有时间恢复资源的供应,以便继续言语交流。否则,说话者就会失去话语权,被听话者抢过话轮。这样,说话者就会想方设法留住话轮,恢复认知资源,保住自己的面子和社会形象并最理想化表达自己的交际意图。重复可以说是这种策略之一。

其二,假设的语料支持。重复的第二部分,即编辑阶段也能支持认知资源暂时缺失假设。见例:

⑥00:01:26 00:01:28 S2 when

00:01:28 00:01:32 S2 others uh <..> your parents your teacher

00:01:32 00:01:33 S2 um bu

00:01:33 00:01:36 S2 and now the person tell you

00:01:36 00:01:42 S2 and <~_~> <..> what you <@_@> want you want to <_]> dois not is not<\>suit for you,

00:01:42 00:01:51 S2 you should strive for it and even even even um <..>

00:01:52 00:02:01 S2 even <_]> the uh <..> even even to pay pay a high um <..> okay.(MC317)

上述例子中,说话者 S2 在提取"to do"和"suit"时碰到了困难,这时候出现的眼神和手势等非言语模态说明他正碰到了认知资源供应的困难。在加工下一语句时,其压力更大,这从出现的持续重复中可见一斑。

从语料中,我们发现后续信息概念越复杂,就越会造成重复。言语交际中,时间压力、任务复杂性、概念复杂性和话题复杂性等因素对说话者构成了认知负载,使说话者加重工作记忆负担,需要付出额外的认知资源来对付认知负载,导致说话者无法及时地进行言语认知资源的编码,从而出现言语重复。这也符合 Clark 和 Wasow 提出的复杂性假设。

以概念复杂性引起的认知负载为例,重复词本身或重复后出现的言语往往涉及确定、断言、估算和描绘等较为复杂的概念,这种概念复杂性在言语编码过程中造成了认知负载,造成言语提取迟缓。为了理想表达自己的意图,说话者只得暂停语流,延长计划言语的时间。也就是说,后续话语的语法权重越重,这些成分在概念或句法层面上就越难提取。语法权重指的是一个成分所包含的信息量。也就是说,一个成分越复杂,说话者就越有可能暂停话语,予以重复。这样,简单地说,语法权重就是复杂性,见例。

⑦00:00:15 00:00:22 S1 Uh <..> <_\>as we all know, <_\>China is so <@_@> big that uh <..> different regions have had

00:00:22 00:00:32 S1 have different uh <..> food cultures. <_\> and I'd like to introduce uh <..> five of the <@_@> classes food

00:00:32 00:00:40 S1 in China. <_\> The first one is Qingtuan uh <..>Qingtuan is uh <..>

00:00:41 00:00:50 S1 is a traditional snack in Jiangnan<@_@> area. Uh <..> it is made with wormwood

00:00:50 00:00:53 S1 juice<-_->into glutinous

00:00:53 00:01:01 S1 rice flour and then <_\>wrapped in bean paste stuffing or lotus seed, it is not

00:01:01 00:01:09 S1 sweet or or greasy, but has a light uh <..> and <\> has a light, but

00:01:09 00:01:18 S1 long fragrance,...(MC038)

例⑦,说话者 S1 在介绍第一种美食 Qingtuan 时,概念复杂性造成了一定的认知负载。到底该如何表达 Qingtuan，它是何地美食？显然，他碰到了提取困难。于是，他只得暂停语流，以便有时间来计划话语。经过一段时间的填充暂停和中暂停之后，他提取到了准确的概念，即江南传统小吃，随后恢复了语流。Qingtuan 很甜，而且里面的馅很油腻，因此，油腻这一概念和英文表达词汇的提取需要时间，他只得重复"or"。

基于以上分析，我们提出重复是由于认知资源暂时缺失的假设。

7.6　发现与讨论

如前所述，本语料库发现，说话者在言语计划和加工过程中会不断重复言语，并称为持续重复修补。请看以下各例。

⑧00:00:58 00:01:08 S1 Um this um <..>this mea this measure <--> worked. Wuhan has not recorded <^_^>a new locally

00:01:08 00:01:14 S1 transmitted case. With the <..> following steps

00:01:14 00:01:22 S1 uh <..> with the full with the<^_^> following steps，China also made a great success，like wearing face masks（MC138）

例⑧，说话者 S1 想表达的是，中国采取了戴口罩、扫健康码等防疫措施，并成功地遏制了 Covid - 19 的蔓延。在提取戴口罩、扫健康码等一系列"措施"时，他碰到了词汇提取问题。到底是这样的做法是"measure"还是别的词汇，说话者有所迟疑，通过重复"this"和"this mea"，才提取并决定选用"measure"。

⑨00:00:41 00:00:45 S1 Uh Mother Teresa was born in Kosovo in 1910.

00:00:45 00:00:50 S1 Uh <..> she and she entered <_\>

<[_]> the

00:00:51 00:00:54 S1 she entered the Loreto convent

00:00:54 00:00:56 S1 uh <..> in Ireland (MC196)

例⑨，显然后续概念 Loreto convent 的提取，给说话者 S1 造成了一定的认知负载，他只能通过重复 she，再重复 she entered the，来赢取时间提取和加工 Loreto convent。

⑩00:00:00 00:00:12 S1 Um <..> <-_-> <[_]> Mother Teresa is was <_]> born in 1910

00:00:13 00:00:20 S1 and she was the youngest children of three. Uh <..>she was the youngest

00:00:20 00:00:32 S1 of the children in her family and her father is a builder. <_\>In in

00:00:32 00:00:40 S1 in <_\> in in 1928 <_]> <_\> she joined the Sisters of Our Lady of Loreto，

00:00:40 00:00:49 S1 a Catholic order that did charity work

00:00:50 00:00:53 S1 in <..> India (MC197)

例⑩，说话者 S1 对于 Mother Teresa 何时加入罗惹陀修女会，显得并不十分确定，所以，连续重复了"in"，最后才确定为 1928 年。

需要特别指出的是，此类持续重复有别于口吃。口吃是一种习惯性的言语障碍，是一种生理缺陷，或受到了紧张情绪的影响。与正常交际有所不同的是，说话者会在交际过程中，出现非自愿的重复，其重复过程伴有停顿、拖长音和打断等。而话语重复是交际双方在语言心理认知模式上信息生成和发送的一种自然而然的作用（李悦娥，2000：8），是重复者在言语产出和交际过程中的一种认知策略，表现为：词汇、词组乃至句子进行有序的、有规律的重复，体现了重复者的认知心理活动和言语交际策略。

这样的例子还很多。我们该如何来理解和解释这种持续重复现象呢？

首先,二语学习者中介语发展过程本身就是动态的,处在不断探索和不断修正的过程之中。通过这样的过程,不断向目的语规则接近和靠拢。上述持续重复就是学习者通过反复进行的言内修补达到正确表达目的语的过程。

其次,持续重复可作为有力的语言证据来支持重复策略和动机,如赢取时间策略和保住话轮策略等;

再次,从持续重复,我们可以体会到概念复杂性对学习者正确地提取后续言语所造成的认知压力。重复词本身或重复后出现的言语往往涉及较为复杂的概念。这种概念的复杂性在言语编码过程中造成了认知负载,引起言语提取迟缓。为了理想表达自己的交际意图,说话者只得暂停语流,延长计划言语的时间。

最后,外语学习尤其是课堂外语学习是生态的、社会的。根据生态语言学理论,外语教学是一个复杂的生态系统,是学习者和学习环境互动的过程。外语生态课堂存在着诸多关系,包括师生关系和生生关系等。良好的关系维持能促进学习者更好地习得语言。为了维持这些关系,学习者希望以积极的交际者的形象参与课堂互动之中。因此,他总是希望能将可理解话语传达给对方,以便能让对方理解,便于交际顺利进行下去以维持自身的良好交际者形象(speakership)。因此,他会不惜持续重复,努力地去提取后续言语。

第二个现象是,如同暂停等策略,重复与独白形式似乎关系密切。我们使用 pandas 读取经过处理的完整记录文件对修复策略—对话类型进行分组统计,结果如表 7.3 所示。

表 7.3　修补策略在各会话类型中的分布　　　　　　　　单位:次

修补策略	独　　白	对　　话	多人对话	所有会话类型
R4	102	26	56	184
Rr	128	36	106	270
O	77	22	71	170
I	62	14	24	100
R	170	40	78	288

续　表

修补策略	独　　白	对　　话	多人对话	所有会话类型
S	242	61	171	474
R1	142	25	64	231
R2	524	176	393	1 093
R3	195	69	178	442

所有重复类型在独白中的比例最多。这与 Patrick(2014;2018)和 Healey 和 Purver(2018)的研究成果不谋而合。Patrick(2014)比较了独白和对话形式下自我重复,结论是独白产生更多的词汇重复。在 2018 年的研究中,他进一步明确指出,独白比其他话语形式更具重复性,因为没有交际同伴的参与,我们会不经意地滑入自己的说话模式中去。Healey 和 Purver(2018)的钻孔效应更支持独白而不是对话产生重复的观点。他们认为,由于独白无需其他说话者的言语贡献,说话者往往会按照自己的说话习惯来组织言语进行交际。这跟 Patrick(1918)的看法是一致的。

此外,在 MCCECSER 中,我们还发现,学习者由于口语表达不够流利,自动化程度不高,对口语表达表现出一定的不自信,造成重复连连,见例:

⑪00:01:30 00:01:35 S2 so you you you cannot get uh <..> you <@_@> cannot get there by subway.

00:01:35 00:01:39 S2 You you<@_@> can only uh <..> travel around the the city.

00:01:41 00:01:58 S1 Uh <..> <^_^> do you think this Manchester <_]> can be changed?

00:01:58 00:02:05 S2 I think the government government<@_@> should build uh <..> build more subways to connect

00:02:05 00:02:10 S2 some related uh <..> cities, so you can uh <..> travel,

00:02:10 00:02:15 S2 they can travel uh <..> from one one city

<@_@> to another city.(MC282)

短短几句话,重复如此之多。一开始,说话者 S2 重复了"you",又重复了"you cannot get",此为持续重复。接着,又重复了"you"和"government",还重复了"build",最后重复了"one one"。

我们认为,重复有有意识重复和无意识重复之分。有意识的重复对学习者的语言交际和二语习得起着积极的作用,但是,如果是过度重复,即无意识的重复,其结果恰恰相反。正如李广明(2010：88)所言,"过度地重复语言输出恰恰是思维中断、口语表达不流利的表现。"

过度重复不仅表示说话者口语表达不流利,而且也是说话者对口语表达不自信,严重的话,还会影响交际的流利度和质量,危及听话者的言语理解。

总之,重复既有其可取之处,也有其不利的地方。它是一种难以分析、解释的行为(an unanalyzable event,Deese,1984；Holmes,1988)或是一系列的过程,每一过程有各自的选择和局限性(Clark,1996,Levelt,1983)。现有研究远非令人满意,重复有待人们去不断探索。

7.7　本章小结

我们从重复的内部结构建立、重复现象分析、重复策略陈述和观点提出等方面,讨论了重复现象,提出了认知资源暂时缺失假设,得出如下结论：学习者话语自我重复是一个非常重要的现象,对学习者习得外语以及对研究者认识二语习得发生的认知心理过程都具有非常重要的意义。它又是学习者的交际策略和学习策略,同时,对学习者口语表达来说也是十分有益的语用策略。在策略范式下,重复确实起到了拖延、犹豫和留住话轮等作用。但是,对于中国学习者而言,他们在言语交际过程中所表现出来的过度重复和持续重复现象恰恰暴露了学习者在外语学习上的问题如词汇量严重不足、词汇提取自动化程度不高和自信心不够等。这些问题成了学习者中介语发展道路上的拦路虎,成为他们外语学习的短板。

鉴于重复在学习者会话能力培养和中介语发展中的重要性,教师应引导学习者提高对重复的认识,鼓励他们在合适的语境中有意识地使用重复来推进会话,培养他们的话语连贯性和意义协商能力,在教学中提示学习者注意重复的不同作用,引导他们使用重复来表达自己的交际意图。

对于学习者而言,应认识到重复对于他们提高口语表达能力和二语习得水平的重要性,了解重复的不同功能,自觉地运用重复来进行交际,同时,避免过量的、无意义的重复,减少持续重复,从而积极主动地去掌握这种十分有用的交际策略和学习策略,提高自身的口语表达能力。

第8章　MCCECSER中的修补多模态性

随着多媒体信息技术的迅猛发展和网络数字时代的到来,仅凭言语模态已无法满足现代交际的需求,越来越多的非言语模态参与到了意义建构和言语交际之中,它们与言语模态一道共同构成既独立又互动的言语符号资源,形成了"复杂多模态格式塔"(Mondada,2014:139),用来编织"组织行为的资源网"(Mondada,2014:139)。这些模态包括手势、目光接触、体姿、面部表情、身体动作和韵律变化等。它们无等级之分,相互发展,互为语境,共建意义(Baldry and Thibault,2006)。

修补亦然。会话交际过程中的修补具有鲜明的多模态性。说话者不仅能通过言语模态对监控到的言语错误实施自我修补,而且还能借助非言语模态助力修补。言语模态和非言语模态组成"修补共同体"(repair community)。在研究修补的过程中完全可以将修补话语模态与非话语模态相结合进行研究,以便更为精准地洞察学习者会话修补规律以及二语的习得过程,了解修补的作用机制以及修补对二语习得的效应。

本章旨在多模态话语分析和互动语言学理论的框架下,基于MCCECSER,对修补过程中的言语模态以及表情、手势和韵律等非言语模态进行考察,从微观层面研究学习者利用多种模态达到语误修补和外语习得的全过程,以进一步展示我国大学英语学习者课堂会话自我修补的多模态性,说明修补策略与手势、面部表情、眼神和音韵变化等非言语模态的关联性。

8.1　多模态话语分析

多模态话语分析理论(multimodal discourse analysis)于20世纪90年代

兴起于西方国家,由 O'Toole、Kress 和 van Leeuwen 等人提出,至今已有 30 多年的历史。最先将多模态理论运用到语言教学领域的是新伦敦小组。为了提升学习者的多元识读能力(multiliteracy),新伦敦小组(New London Group)于 1996 年提出多模态识读教学法。多模态理论以 Halliday 的系统功能语言学(systemic functional linguistics)为其理论基础,亦称系统功能多模态话语分析(systemic functional multimodal discourse analysis, SF – MDA, Kress,2010)。

作为话语分析研究领域的新兴范式,多模态话语分析的主要研究目标是交际过程中交际双方的多模态关系、言语模态和非言语模态的相互融合、整体意义及其特征和规律。它不仅关注语言在交际过程中的特征,还关注手势、眼神、面部表情等身姿语的意义。同时,它主张语言是社会符号,意义产生于社会交互。作为社会符号,其功能应延伸到言语除外的其他符号。这些非言语符号与言语符号一道共同组成既独立又互动的言语符号资源。这些符号资源包括了手势、凝视、身体姿势、身体动作和韵律等,它们互相发展,互为语境,共同构建文本特有意义的多样化途径(Baldry and Thibault,2006)。

最初的应用研究是基于它本身依托的理论基础,即系统功能语言学理论展开的。随着跨学科研究的兴起和多学科之间的融合发展,多模态话语分析研究也开始融合外语教学、认知语言学和互动语言学以及语料库语言学等学科,走上了一条跨学科研究的发展之路。

以外语教学为例,与多模态话语分析的融合可以促使教师在大量运用言语模态进行课堂教学的同时,积极运用非言语模态实施教学。一个光靠言语模态进行课堂教学的老师是得不到学习者注意和欢迎的。相反,一个能合理运同多模态资源,如手势、眼神、面部表情以及语音语调,甚至是 PPT、人工智能技术的老师必定会得到广大学习者的欢迎。同时,教师通过观察学习者的面部表情、眼神等多模态变化,了解他们的理解程度,以便及时调整教学计划,更能授好课,讲好学。多模态教学对于学习者的学习也是大有裨益,不仅能有助于学习者通过观察教师的在线多模态变化,深刻地理解教师的授课内容,而且通过积极的理解促进自身学习成效的提高。因此,从多模态视角研究教师的教和学习者的学,其学术价值非常可观。此外,多模态话语分析对教材建设也带来了启发,如果将多模态资源融合进教材,一定能起到事半功倍的作用。

多模态话语问题的研究,需要观察、记录和分析研究对象的多模态特征。要做到这一点,仅仅借助课堂观察是无法实现研究目的的。其中一个方法便是建立多模态语料库。多模态语料库始建于 20 世纪 90 年代,是一种以计算机为辅助工具并应用于语言学习和研究的新型语料库。它为全面、客观地揭示语言教师和学习者如何通过外语的校和学发展中介语并习得外语提供了更为科学和准确的研究方法,但对语料收集、加工、处理、转写和标注提出了更高的要求。

本书就是以多模态语言学理论为指导,通过建立动态的、自然发生的外语课堂多模态语料库,从而实现话语技术与话语之间、言语模态与非言语模态之间的融合,以便能更为全面和更为准确地描绘修补中言语模态与非言语模态之间的融合和互动,更为有效地反映修补助力学习者中介语发展和习得外语的过程。

8.2　互动语言学

本书所依托的另一理论基础是互动语言学。它源于交际民俗学以及语用学,与话语分析相结合,发展成如今的互动语言学。作为社会语言学的分支和新兴的学科,它与人类学、语言学和社会学等学科交叉。互动语言学中的"互动",指的是通过语言或非语言模态手段,在人际之间和群体之间等传播信息而发生的相互依赖性行为的过程,因而,语言和社会,彼此作用,彼此决定,彼此促进。

其研究内容是,研究交际双方在会话交际过程中如何做到言语模态与非言语模态的互动;研究交际双方的社会意识观念;观察他们在会话交际过程中通过何种手段和策略使交际得以进行下去;分析听话者的言语理解及其反应等。因此,互动语言学非常重视会话策略,不仅把它放在深入研究语言和文化之间的相互关系的核心地位上,而且还认为说话者的交际策略是否能真正被掌握是构成交际者交际能力的重要组成部分。

其研究对象包括如下两方面：① 从语言的各个方面（韵律、形态、句法、语义、词汇和语用）研究语言结构是如何在互动交际中被构建的；② 在社会交际中，交际者的交际意图、会话行为是如何通过言语及非言语模态（如眼神、身势、手势、面部表情和韵律变化等）来实现的。

其运用领域是，可用于韵律、口语会话、词汇和课堂教学等领域的研究。以韵律研究为例，它所关注的韵律表达，不只局限于一般所说的音高、响度、语速和节奏等超音段特征，还与所有互动行为相关联。

其研究过程是，有意地观察互动参与者在互动中都"做"了什么。除了语言形式以外，面部表情、手势、身势和身体动作等手段都是被观察的对象。除了观察说话者的互动多模态资源之外，听话者的互动资源也是值得观察和研究的，因为他并不只是被动地听人在说话，而是通过多种方式参与到对话的进程中。

互动语言学为进一步研究修补过程中的可视性动作、手势和韵律等特征，探究言语模态与非言语模态之间的修补互动提供了理论基础和方法论指导。从上述理论的主张来看，本书提出的观点，即了解修补应该从了解修补的言语和非言语模态之间的互动开始有其理论依据。如同语言，修补有其多模态性，也是复杂多模态格式塔，用来编织修补组织行为的资源网。它是多模态之间相互协作共同配合的结果，具有"修补共同体"特征。

8.3　非言语模态

非言语模态是人类言语交际符号资源中不可或缺的组成部分，主要有手势、目光接触、面部表情、体姿、身体动作和韵律变化等。关于非言语模态，有人称为非言语交际（nonverbal communication，NVC），也有人称为非言语行为（nonverbal behavior，NVB）和非语言提示（non-linguistic cue，Negi，2009：101），甚至还有人称为"小行为"（small behavior，Goffman，1967）。它们是"面子工夫（社会互动中维持积极面子）和身体工夫（身姿语、手势、目光接触、触摸和空间学），对于交际协商和社会角色的成功建立和维护至关重要"（Goffman，1959：2）。

非言语模态研究可追溯到德国心理学家、生理学家和哲学家 Wundt 在 1893 年至 1904 年间对手势的系列研究(郑红苹、吴文,2017:68—74)。20 世纪 50 年代,Birdwhistell(1952)和 Abercrombie(1954)等人继续开展对手势的研究,为研究走向成熟打下扎实的基础。到了六七十年代,逐渐形成气候。自 20 世纪 80 年代起,发展成为新的研究潮流。迄今,研究取得了较为丰富的成果,为语言学、认知心理学、语用学以及神经语言学等多种学科带来了重要启示。

研究普遍认为,非言语模态能促进言语产出和理解,提高外语教学质量,助力学习者外语学习。

8.3.1 研究回望

8.3.1.1 分类

非言语模态可谓种类繁多。主要有以下三种分类。

分类一:环境因素(environmental factor)、近体距离(proxemics)、身姿动作和体语行为(body motion and kinetic behavior)、体触行为(touching behavior)、身体特征(physical characteristic)、副语言(paralanguage)和人工用品(artifacts)(Knapp,1978:12—20);

分类二:面部表情和视觉互动(facial expression and visual interaction)、身姿动作和手势(body movement and gesture)、副语言(paralanguage)、邻近行为(proximity behavior)、多渠道交际(multichannel communication)(Weitz,1979,引自 Damnet,2008:24);

分类三:肯定点头、微笑、目光对视、声音表现力和亲密身体距离(Wen and Clement,2003:28)。

以上分类,有复杂的,也有简单的,甚至还将分类延伸到了空间学(proxemics)、触觉学(haptics)、声音学(vocalics)、嗅觉学(olfactics)、时间学(chronemics)和环境因素以及外表等。然而,就其系统性和条理性而言,仍缺乏分类应有的严谨性和科学性。

8.3.1.2 功能

在言语交际上,早在 1955 年,Birdwhistell 就指出,每一次会话中,65% 的信息是用非言语模态传达的。"我们用我们的发音器官说话,却用整个身体交流。"(Abercrombie,1968:55)我们的每一个面部表情、每一个手势都在帮助话语建构意义。即便我们不说话,非言语模态本身也在传达有意义的信息。因此,非言语模态的基本功能便是作为交际行为用于交际。

具体来说,非言语模态作为有效的交际策略,具有下列交际功能,如帮助说话者发音,组织说话思绪,将空间表征组织成更为具体的说话包(speaking package);帮助说话者提取词汇并跨模态找寻词汇,表达抽象概念,促进言语产出和理解(McNeill,1992;Lozano and Tversky,2006)。此外,它们还与言语上下文信息相结合,提供额外的线索与提示来确定言语意义(Galantucci et al.,2006)。比如,Gangopadhyay 和 Kaushanskaya(2020)设计了新词保持实验来探讨说话者的凝视和互斥性对单语儿童和双语儿童新词保持的联合效应,结果发现非言语提示对于所有不同语言背景的儿童的词汇保持均有益处。

非言语模态的交际功能也可用下面五个方面加以概括:① 情感性(emotive),用来表达说话者的感受、思想和态度;② 意动性(conative),将交际双方的社会功能以及两者关系外显化;③ 交感性(phatic),调节会话并建构互动;④ 言语交际的说明性(illustrator of verbal communication),用于预测、重复、否定、替代、互补和强调言语信息;⑤ 象征性(emblem),如 V 代表胜利(Surkamp,2014:15—16)。

由此可见,非言语模态不仅能帮助说话者更好地进行言语产出,实现交际意图,而且还能帮助听话者提升言语理解并消除误解和歧义。

教学上,非言语模态对教师更好地开展外语课堂教学以及学习者有效习得外语起着积极的推动作用。它们是研究外语教学的一个理想途径,也是不可或缺的学习策略和课堂交际策略。

对于教师而言,非言语模态能协助他们完成课堂教学。研究结果显示,教师可借助非言语模态来分配话轮,开展词汇教学,促进二语词汇习得,提高自身口语表达能力和二语产出质量(Sato,2018)。

对学习者来说,非言语模态不仅帮助学习者理解外语,而且还能帮助他们更好地表达自己,提高学习成绩。研究表明,学习者通过手势、凝视、站姿和身体定位(body orientation)等非言语模态在教学活动中做出解释(Kupetz,

2011），同步共享知识，积极参与互动，创造更多教与学的机会（Chui，2014）。

非言语模态也是一种极其重要的实时反馈，能提示教师转变教学方向（Davis，2009），使教师做出下列决定，即"检查学生是否理解上课内容，是否应该实施更多或不同的教学方法，或者是否应该布置更多的练习作业"等（Webb et al.，1997：89）。因而，非言语模态亦称非言语提示（non-linguistic cue，Negi，2009：101）。

非言语模态能启动课堂会话修补，如 Seo 和 Koshik（2010：2219—2239）基于话语分析研究方法，研究了 ESL 会话课中手势启动修补的现象，发现这些手势相当于会话修补的启动词如"huh?"行使着启动修补的功能。它们的修补启动位位于阻碍源之后的话轮转换处。研究还将非言语模态的表现形式扩大到了使劲转头、头侧倾、持续凝视交际对方、瞪大眼睛和头或上身倾向对方的动作等。

以目光学（oculesics）中的目光接触为例来进一步说明非言语模态的教学功能。目光接触亦称目光凝视、视觉注意（visual attention）和眼脸凝视（eye-to-face gaze）。在外语课堂环境下，它是一种非常有效的非言语教学工具，能帮助教师传达信息，而且还是解读学生信息的好方法。同时，它还能帮助教师管理课堂，纠偏学习者错误，了解学习者的行为、态度、兴趣以及动机，提升课堂活力（如 Zeki，2009）。目光接触能有效地提高学习者二语学习效能的假设得到了实验数据的支持（Barati，2015）。此外，在 Benzer（2012：470）所做的有100 名教师参与的调查中，所有参与的教师都一致认为眼睛是最重要的肢体语。因此，一个"理想的教师应该能有效地用眼睛交流，用眼睛来维系教学，表明态度，传达信息"（Benzer，2012：472）。

凝视是目光接触的一种，它的功能也不可小觑。Knapp 和 Hall（2006）发现，凝视能协调会话流，可表示交际双方能公开交流，并通过接收和发送各种信号来管理话轮转换。除此之外，凝视能使我们了解二语学习者如何从与其他说话者的互动中受益。

非言语模态能帮助学习者增强记忆，尤其是词汇记忆，如 Allen（2000）采用前测和后侧方法，研究了法语词汇学习过程中手势对学习者词汇记忆的作用。后测后发现，对实验组被试采用手势来解释词汇，其词汇记忆的提升速度比对照组被试的提升速度要快。

非言语模态能协调交际双方的注意力。交际者会利用视觉提示包括凝视来协调彼此间的注意力，称为"共同注意力"（joint attention）。当交际者引发或回应凝视以建立共同参照点时，共同注意力就会产生（Moore and Dunham，1995）。说话者还利用相互凝视来确认听话者是否接受和理解交际内容，是否注意言语交流并对之感兴趣（Novick et al.，1996）。如果对方没有回应凝视，那么，说话者就会改变他们的言语（Goodwin，1981）。

非言语模态对于注意力的功能还见于模态发生时出现的韵律变化。这些韵律变化被称为视听韵律（audiovisual prosody，Swerts and Krahmer，2008）。它们与言语紧密交互，发挥着表示较高注意力，指明信息聚焦等功能（Beskow et al.，2006）。

认知上，对于非言语模态认知功能的挖掘是围绕记忆、注意力和认知行为等层面开展的。研究揭示了非言语模态的诸多认知特征并提出了各种假设，建立了各种模型，也因此引发了一系列的争议。以建立的手势模型和提出的假设为例，如 Hostetter 等人（2008）提出的手势为模拟动作的模型（Gesture as Simulated Action Model）以具身认知理论为基础，认为语言和意象产生心理模拟并激活动作，由此产生外显手势。在提出的手势—言语交互假设中，信息包装假设（Information Packaging Hypothesis，Kita，2000）认为，手势有助于说话者将空间信息包装成可用语言表达的单元，也就是说，手势在言语产出的第一个阶段即概念形成阶段起到了功能性作用，帮助说话者进行思维活动。该假设强调空间—运动信息的组织和编码。此外，Kita 等人（2017）提出的手势概念化假设（Gesture for Conceptualization Hypothesis）主张动作图式中的手势不仅组织言语，而且还通过激活、操纵和包装空间—运动信息来协调认知过程，具有说话和思想的自我导向功能。

研究诞生了诸多假设和模型。除了前面所提及的假设和模型，还有手牵手假设（Hand-in-Hand Hypothesis）、跨模态互补假设（Cross-modal Complementary Hypothesis）、词汇提取假设（Lexical Retrieval Hypothesis）、构图模型（Sketch Model）、学习和发展手势模型（Gesture of Learning and Development Model）、界面模型（Interface Model）以及增长点理论（Growth

Point Theory)等(引自 Gao et al.，2016：132)，将在下节具体讨论。

上述模型和假设引发了一番学术争议，比如，围绕非言语模态与言语模态在言语产出的哪个阶段互相交互，共同作用？对于这一问题，出现两派观点，一派是弹道论(ballistic view)，以手势为模拟动作的模型、学习和发展手势模型和增长点理论为代表，认为手势和言语是同一系统中的两个不同的部分。它们在言语计划阶段互相交互。Levelt 等人(1985)的研究表明，当说话者做出多模态指示表达式时(multimodal deictic expressions，MDEs)，手势—言语的交互在言语计划阶段产生。在计划阶段，说话者确定做出指引手势的策略，如用多大的力？仅仅是指示方向还是将听话者的注意力吸引到目标区域，还是直接指示目标物？另一派是交互论(interactive view)，以界面模型等为代表，认为非言语模态和言语模态是互补关系，两者不仅在计划阶段而且在执行阶段进行交互。

又比如，非言语模态与言语模态功能是同步发生(synchrony)还是异步发生(asynchrony)，即交互的时间性问题？有关这一问题，也形成两派即同步论和异步论。McNeill(1992)以手势为例，倾向于同步论，认为同步说明两模态之间在认知上互相依存。他还提出了同步三原则，即语音同步原则、语义同步原则以及语用同步原则。有学者从神经生理学的角度提出手势和言语在言语产出阶段有着概念联系，如 Loevenbruck 等人的研究(2009)；还有从感觉运动角度研究手和嘴的交互，如 Gentilucci 和 Volta(2007)的研究。然而，也有学者如 Butterworth 和 Hadar(1989)等提出质疑，认为语言与手势的时间性质尚未明确，动机尚未了解，同步论有待进一步验证。

尽管如此，上述认知研究体现了基于使用的认知语言观和人类认知的普遍特征如手势的意象图式和心理模拟。需要指出的是，虽然这些假设以及模型对以手势为代表的非言语模态的认知产生和作用机制进行了解释，但已有研究只局限于解释手势及其某种或部分影响认知的作用机制，尚未从更广的维度作出更为有效的解释。

语用上，非言语模态处在"社会的"和"交际的"环境里，其语用功能自然不会受到"冷落"。相反，衍生出多模态语用学(multimodal pragmatics)。以手势语用功能研究为代表的非言语模态语用研究已然成为研究的主要对象。

Kendon(1995：247)区分了手势的两大功能，即充实（substantial）和语用（pragmatic）。前者指手势作为言语实质内容或命题内容表征，能充实言语信息内容；后者指手势作为社会行为，表明言语行为，体现话语结构。手势具有情态（modal）、施为（performative）、语法分析（parsing）和人际（interpersonal）等语用功能（Kendon，2004：159）。Lempert(2018：120)将手势语用称为"手势语用学"（gestural pragmatics），手势也被称为"语用手势"（pragmatic gesture）。研究得出结论，手势行使着间接请求、消除歧义以及表示言语行为的语用功能。Holler 和 Beattie(2003)设计了两种交际场景研究表征性手势的语用功能。一种是模仿听话者启动的说话者会话自我修补的场景，另一种是说话者说出很长的带有词汇歧义的语段的场景。结果显示，手势具有消除词汇歧义的语用功能。对于手势语用功能较为完整的叙述详见 Kendon(2017：157—175)的研究成果，在此不再赘述。

8.3.1.3　其他层面研究

研究还结合学习者交际意愿（Willingness to Communicate，WTC）进行，如 Hsu 等人（2007）发现教师的多模态行为如触摸、放松的身姿、凝视和手势能有效地预测 235 名台湾学生用英语交流的意愿。Peng 等人（2017）区分了教师话语、手势和凝视的语义特征在两种教学场景（高 WTC 和低 WTC）中的细微差别，发现非言语模态的有效运用能促进学习者的交际意愿。

此外，Walsh(2011)结合多模态性，将互动能力（Interactional Competence，IC）运用于课堂话语，提出了课堂互动能力（Classroom Interaction Competence，CIC）概念，将其定义为"教师和学习者将互动用作工具协调和助力学习的能力"（Walsh，2011：132）。在此基础上，他提出 CIC 的三个主要特征，即① 使用与学习者适配的教育语言；② 创建互动空间（如广泛运用暂停，少用修补，延长学习者话轮与回应）；③ 改变学习者贡献（如要求澄清、支架式教学、修补学习者输入）。其中一个重要并明确的互动资源便是多模态。除此之外，Urmneta 和 Evnitskaya(2014)研究了如何利用多模态资源开发教师的 CIC 能力。Sert (2015)指出，多模态可用来帮助师生展示 CIC 能力。

探究非言语模态与师生的主体间性之间的关系也不失为一个有价值的话题。研究表明，非言语模态能建立交际双方或师生之间的主体间性

(Matsumoto and Dobs，2017)。非言语模态有其文化差异，因此，结合跨文化
交际进行研究，培养学生的跨文化非言语交际能力(intercultural nonverbal
competence，Damnet，2008)有其广阔的研究空间。

研究还在非言语其他模态进行，但与手势、面部表情等模态相比，它们受
关注的程度远远不够，如 Chen(2016)基于电视综艺节目 495 分钟录像语料，
从交互语言学的视角，分析了大笑和微笑的语用功能以及人际功能，认为大笑
可启动听话者的笑声，可模仿自然笑声以示高兴，也可表达不快。微笑可表示
礼貌的拒绝、讽刺和轻蔑等。对笑声的研究还包括 Matsumoto(2018b)的研
究，认为话语产生错误时所出现的微笑能减轻教师带来的压力(Jacknick，
2013)，并作为互动资源与听话者保持一致以便处理互动错误(Sert and
Jacknick，2015)。此外，还有研究涉及英语课堂中学生沉默的意义和功能
(Sert，2015)、学生互动时沉默的重要性(Jordan，2011)，等等。

8.3.2　研究方法

从上文可以看出，非言语模态研究时间跨度大(20 世纪 50 年代至今)，多
主题，广内容，这势必决定了研究方法的多元性。具体来说，研究方法有个人
叙事法、民族志法、实验法、问卷调查法等等，具体有定性研究和定量研究及其
结合访谈、观察、调查、语料库、录像、眼动追踪和 ERP 实验等方法，如 Salah 和
Mahammand(2011)采用观察、调查、访谈、录像以及笔记等多种方法研究了课
堂环境下的非言语模态；Surkamp(2014)的研究将定性和定量相结合，讨论了
非言语模态在外语教学中的作用及其提升方法。同样的研究见 Damnet
(2008)的博士论文。

值得一提的是，非言语模态的语料收集体现了很强的时代特征。在 20 世
纪五六十年代，由于科技落后，那时的语料只能依赖电话录音来收集。到了 70
年代，通过录像收集语料成为可能，也使得研究内容和视角有了拓宽，更多地
关注交互细节以及多模态资源。到了 20 世纪，录像已经是家常便饭，如 Sert
和 Jacknick(2015)凭借 61 个小时分别拍摄于卢森堡(16 小时)和美国(45 小
时)的二语英语课堂录像研究学生利用微笑来指引和解决互动过程中出现的
问题以及他们的认识协商(negotiation of epistemics)。同样在 20 世纪 60 年

代,随着美国 Brown 语料库的建成,语料库研究迅速发展,并运用到多种研究领域。到了 21 世纪,语料库研究方法日趋实用和成熟,为研究非言语模态提供了更广的途径,如 Lauzon 和 Berger(2015)利用十节法语课为二外的课堂录像语料建成小型语料库,研究课堂互动中话轮分配时教师选择学生说话者的多模态组织,如手势和凝视等。

随着科学技术的发展,研究手段不断更新升级,其中,眼动和 ERP 技术提供了客观的量化证据来说明学习者的视觉以及外显注意力的变化过程,更为正确地反映语言认知加工的大脑活动区域,更加科学地考察加工过程、特点与脑机制,推进人们对书面语言和自然语言的更为深入的理解,如 Parise 等人(2011:842)凭借 ERP 技术,研究了视听和感知相融合促进语言发展的问题,提出凝视是重要的交际信号的观点。

实验法也是探究非言语模态的有效途径之一,如 Holler 和 Wilkin(2011)用实验和问卷的形式,研究听话者反馈前后说话者的伴语手势运用及其对交际的影响,发现伴语手势会随着反馈要求的不同而有所变化。

8.3.3　研究不足

纵观上述研究,成就令人瞩目,不足在所难免。

第一,现有研究仍处于比较分散的状态,缺乏一条理论主线加以串联。除了代表性人物的研究如 Kendon 的研究之外,难见有深度、有标志性意义的研究成果。因此,需要建立一个多模态的、统一的和完善的非言语模态理论体系,以便能在同一理论的基础上描述和解析不同模态。

第二,现有研究过多地关注手势模态,却忽视了对其他非言语模态的深入研究。虽然对目光接触、面部表情和韵律变化等模态的关注在质和量上均有提升,但是,要想全面审视人类交际的模态资源,其他非言语模态以及它们在形式上和功能上的特征同样具有研究价值和意义。

第三,现有的研究范式大多为行为研究范式,缺乏对非言语模态尤其是手势认知功能的内部认知神经结构和作用机制进行分析的研究。对于非言语模态的具身研究也只是关注具体概念以及它的本义,针对的是简单的具身反应或动作,而对于抽象概念的具身认知研究,仍显不足。此外,对于非言语模态的教学功能研究,大多囿于基于某一时间点的现象的样本或截面所进行的分析也就是截面研究,仍缺乏基于微发生法、长期历时或纵向个案法的研究,来跟踪非言语模态对于学习者二语发展的动态发展过程。

第四,研究所依赖的多模态语料库规模还很小,有的研究仅仅靠几堂课的语料,还无法准确地反映真实语境中的语音、语义和语用等语言特征,无法全面地揭示非言语模态的各种功能。此外,语料库所涉及的多模态形式还不够丰富。因此,一方面,可以利用现有的较大规模的多模态语料库进行研究,如欧盟赞助完成的"AMI"多模态语料库、德国政府资助的"SmartWeb"语料库和德国"HuComTech"多模态语料库等;另一方面,有必要创建大型专门用途多模态语料库,如课堂英语互动型多模态语料库等。从技术层面来看,高科技软件日益完善,标注方案和标注工具不断开发,其中便有 NEUROGES、MUMIN、the Multimodal Score 等标注方案和 Elan、Praat、TASX 和 Anvil 等标注工具。此外,国内提供语音识别、文字转写以及标注工具开发的技术也有保证,再加上人工智能技术的蓬勃发展,我们完全有能力实现此目标。

8.3.4　研究展望

随着科学技术的发展以及多模态研究的深入,非言语模态研究希望在以下方面做出努力。

1) 建立多模态的、统一的和完善的理论

非言语模态研究存在理论不够成熟等问题,需要建立一个多模态的、统一的和完善的理论体系,以便能在同一理论的基础上描述和解析不同模态。

2) 消除争议

非言语模态研究尚有争议。以手势为例,第一个问题是手势在单词发音之前发生还是之后,或是同步(synchrony)或异步(asynchrony),至今尚无正解。第二个问题是手势与语言是不是同源。如果手势与语言是同一来源,如构图模型(de Ruiter,2000a)所主张的来源于概念形成器,那么同步应事先计划,而后通过同一出口输出。但是如果按照 Kita 和 Özyürek(2003)的界面模型所认为的那样,即手势来自动作发生器而语言来自概念形成器,那么,手势和语言是否在时间上协同? 这些问题至今未决。

今后的研究还需要通过尝试各种视角来求同存异,如建立统一的语言—手势产生模型(unified language and speech production model),或利用技术系统如虚拟人工智能体(virtual artificial agent)或具身人工智能(embodied artificial agent)来解决。

3)理顺关系

下列关系尚需理顺,如包括语义协同、语用协同和时间协同的模态间协同关系;模态间同时发生关系(co-occuring),指非言语模态主要功能由两个相邻模态同时发生,比如话轮转换、头部手势和凝视结合起来加以研究(Jokinen and Allwood,2010)以及多模态融合关系(Gkoumas et al.,2021);模态互补还是增补(complementary or supplementary)、多余还是非多余(redundant or non-redundant)、常规化还是非常规化(conventionalized or non-conventionalized);此外,与可视性、交际需求和听话者的关系等,也需要进一步诠释。这些关系的理顺对于研究非言语模态以及准确运用非言语模态尤为必要。

4)开展跨学科交叉研究

近几年出现的研究新动态是多模态语言学与神经语言学的交叉研究,集中体现在非言语模态对于失语症等神经源性交际障碍所具有的干预功能的研究,如 Groenewold 和 Armstrong(2019)探讨了失语症患者使用非言语模态进行交际的情况,发现这些患者多用手势和语调,很少用面部表情进行交际。在该研究的基础上,提出可将手势或韵律用于失语症的治疗。同样,手势对于失语症、大脑右半球损伤、创伤性脑损伤和阿尔茨海默病等言语交流障碍具有干预功能(Clough and Duff,2020),作为弥补策略对失语症信息缺损具有补偿功能(Ferre,2021)。此外,还可以通过研究局灶性脑损伤患者的伴语手势来验证手势对人类宏观话语能力的交互作用,认为这种交互受到话语能力半球偏侧化的影响(Akbıyık et al.,2018)。

5)借力新兴研究范式

借力眼动、ERP 和 fMRI 等技术的研究日益增多,为探究说话者的视觉以及外显注意力的变化过程提供了客观的量化证据,更为正确地反映了语言认知加工的大脑活动区域,更加科学地考察加工过程、特点与脑机制,推进人们对书面语言和自然语言进行更为深入的理解,如 Joa 等人(2020)从具身认知的视角基于 ERP 技术,考察了面部表情影响简单句的句法加工,研究了面部感觉运动信息协调语言理解的功能;Fourie 等人(2020)依靠 fMRI 方法,通过比较儿童和成人孤独症谱系障碍患者和健康人的手势加工和手势能力,研究了神经行为和社会症状学之间的脑行为关系和手势的干预功能。Haataja 等人(2021)用眼跟踪方法研究了高中数学课小组活动中的师生目光对视对课堂互动的作用。

6) 促进模态间融合研究

首先是非言语模态与言语模态之间的融合研究。非言语模态是在与言语模态的融合环境中凸显其功能的。这是自 20 世纪六七十年代至今学界一直在探索的问题,以手势—言语的融合关系为代表,且至今热度未减。研究认为,手势和言语"同属一个系统"(McNeill,1992:2),是彼此相关联的意义表达媒介或言语伙伴。它们互相依存,互为补充。在这样的背景下,手势也因此得名为"伴语手势"(co-speech gesture)。国际上已召开八届手势—言语交互研讨会(gesture and speech in interaction conference, GeSpIn)。第一届会议于 2009 年在波兰召开。交互亦称同步(synchrony)、协同(synergy)、界面(interface)、协调(coordination)、一致(alignment)、结合(orchestration)和组合(combination)等等。

其次是非言语模态之间的融合。非言语模态并不是仅仅依靠与言语模态一道发挥作用的,其内部各模态之间的融合也在行使非言语模态的功能。比如,Zhang 等人(2021)将韵律、手势和口运动进行量化,测量了这些模态对理解加工负载的脑电图标记的影响,发现人脑对词汇的反应受到了相伴多模态提示的信息量的影响,说明理解依赖于语言和非语言提示,也受到了模态间交互的影响,非言语模态对于语言理解发挥着必不可少的作用。

7) 发挥计算机技术优势

借助计算机技术,开发和拓展非言语模态的功能,已然成了前沿课题,其中的主流趋势便是手势识别技术。手势识别技术的发展,为人与机器或其他设备的交互带来了可能性。近几年,基于手势识别技术的应用不断拓展,并开始渗透到人们生活的方方面面,如虚拟现实、人与机器人交互、汽车用户界面和生物医学等领域。同时,手势识别技术本身无论是手势样本的采集,还是手势的设计上都有自己的优势。特别是随着先进人机交互技术的出现以及深度学习、GPU并行计算等的飞速发展,手势理解和交互方法取得了突破性成果,引发了研究的热潮,并影响到了脸部表情和眼神等其他非言语模态的识别。在这样的背景下,相应的研究成果也层出不穷,如 Sharma 和 Rengarajan (2021)借助 OpenCV 和 Python 软件讨论了手势识别的方法。

可喜的是,国内非言语模态研究以手势和韵律为代表,一路高歌猛进。以手势研究为例,手势表征有李恒和曹宇(2013)的《中国高水平英语学习者运动事件的言语手势表征》,手势轨迹有谭代强(2018)的《动态手势轨迹识别技术的研究与实现》,手势建模有魏朝龙(2011)的《手势建模算法研究及其应用》,手势与空间可视化有佘丹妮(2021)的《初中英语教师在课堂中手势和空间使用的特征及人际意义建构研究》,手势识别有张冠萍(2022)的《基于手势识别的智能英语翻译机器人人机交互系统》,课堂手势有雷琳和陈亚举(2021)的《跨文化交际中手势在对外汉语课堂教学中的应用对比研究:以国内教师常用的课堂手势为例》,教师手势有张曼(2020)的《大学英语教师课堂话语中语伴手势的多模态隐喻分析》,教师手势对学习者学习的影响有李丽(2019)的《教学视频中教师手势和目光引导对学习者学习的影响:经验反转效应》,以及学习者手势有孙鑫和张丹(2018)的《不同英语水平的中国学习者手势使用实证研究》,研究成果层出不穷。但总体来说,国内的手势研究侧重技术层面如系统开发和算法设计等,从而忽视了对课堂教学环境中的手势的研究,尤其缺乏对教师手势和学习者手势的深层次挖掘。

8.4 修补多模态性

研究得出,人际交流中,交际者会借助一系列的符号资源来表示问题的产生(Schegloff et al.,1977),包括身体(Seo and Koshik,2010)、面部(Kendrick,2015)、凝视(Manrique,2016)、手势(Seyfeddinipur and Kita,2014;Healey et al.,2015)和点头等(Healey et al.,2013)。这些多模态资源可用来与言语模态一道解决言语产出以及理解过程中出现的问题。同时,作为情境认知者(situated cognizer),说话者还会利用各种提示(Gumperz,

1982，1992)如音韵提示（Couper-Kuhlen and Selting，1996）、音高和韵律（Local and Walker，2004)以及节奏等把有意义的交际行为加以语境化，并提示修补。

修补三阶段结构中的第二阶段出现的填充词、非填充暂停、语流中断和声韵调变化可帮助交际对方构建破译其交际意图的局部语境，提示修补的到来和完成。比如，填充词具有各种提示功能，如填充词"er"，在言语交际中较为常见，用在言内修补中，提示对那些较早犯的言语错误的修补（Brennan and Schober，2001：276）；另外，填充词能提示说话者想保住话轮以阻止听话者抢话头的意图，这一观点首次由 Maclay 和 Osgood(1959)提出，如填充词"uh"和"um"，用来表示说话者的多种认知意图，其中包括说话者想留住话头等意图（Clark and Fox Tree，2002：73）；填充词提示修补言语的概念复杂性（Barr，2001：1—5）；某些特定的填充词还表示某些特定的修补策略，如 Schiffrin (1987)发现，填充词"well"与背景修补（background repair）有关联，"I mean"与替换修补有关联等等。

早在 1983 年，Levelt 和 Cutler(1983)就做了相应的研究。他们基于任务导向语料库语料，发现修补带有渐强的语调突显特征（increased intonational prominence），常出现在语误修补位，但其他修补类型无此类提示。除了语调突显特征外，在语流中断处，尤其在元音结尾的词片断后，还出现了喉化现象（glottalization）（Bear et al.，1992）。另外，对航空公司旅行和信息系统语料库（Airline Travel and Information System Corpus，ATIS）的研究表明（O'Shaughnessy，1992），85％的语流暂停的持续时间从 100 毫秒到 400 毫秒不等，重复修补的音韵变化和暂停持续时间不明显，相反，替换和插入修补的语调突显特征和暂停持续时间则十分突出。

美国英语口语语料库 Santa Barbara 语料库提供了很好的证据，见例。

①120.841 122.146 KITTY：［2Now I'm2］supposed to re-％a- - -

122.146 124.547　　　　（H）And I'm supposed［3to ＜HI tr3］
ust HI＞ you every time you tell the truth，(SBC042)

②368.11 369.03 ANGELA：... Yeah.

369.03 371.77 SAM: … But this Wallmart needs＝,

371.77 373.48   … ％ needs a larger building. (SBC0011)

从例①来看，说话者 Kitty 在发出"re-"和"a-"之后发现了词汇提取问题，随即中止语流来重新提取准确词汇，然而，由于修补言语概念较为复杂，造成了一定的认知负载，因而重新提取需要一定的时间，这时候出现喉塞音(glottal stop，％)、截断语调单位(truncated intonation unit，---)和吸气吸气(inhalation，H)等现象，显然向听话者传递了词汇提取、言语修补和留住话头等信息，为听话者对修补言语和修补意图的理解提供了必要的语境。例②，音拉长(lengthening，＝)、短暂停(short pause，…)和喉塞音等非言语提示策略出现在重复修补中，提示说话者的争取修补时间和提取复杂概念等交际意图。

因此，修补符合复合符号学概念(composite semiotics，Sacks et al.，1974；Schegloff et al.，1977,1978；Schegloff，1992)，是言语模态和非言语模态共同努力的结果，具有非常明晰的复合性，组成了言语交际的互动集(interactive repertoir)。正如 Hall(2018：33)所言："各种各样的符号资源参与意义生成，构成二语学习者世界"。她同时区分了互动能力(interactional competence)和互动集两概念，认为两者既互补又有所不同。前者是完成请求、修补或接受的能力，而互动集是人们言语交际所依赖的资源集合，如语法、词汇和语音项、具身行为以及其他符号资源。它的概念更广，而且还可以扩展。因此，考虑到修补同样具有的多模态性，我们将修补的这一现象称为"修补共同体"以凸显修补与非言语模态之间的互相协作。

MCCECSER 准确地记录了大学英语学习者在课堂话语交流过程中以及修补过程中所出现的多模态特征，包括学习者的皱眉、微笑、眼神向上、眼神向下、直视、侧视、音调升、音调降、音拉长、短暂停、长暂停、抬手等一系列多模态特征。虽然不能说全面地记录了学习者言语交流中所出现的非言语模态，但也可以认为很好地反映了这种多模态性，为学术研究提供了十分有用的自然发生的素材，同时也为揭示修补的多模态特征提供了较为有力的佐证。

本书使用 pandas 读取经过处理的完整记录文件，增加肢体语言列，类型为：手势、眼神、面部、韵律，包含左手抬、右手抬、挥手、双手拍、眼神向下、眼神向上、直视、侧视、皱眉、微笑、音调升、音调降、音调拉长、画外音。对各项肢体语言进行数量统计，结果如表 8.1 所示。

表 8.1　MCCECSER 会话修补中的非言语模态统计　　　　单位：次

手　势	左手抬	67	
	右手抬	76	
	挥手	3	188
	双手抬	42	
眼　神	眼神向下	172	
	眼神向上	37	
	直视	137	507
	侧视	161	
面部表情	皱眉	83	
	微笑	125	208
韵　律	音调拉长	68	
	音调升	65	
	音调降	91	225
	画外音	1	
所有肢体语言与声调		1 128	

继而，统计了非言语模态在各修补策略中的分布，结果如表 8.2 所示。

表 8.2　非言语模态在修补策略中的分布　　　　单位：次

肢体语言	R1	R2	R3	R4	Rr	r	I	S	O	总计	
左手抬	1	11	5	5	8	17	1	7	12	67	
右手抬	1	7	9	13	13	7	4	8	14	76	188
挥手	0	1	0	1	1	0	0	0	0	3	
双手抬	1	4	4	6	7	8	2	4	6	42	

肢体语言	R1	R2	R3	R4	Rr	r	I	S	O	总计	
眼神向下	5	27	24	20	17	37	6	18	18	172	
眼神向上	0	8	5	3	3	5	0	3	10	37	507
直视	1	20	17	17	12	28	4	16	22	137	
侧视	2	16	20	23	19	35	2	17	27	161	
皱眉	1	13	12	4	17	13	3	6	14	83	208
微笑	2	19	17	14	15	18	3	15	22	125	
音调拉长	2	13	5	2	10	11	1	11	13	68	
音调升	0	8	7	5	14	12	1	5	13	65	225
音调降	0	17	13	6	16	21	2	6	10	91	
画外音	0	0	0	0	0	1	0	0	0	1	
所有肢体语言与声调	16	164	138	119	152	213	29	116	181	1 128	

需要说明的是,有关体现韵律特征的填充暂停和非填充暂停不在本统计范围内。这样,共统计出 1 128 批次的非言语模态。分析得出以下结论。

首先,相对于本语料库所识别的修补数量,非言语模态的分布数量还不算多。这说明学习者在会话过程中调动非言语模态资源的能力有待提升。提升的前提是对非言语模态及其在会话交际中的作用和重要性要有足够的认识。

其次,相对于第二阶段短暂停和中、长暂停之比,非言语模态的数量仍然不够理想。短暂停说明说话者实施的是对言语错误的即刻修补,很少带有非言语模态,但是,中、长暂停应该有非言语模态发挥的空间。

最后,从两个分布来看,眼神(507)排在韵律(225)之前,手势(188)排在最后。原以为学习者在出现言语错误以及修补过程中肯定会"手舞足蹈",但情况并非如此,说明学习者调动眼资源的能力要超过手资源。究其原因有二,其一,说话时手势的丰富程度不够,说明学习者对手势的认识还需提高;其二,尤其在错误面前,我们是"不敢"也"不能""动手动脚"的。

不过,这倒也符合中国人的说话方式及其背后蕴含的文化。一方面,中国人崇尚中庸,比较内敛,说起话来不会外露表情,即使微笑,也是内向的。说话时内敛是中国人的民族性格之一;另一方面,中国文化源流的两个重要内容:儒和道,都强调少说,儒家讲求敏于行而讷于言,道家则讲求多言会损害身体的气之类的,多言必失是刻印在民族骨子里的一个定理。佛教和道教都提倡"参悟",追求一种意境,不喜欢太过张扬,不喜欢与人发生冲突,不喜欢举止外露。

此外,从非言语模态在各修补策略中的分布来看,重复仍然是产生非言语模态最多的策略,但卡方检验显示,非言语模态与修补策略的关联性不是很强:Chi2 Contingency Result(statistic = 90.664 458 654 478 48,pvalue = 0.821 386 928 109 253 5,dof=104)$p>0.05$。这也许是因为在 MCCECSER 语料库中,重复为数最多,形式也最多,因此,产生非言语模态的基数就大。

下面从手势、面部表情、韵律和眼神四个维度来讨论语料库体现的修补多模态性以及这种多模态性与修补的结合所起的作用。

8.4.1　手势

手势是心理模拟构成的要素,也是谈话内容要素。大多数人在谈话时都会做手势,甚至一个盲人和另一个盲人谈话时也伴有手势,而且手势与言语模态有严格的同步性。Vygotsky 在论述手势与言语之间的关系时,曾打过这样一个比方:如果将氢和氧分开来研究水,那是毫无意义的,因为氢和氧都没有水的特性。唯有将两者结合起来,才能化合成水。这一比方同样适用于手势和言语的关系。它们"同属一个系统"(McNeill,1992:2),与思维共同合作组成话语,这样,哪怕是"说话者最小的思想单位都能与手势一道发展成完整的言语"(McNeill,1992:220)。它们也是彼此相关联的意义表达媒介或言语伙伴(Kendon,1985),是言语模态资源中的主要组成部分,也是非言语模态的重要一员。

手势与言语互相依存,互为补充,因此而得名为"伴语手势"(简称手势)。伴语手势顾名思义便是伴随言语产出而自发产生的手势,处于"Kendon 连续体"(Kendon's continuum,McNeill,1992:37)的左侧端,即手势(gesticulation)→类似语言的手势(language-like gestures)→形体动作(pantomimes)→象征手势(emblems)→手势语(sign language)。它在言语交际和外语教学中起着重要的作用。该连续体描写了言语交际过程中手势的类别,从非正式的、自发的伴语手臂动作到社会调节的、标准的常规手势语,体现了手势的层次性,概括了说话者头脑中所映现的言语演变过程。

我们讨论的手势属于手势连续体的"gesticulation"。它是日常手势中最普遍的手势,包括很多变体和用处,使用但不限于手和臂做动作,如脚也可以做动作。Nobe(2000)发现手势的击打阶段有 90% 与相伴言语是同步的。然而,当出现不同步时,手势往往稍先于言语,因为有暂停和时间间隔。手势很少跟在言语后面(Kendon,1972),至今也没有依据来说明手势会在暂停阶段击出。Butterworth 和 Beattie(1978)报道,手势的频率在暂停阶段会比发音阶段要高。此外,手部使用(右手、左手、双手同一手势、双手不同手势)与空间、方向、轨迹、手部形状和位置以及其他形式组成话语交流中的视觉空间意象集合,体现更大的话语单位,称为 catchment(暂译为手势集)。通过分析特定说话者的手势集,可以了解该说话者是如何将意义放入不同的手势集,并汇聚成更大的话语单位。Gentilucci 和 Corballis(2006)的研究也指出,言语的产生与手臂和手的动作密不可分。当信息在概念形成器形成概念进入交际程序,会从工作记忆提取各种视觉空间图像特征。这些特征信息会传送到手势计划器(gesture planner),然后转变成具体的动作,即手势。

手势研究可追溯到 20 世纪 50 年代 Birdwhistell(1952)和 Abercrombie(1954)等人的研究。到了六七十年代,逐渐形成气候。自 80 年代起,发展成为新的手势研究潮流,重点研究手势与言语如何结合产生意义,通常称为"手势研究"派别,其代表人物有 Kendon、McNeill、Gullberg 和 McCaferty 等人。尽管历尽数十载,手势研究至今仍然很火。如今,专门有一个手势研究组织,手势研究国际学会(International Society for Gesture Studies),办有专刊GESTURE,还 有 专 题 国 际 会 议,如 GESPIN(gesture and speech in interaction)2015 法国会议,GW(gesture workshop series)2015 英国会议等。

鉴于手势在交际和外语教学中的重要性,本书先从研究主题和研究方法两方面来讨论国外言语研究学界几十年以来对手势的研究,并论述研究过程中产生的理论、假设和争议,展望今后努力的方向。

8.4.1.1　研究主题

与其他非言语模态形式相比，手势得到了西方学界的格外青睐。它是人类最早使用的、至今仍很广泛的一种交际工具。在长期的社会交际中，它被赋予了种种特定的含义。人类 99％ 的手势属于伴语手势，在语义、韵律以及语用上与言语模态相结合，构成交际所需的模态资源。它由三个阶段构成：准备（preparation）、做出（stroke）和收回或缩回（recovery or retraction）（Kendon，2004：112）。大多数人在谈话时都会做手势，甚至盲人在交流时也会做手势。手势的普遍性以及重要性自然引起了众多学者的关注。他们针对手势的分类、作用以及认知、语用价值进行了深入的研究。

1）分类

早在 1969 年，Ekman 和 Friesen 就尝试将手势分类成说明类（illustrator）、调节类（regulator）、象征类（emblem）和情感类（affect display）（Ekman and Friesen，1969）。这说明类手势指的是手和身体动作如手势、笑声、皱眉、用手指向等，用来说明观点，补充或突显言语信息；调节类手势用来控制话轮转换和其他人际交流的程序性内容；象征类手势替代言语来传达信息，具有文化特有性，如澳大利亚人头部侧向移动表示否定等；情感类手势表达情感，大部分通过面部表情来表达，如微笑、哭、大笑以及姿势，有文化差异性。Schegloff（1984）将手势分为两类，一类与言语重音和节奏组织有关，另一类与词汇结构有关。目前学界采纳的分类是 McNeill（1992）的分类，其依据为 Peirce 的符号学类型理论。他将手势分为象征手势（emblematics）、图式手势（iconics）、隐喻手势（metaphorics）、指示手势（deictics）和节奏手势（beats）等五种。

Ekman 和 Friesen（1969）从作用视角、Schegloff（1984）从结构视角、McNeill（1992）从符号学视角对手势进行了分类。其他分类有很多，恕不一一赘述。

2）作用

首先，手势具有充实（substantial）和语用（pragmatic）两大作用（McNeill，1992；Kendon，2004）。前者指手势能充实言语信息内容，后者指手势具有情态（modal）、施为（performative）、语法分析（parsing）和人际（interpersonal）等功能。Goldin-Meadow 等人（1993）也指出，手势和言语相互使用使说话者和听话者能够理解言语中并不存在的互补或增补的语义特性,即互补手势和增补手势。前者指的是言语信息之外的手势信息,后者是除了言语信息之外的增补性信息。手势还能帮助说话者发音(Krauss,1998),促进言语产出(Krauss,1998)和理解(Goldin-Meadow et al.,2001),获得语用效应,消除外语表达中的误解等。

Church 和 Goldin-Meadow(1986)认为,手势能提供线索使说话者理解言语主题组织以及对事件的看法,还能区分说话者无法表述的推理过程。手势对言语理解的提升作用见 Sueyashi 和 Hardison(2005)等人的研究。关于这一点即手势对言语理解的促进作用,行动为基础的语言观作出了很好的回答。当听话者看到说话者的手势,他的镜像神经元便会出现共鸣,他对相关概念的控制便会被激活。同时,语言观还认为,手势还有助于言语上下文信息的增强,从而,提高言语理解力(Galantucci et al.,2006)并消除误解(Kelly et al.,1999)。

其次,手势能帮助说话者提取词汇并跨模态找寻词汇,故被称为寻词手势(word-finding gesture, Butterworth and Hadar,1989),还可帮助说话者组织说话思绪,将空间表征组织成更为具体的说话包(speaking package)(Lozano and Tversky,2006),帮助表达抽象概念(McNeill,1985),如隐喻手势通过提供互补信息帮助说话者表达复杂的表征即认知语言学所说的"管道手势"(conduit gesture, McNeill,1985; Cienki and Muller,2008)。还可提升儿童数数能力(Alibali and DiRusso,1999),延续和转换话轮(McClave,2000),改变话题和叙事(Kendon,1972),并具有指示功能(McClave,2000)。

ERP 证据表明说话者的发音手势影响词汇前期加工(Basirat et al.,2018),说话者的节奏手势影响西班牙语歧义句的句法分析(Biau et al.,2018)。McNeill(1992)认为,言语和手势遵循了语用同步规则(pragmatic synchrony rule),也就是说,言语和手势同时发生时,两者起着同样的语用作用。然而,两模态的语用功能还是互补的,如当节奏手势或点头突显言语信息时,两者所表达的语用信息互为补充。同样,两个非言语模态之间,如头部移动和凝视也存在着紧密的语用和语义协同关系。

最后,手势对外语教学和二语习得同样功不可没。手势能提供额外的线索与提示来确定言语意义。因此,在外语学习和表达过程中,它促进了学习者对言语的理解,减少了认知负载和说话者的工作记忆负载,促进了言语认知记忆过程。这从 Tellier(2008)的实验中可见一斑。实验由 20 名法国儿童参与。他们需要学习 8 个英语单词。一组用图片教授,另一组则使用手势来教授,并要求他们重复这些手势和单词。结果显示,手势对二语词汇记忆和词汇知识学习影响较大,留下了很深的记忆痕,从而验证了多模态对记忆的促进作用。

二语课堂手势能助力学习者输入和输出以及师生互动(Le and Gonzales,2012:22),体现了使用者的计划负载(planning load)。手势能帮助二语学习者持续交流,是教师帮助学习者更好地了解学术语言和概念的众多策略之一(Le and Gonzales,2012:15)。学习者能从功能的角度理解教师手势并在学习和与教师的社会互动中运用这些手势和其他非言语信息和提示(Sime,2006:211)。由于学习者二语水平有限,他们无法运用二语技巧来有效地理解课堂话语,他们自然会借助手势尤其是教师的手势来理解。因此,对于二语学习者而言,使用手势能使学习者弥补词汇错误,界定语法问题并处理非流利言语(Gullberg,2008,引自 Le and Gonzales,2012:13);手势使输入变得可理解(Taleghani-Nikazm,2008)。此外,Gullberg(1998)研究了瑞典语和法语学习者在用本族语和外语复述卡通故事片时运用手势的情况,发现手势能克服言语表达困难。Lazaraton(2004)分析了教师用手势解释词汇的案例。在 18个场合中有 14 个场合,教师使用了非言语模态,其中 12 个是手势,2 个是身体动作(Lazaraton,2004:94)。结果表明,手势是教师解释词汇的重要工具,但她的研究并未涉及教师使用手势的动机。Sime(2006)发现手势及其他非言语模态在语言学习过程中的作用,并总结了学习者认为的教师教育手势的三大功能,即认知(提升理解,引导注意)、情感(传达热情和鼓励)和组织(分配话轮)。语言教师应该更加关注学习者的手势行为,这样,他们才能"明白手势是二语意义整个产生过程中的一部分"(McCafferty,2002:201)。

在二语习得环境中,手势对于学习者习得词汇同样大有裨益。学习者借助手势弥补他们的词汇短板,确定语言难点,处理非流利问题(Le and Gonzales,2012:13);Eskildsen 和 Wagner(2013:158)也提出,手势有助于词汇教学,促进二语词汇学习(Gullberg et al.,2012),有助于教师的二语表达(Sato,2018)和产出(Alibali et al.,2001)。手势还帮助学习者增强词汇记忆。

Allen(2000)采用前测和后测方法,研究了法语词汇学习过程中手势对学习者词汇记忆(recall of lexical items)的效应。后测之后发现,对实验组被试采用手势来解释词汇,其词汇记忆提升比对照组被试要快。同样的结论见 Dahl 和 Ludvigsen(2014)等的研究。

以节奏手势为例,带有韵律突出的节奏手势为二语词汇学习的最佳组合,称为语用手势(pragmatic gesture)。它激活与语言有关的大脑区域,而不是仅仅激活大脑的视觉及知觉区域,具有注意提升作用,有利于语言信息编码,从而,促进语言发展的认知进程。节奏手势还能激活知觉和运动系统,如 Lucero 等人认为(2014:901),"节奏手势也许能使说话者更快地提取到词,仅仅是因为它们是运动行为,而不是因为它们本身是手势。"因此,该手势本身就是具有交际功能的运动行为。节奏手势还显示信息聚焦、言语节奏以及话语结构(McNeill,1992),具有语用功能,突出信息结构和话语结构(Kendon,1995,2004)。有关该手势,Vila-Gimenez(2017)专门就它与言语融合以及对儿童叙述能力的开发等问题做过一番研究。

手势还被视为交际策略(Gullberg,1998;Lazaraton,2004),能帮助学习者提升策略能力(strategic competence),提高交际有效性,促进学习者外语学习。还能促进交际者之间积极互动,产生共享社会、物理和心理空间感,创建最近发展区(McCafferty,2002)。

无独有偶,Sato(2019)讨论了手势对于教师提供口头纠正性反馈的作用及其对学习者领悟(student uptake)的影响。研究得出,教师手势促进学习者对教师纠正性反馈的注意,有助于学习者修补言语错误。

研究还比较了说话者使用和不使用手势对交际的影响。他们发现,如果不使用手势,说话者的言语流利度就会下降,并出现间断语流(Krauss,1998)。而且,说话者难以提取词汇,尤其在描绘空间时(Frick-Horbury and Guttentag,1998)。此外,手势使用还与教师的二语使用量有关联。Sato(2018)报道了三位日本教师在教授英语时使用手势的情况,发现当教师大量使用二语进行教学时,更有可能出现伴语手势。

3)其他层面研究

第一,手势发生时出现的韵律变化,亦称视听韵律。研究认为这些韵律变化与言语紧密互动,表示具有较高注意力并指明信息聚焦(Beskow et al.,2006)。最早对韵律和手势的相关性进行观察的是 Birdwhistell(1952)。

第二,学习者交际意愿(willingness to communicate,WTC),如 Peng 等人(2017)区分了教师话语、手势和凝视的语义特征在两种教学场景(高 WTC 和低 WTC)中的细微差别,发现非言语模态的有效运用能促进学习者的交际意愿。

第三,师生的主体间性。研究得出,手势能建立交际双方或师生之间的主体间性(Matsumoto and Dobs,2017)。

第四,语用和认知,如 Enfield 等人(2007:1722—1741)基于语料库语料研究了指向手势,指出这类手势在言语层面具有明显的语用作用。此外,多名学者指出了手势的具身认知性,认为手势是具身的一种表达方式(Hostetter and Alibali,2008),是认知系统延伸的物理工具,给认知系统提供稳定的外部物理的和视觉的表征,为思维提供手段。Goodwin(2000,2003)用"具身"来描绘发生在情境互动(situated interaction)中的手势行为。

手势的另一个理论分析视角是扎根理论(亦称定着理论和根基理论等)。手势产生符号,并使抽象表征的意义扎根。作为神经加工的概念,扎根理论描绘感觉运动经验是如何产生概念,也描绘思想与指代之间的映射,以便促进意义产生(Nathan,2006:376)。这些研究成果为从语用和认知视角尤其是具身认知和扎根理论视角研究手势指明了方向,奠定了基础。

Schegloff(1984)也认为,说话者行为与手势之间有关联,并区分了两种手势,一种为言语行为中表示强调与节奏,另一种与话语词汇组织有关。

第五,失语症等言语交流障碍问题。这是近几年出现的新动向。尽管学界对于手势在人际交流、言语组织、语误处理、二语习得和记忆等方面所起的积极作用作了大量研究,但手势对于失语症等神经源性交流障碍的康复潜力,仍少人问津。随着这几年语言康复研究的兴起,手势与言语障碍之间的关系研究已然成为新趋势,如 Clough 和 Duff(2020)论述了手势对于失语症、大脑右半球损伤、创伤性脑损伤和阿尔茨海默病等言语交流障碍的干预作用,讨论了研究给言语产出和手势等相关理论的验证以及合理的神经关联的解释所带来的积极作用。

8.4.1.2 研究方法

目前的研究方法主要有如下几方面。

(1) 语料库。20 世纪 60 年代,随着美国 Brown 语料库的建成,语料库研究迅速崛起,并运用到多种研究领域。到了 21 世纪,语料库研究方法日趋实用和成熟,录像以及大数据存储技术不断革新,为研究手势提供了新的途径,如 Lauzon 和 Berger(2015)利用十节法语为二语的课堂录像语料建成小型语料库,研究课堂互动中话轮分配时教师选择学生说话者的多模态组织,包括手势和凝视等。比较大型且具有研究价值的语料库有 AMI、CLARIN-D 和 HUMAINE 等。

语料库研究推动了手势标注的研究。有的手势标注方案着眼于形式 (Trippel et al., 2004),有的则聚焦功能(Allwood et al., 2007),更多的是两者兼顾。这些标注方案包括:NEUROGES,将形式和功能区别对待;MUMIN,处理手动手势和面部表情的语用功能;The Multimodal Score,系统分析手动手势和面部表情等。有了标注方案,标注软件自然运用而生,包括 Elan、TASX、Anvil 等。

(2) 计算机模拟技术。手势的计算心理语言学研究也越来越成为新兴研究范式。虽然计算机模拟的方式并不能够为我们的言语产出模型提供相应的经验证据,但是它可以通过对现有经验证据的拟和来为各种复杂理论的正确性提供证据,如 Cassell 和 Stone(1999)探讨了互动对话系统中言语与手势的心理学理论;Tetsuo 等人(2001)建立了人机交互中手势的具身交际模型等。

(3) 眼动、ERP 和 fMRI 技术。眼动和 ERP、fMRI 技术提供了手势对于言语加工的有效性证据,能正确地反映言语认知加工的大脑活动区域,更加科学地考察加工过程、特点与脑机制,帮助人们进一步了解手势与言语融合的问题,如 Ibanez 等人(2010:48—52)凭借 ERP 技术,研究了手势对非本族语者比喻性语言加工的影响。

8.4.1.3 理论、模型、假设与争议

1) 理论与模型

围绕手势,建立理论和模型并提出假设是重要的研究内容。McNeill (1992,2005)提出了"增长点理论"(growth point theory, GPT)。这是第一个

也是最具影响力的手势产生理论。增长点，即句子的概念起点，是连接语言和意象信息、启动动态认知过程并组织言语思维以产生伴语手势的最初思想单位。该理论主张手势和言语源自同一系统，是同一自组织过程中不可分割的一部分。

增长点理论主要研究手势是如何在言语和思维过程中产生的。该理论假设增长点是意象和言语辩证关系的一个基本单位，并且从理论上来说，它也是言语开始单位。手势在各个增长点之中生成。增长点连接意象和语言内容，这样的连接会产生认知事件。手势通过表达新的观点或增长点来突显说话者的信息。理论还认为，手势和言语是一个系统中的两部分，彼此依存，同步发生。两者同步发生的点位是两者共同表达意义时，这就是所谓的增长点。它就是聚焦于言语—手势同步和同表达的。之所以称为增长点，是因为它是"因言而思"（thinking-for-speaking）（Slobin，1996）单位的最初形式，从它这里开始了言语和思维组织的动态过程。

将增长点视为心理术语（psychological predicate）是 Vygotsky 于 1986 年所创。它指的是增长点形成的机制，为了解增长点和说话语境的理论联系指明了方向。了解心理述语需要了解语境。一方面，当手势和言语同步发生时，它们形成了对照，而这种对照是心理述语的基础；另一方面，手势的具体形式构成了使这种对照有意义的内容。

de Ruiter（2000a）基于 Levelt（1989）言语产出模型，提出构图模型（sketch model）。有别于增长点理论，该模型认为，言语和手势互动源于共享的言语产出概念形成器，遵循平行但不同的产生路径，各自的交际意图相同，属于既相融又独立的系统。模型的概念形成器包含言语的前言语信息和手势的时空构图。言语和手势在句法形成器作用之前是一同计划的，之后才各自分开，沿言语句法形成器和手势计划器（gesture planner）生成运动程序，并通过言语和手势产生言外动作。

Kita 和 Özyürek（2003）拓宽了构图模型，提出界面模型（interface model）。该模型同样是 Levelt（1989）言语产出模型的延伸。在这共享的概念形成器中还有两个不同的子成分，即信息产生器（message generator）和动作产生器（action generator），前者形成言语的概念，制订言语命题，而后者产生手动动作和交际手势,激活空间和运动意象的行为图式。这样,手势与空间—运动原理联系在一起,同时通过两个子成分与言语互动。界面模型也主张手势源自工作记忆的视觉空间意象。当交际意图在交际计划器中得到识别,手势就会在动作发生器(action generator)中产生。还主张言语对手势产生有影响。动作发生器呈两个方向与信息发生器交互,句法生成器与信息发生器的交互亦同。这样,手势的发生受到工作记忆中的视觉空间意象影响,也受到语言成分的制约。手势的计划对言语计划也会产生影响。

2008 年,Hostetter 和 Alibali 提出了手势为模拟动作模型(gesture as simulated action model,GSA)。该模型以具身认知理论为基础,认为手势来自心理意象、具身模仿和言语。具身认知认为,大部分的认知行为与身体有关,说话者思考和表达思想时,会依赖身体知觉,换句话来说,他们会使用手势。在 Barsalou(1999)看来,词汇、词组和句子等均来自身体知觉而不是抽象的形式符号。心理意象也是依赖具身知觉和行为模仿。换句话来说,意象通过身体知觉和行为来表达,并保留它们的空间和物理特征。行为意象模仿身体动作,而视觉意象是模仿视知觉。当语言概念被激活,知觉和运动信息也随之被激活。知觉和运动信息会在行为意象和视觉意象中得到表达,最后得以外部表现,即手势。因此,手势语言表达的认知过程的自然副产品,很难将手势和语言分开来。手势产生于具身认知系统,反映行为和知觉模拟,激活动作,支持语言思维活动,由此产生外显手势。

手势为模拟动作模型假定手势来源于空间表征和心理意象。在该模型看来,手势产生是一种伴随言语的现象,但并不一定是为了交际,也不一定是便于言语加工。尽管当出现交际困难时,说话者可以调整手势产生以用于交际。模型认为,手势和言语是根据同一个心理意象系统,即基于具身认知范畴内的模拟行为和模拟知觉(如 Wilson,2002)。通常,模拟行为是一个计划好的但没有实施的行为(Jeannerod,2001),若该心理模拟有足够高的激活强度,它会从计划阶段扩散到实施阶段,因此,便有了可观察到的动作,即手势。

总体产生结构模型(overall production architecture model,OPA)(Kopp et al.,2013;Bergmann et al.,2013)以工作记忆中的多模态信息形成概念化为基础,研究手势和言语之间的语义协同认知(semantic coordination cognition of gesture and speech)。协同在工作记忆形成,交际意图诱引多模态激活,激活传递视觉空间表征、符号、命题表征和超模态概念。

学习和发展手势理论(gesture of learning and development theory, GLD)(Goldin-Meadow,2003)强调的是手势和言语的适配,也就是说,手势产生不受语言成分影响,而是独立的。Butcher 和 Goldin-Meadow(2000)声称,手势和言语最初是两个独立的系统,在孩子的成长过程中逐渐融合成一个系统。当言语和手势不匹配时,两者同时使用来表达交际意图。手势可以减轻认知负载,助力言语产出。手势不仅对言语产出而且对整个认知系统而言都是大有裨益的(Goldin-Meadow,2003)。

2) 假设

在提出的言语—手势互动假设中,手牵手假设(hand-in-hand hypothesis, So et al.,2009)认为,手势能够反映同时出现的言语信息。词汇提取假设(lexical retrieval hypothesis,Krauss,1999)指出手势通过启动词汇提取直接参与言语产出的过程,帮助说话者提取心理词汇中的词条,说明手势能帮助说话者进行言语加工和言语产出。Krauss 于 2000 年建立了词汇手势产生模型。该假设认为手势刺激了言语产出,并假定手势在工作记忆中产生,与交际无关。手势的产生是基于某些基本的空间特征,与视觉空间图像和言语产出均无关。但信息包装假设(information packaging hypothesis,Kita,2000)则认为,手势构成了视觉—空间表征的基础,有助于说话者选择、包装以及组织言语中的视觉—空间信息(Alibali et al.,2000),即用言语表达知觉或运动知识(perceptual or motor knowledge),说明手势不仅在言语产出而且在认知加工过程中均起着作用。它不仅与词汇提取有关,也与信息在概念层面上的计划有关。手势有助于说话者将空间信息包装成可用语言表达的单元,也就是说,手势在言语产出的第一个阶段,即概念形成阶段起了功能性作用,有助于说话者的思维活动。

除了上述不同之外,词汇提取假设强调的是表面言语形式,而信息包装假设则强调空间—运动信息的组织和编码。此外,在回答手势到底在言语产出的哪个点出现这一问题上,两者的看法各异。词汇提取假设认为,手势是在言语表面形式产生时出现(generating the surface form),尤其是手势有助于提取心理词汇中的词汇。而信息包装假设则认为，手势是在信息概念计划阶段出现的，因为手势能帮助说话者将空间信息"包装"到言语单位。Alibali 等人（2000）用实验支持了信息包装假设，即手势在信息概念计划阶段使用。

尚有其他假设值得关注，如 Kita 等人（2017）提出的手势概念化假设（gesture for conceptualization hypothesis），主张动作图式中的手势根基不但组织言语，而且还通过激活、操纵和包装空间—运动信息来协调认知过程，具有说话和思想的自我导向功能。

与其他只强调手势的交际功能的模型不同，GSA 模型关注的是手势产生，分析手势的认知特征。它并没有刻意地去解释手势和言语的双向功能（bi-directional function），而是从理论视角指出两者之间有某种双向联系。该模型提出，手势和言语同属一个系统，手势行为或动作有助于区分说话者想表达的意象特征，有助于为这些意象特征选择词汇（这一观点与词汇提取假设不谋而合）。

其他如 OPA Model，GLD Model 和 GPT Model 各自强调言语与手势的一个方面。OPA Model 关注的是手势和言语的激活以及两者在工作记忆中的多模态概念化过程中的协调关系。其他模型并未过多地涉及此方面。该模型认为，当模态概念被激活，这些概念会激活各自相应的视觉空间特征，再诱发相应的语言信息激活，然后刺激意象信息和符号命题外延（symbol propositional denotation），生成手势和言语。该模型突出激活，揭示了手势和言语信息的包装和分配以及认知和语言的限制（Wagner，2014）。

与 OPA Model 不尽相同的是，GLD Model 将目光投向手势对言语的影响。在它看来，在儿童的成长发展期，手势和言语会发展成一个系统，手势助力言语产出。GLD Model 以及 GPT Model 证明了手势在交际中的重要性。

尽管上述模型从不同的方面说明了手势和言语的生成和交互，但是它们的机制尚未彻底被弄明白，尤其是两者产生和交互的语言学理由。

3）争议

围绕手势研究，引发如下争议。

争议 1：谁主导？围绕这一争议，出现了语言主导论和手势语言平等论。前者认为，语言在交际中发挥主要功能而手势发挥辅助功能，手势是语言意义

的工具,通过多种方式辅助语言表达,如 McCaffery 和 Stam 于 2005 年编著的
《手势:二语习得与课堂研究》一书中的诸多观点为语言主导论提供了证据。
也有一些研究对语言主导论提出疑问,倾向于认为手势具有独立于语言的属
性,并认为语言和手势具有同样的认知起源;两者都是同一个交际目的的结果
(Gullberg and McCafferty, 2008);在结构、符号和功能上都可以进行系统的
区分及描写(如 Gullberg, 2010)。

争议 2:如何界定手势? 目前,有从功能的角度界定的(McNeill, 1992),
有从具身认知角度界定的(Hostetter and Alibali, 2008),还有通过实验界定
什么条件下手部运动会被知觉为手势的(Novack et al., 2016)。

争议 3:何时发生,即如何看待手势与言语之间的时间协同? 手势在单词
发音之前发生、还是之后还是同步(synchrony),至今尚无正解。McNeill
(1992)倾向于同步说,认为同步说明两模态之间在认知上互相依存。他还提
出了同步三原则,即语音同步原则、语义同步原则以及语用同步原则,并提出
了增长点理论。有学者从神经生理学的角度提出手势和言语在言语产出阶段
的概念联系,如 Loevenbruck 等人的研究(2009),还有从感觉运动角度研究手
和嘴的互动,如 Gentilucci 和 Volta(2007)的研究。

争议 4:是否同源? 如果手势与语言是同一来源,即构图模型所主张的来
源于概念形成器,那么同步应事先计划,而后通过同一出口输出。但是如果按
照 Kita 和 Özyürek(2003)的界面模型所认为的那样,即手势来自动作发生器
而语言来自概念形成器,那么,手势和语言是否在时间上协同? 这一问题至今
未决。

争议 5:手势引发因素? 有观点认为,手势是由于说话者在言语产出过程
中遇到加工困难所致,如在概念化过程或包装概念信息以便进行语言表达
(Alibali et al., 2000; Kita, 2000)或者是提取词汇时(Krauss et al., 2000)或
者是空间记忆提取时(spatial memory retrieval, Morsella and Krauss,
2004)。与困难说(difficulties view)相比,手势为模拟动作模型(Hostetter and
Alibali, 2008)主张将手势看作心理意象(mental imagery)的副产品。两者的
分歧点在于当人们实施难度不等的任务时如何频繁运用手势。就困难来说,
当说话者所实施的任务难度提高时,他就会频繁使用手势。但在手势为模拟

动作模型看来,说话者只是在心理意象表征不断被激活时才会频繁使用手势。到底手势源自任务难度还是不断激活的心理模拟,因此,Sassenberg 和 van der Meer(2010)进行了地图描述任务实验,实验结果支持手势为模拟动作模型,即认为手势源自不断激活的心理意象表征。

8.4.1.4　研究展望

希望今后的研究在以下目标上有所突破。

1) 消除争议

针对上述争议,还需要通过尝试各种办法来求同存异,如开展进一步的实证验证;建立统一的语言—手势产生模型(unified language and speech production model);利用技术系统如虚拟人工智能体(virtual artificial agent)或具身人工智能(embodied artificial agent)等来消除争议等等。

2) 厘清关系

除了上述同步还是异步的争议之外,手势研究还产生了下列争议:互补(complementary)还是增补(supplementary),多余(redundant)还是非多余(non-redundant),常规化还是非常规化(conventionalized or non-conventionalized)等。

言语和手势紧密关系体现在两个方面即时间性(timing)和意义。有关两者在时间上的协调,至今观点尚未一致。在手势和言语产生的先后顺序上,公认的观点是:手势出现先于言语。尽管如此,这一观点也还有待进一步的求证。但针对手势和言语的结束,仍未有统一的看法。两者的时间关系决定了两者是否属于同一系统,决定了两者的交互。另一有待研究的方面是说话者对手势的生成以及手势和言语之间的交互是否有强烈的直觉(可视化)。此外,手势来源于意象或意象特征也有待于考证。至于意义,大部分模型均认为手势和言语共享概念信息,表达同一信息(de Ruiter et al.,2012)。有些模型也认为它们仍有补充或补偿信息。手势的认知和交际功能仍待研究。Ferre(2014)甚至提出从语用的角度来丰富手势模型。手势使用的交际策略及其在不同文化环境中的语用功能、手势和节奏的关系、手势在人机对话中的多模态信息传递等,均有积极的学术研究价值。此外,手势与可视性、交际需求和听话者的关系,也需要得到进一步诠释。理顺这些关系对于研究手势以及准确运用手势尤为必要。

3）验证功能

本书具体讨论了西方学界有关手势作用的论断，但手势对于言语交际和二语习得到底有多大作用？到底在哪些方面有作用？还需要通过实验、长期历时或纵向个案法来跟踪研究以便能使说话者和二语学习者学好、用好手势，使其在言语交际和二语习得中发挥真正的作用。

4）挖掘认知

手势的认知价值还可以被深入挖掘，如手势的具身认知性、与词汇提取、记忆、注意、与主体间性等的关系等。探究这些问题势必能对手势研究和非言语模态研究起到积极的作用。

5）推动实证

虽然这几年实证研究在数量上日益增多，但尚有进一步拓宽和加深的空间。未来的实证研究可在继续探究教师手势的同时，将目光投向研究学习者手势。可聚焦学习者手势的类型及其目的，学习者手势运用以及与言语的协调，小组活动或结对活动中的学习者手势等问题，开展多维度、跨学科交叉研究。还可研究二语课堂手势与日常会话手势的异同及其作用。

6）建库求证

从研究成果来看，西方学界对手势的研究还停留在小型的语料库，因此，有必要建设大型的手势多模态语料库。随着语料库建设所需的技术支持条件不断现代化，实现这种目标已成可能。

7）拓宽范围

虽然学界对手势进行了非常有益的探索，但是有关手势的语用、语义和句法等方面的特征尚需通过各种研究方法加以深入研究，以便全面了解这一重要的非言语模态。Nobe(2000)提出需要建立一个综合的伴语手势模型来解释大部分手势，然而，至今尚未有统一的理论型模型。此外，手势研究，不一定只是分析其轨迹的各个方面，也可以以手势为主模态，结合其他模态进行综合研究，也可以结合语言现象进行研究包括手势与修补，如 Kosmala 等人（2019）基于 SITAF 语料库研究了手势与间断语流的协调问题以及通过视觉—手势了解间断语流，提出应将间断语流视为多模态现象，其视觉提示对于了解手势的语用功能尤为必要。

综上所述,国外开展的手势研究已经取得了重大进步,研究结果一致表明,手势是一种行之有效的交际策略,有益于言语交际和二语习得,具有语言学、语用学、认知语言学和社会文化研究价值。然而,对于手势的研究仍有不少争议,还需要更多的实证研究以便能多视角、多维度地了解手势,因此,后续研究仍有很大空间。

8.4.2 待补手势

8.4.2.1 修补与手势

间断语流是言语语流的暂时停止,其表现形式有填充暂停、沉默和重复等。它不仅是声学现象,也可通过其他模态加以表达,如面部表情、头部动作和肩部动作等(Jokinen and Allwood,2010:57)。间断语流标志也是说话者争取言语流利性的手段。Gullberg(2006)指出手势的两个不同的功能:① 交互功能,如调节话轮转换,引导注意力等;② 自我导向功能(self-directed function),组织思想表达等。同样,间断语流也有两种主要观点:① 间断语流是由于认知负载引起言语产出问题,从而,破坏语流的结果(Schachter et al.,1991);② 间断语流是说话者的交际策略,其目的是争取时间计划话语和结构(Kosmala and Morgenstern,2019)。在第一个观点中,间断语流被认为是自我导向的,说话者试图处理言语产出问题,而第二个观点是互动性的,因为间断语流能促进互动。近几年的研究突出间断语流的矛盾性:间断语流既表示流利(他人导向,促进交互),同时它也是非流利的(自我导向,破坏流利性)。

Seyfeddinipur(2006)基于语料库语料,调查了间断语流和手势的协调问题。在她所依托的语料库中,她找出了 432 个语流中断的例子,其中 306 个伴有手势,表明间断语流可影响手势使用。在她与 Kita 于 2001 年开展的研究中(Seyfeddinipur and Kita,2001),得出同样的结论,即手势在言语间断语流产生之前就已暂停。

修补属于间断语流现象,同样具有多模态性,其中手势在修补中如同暂停、填充词等起着提示、使修补增量等作用,甚至能启动修补,如在说话者的会话自我修补过程中,手势的作用也不容忽视。Seo 和 Koshik(2010:2219—2239)基于话语分析研究方法,研究了 ESL 会话课中用手势来启动修补的现象,发现这些手势如同言语修补启动词,如"huh?"。在他们的研究中,非言语模态包括使劲转头、头侧倾、持续凝视交际对方、瞪大眼睛等和头或上身倾向对方的动作。手势的修补启动位位于阻碍源之后的话轮转换处,而且说话者会一直保持手势直到问题解决。Hoshino(2013)通过观察日本英语课堂两位学生的手势,认为象征手势常用来作为语用手势来启动修补或表示理解。当说话者转换话轮,启动修补时,常伴有象征手势。将象征手势用作语用手势还可吸引对说话者的注意力。在课堂上,学生并不是很注重意义;相反,却追求主体间性,因此,象征手势便有其语用价值。

　　Feltner(2016)基于 AphasiaBank 语料库,研究了非流利性失语症患者与医护人员交流中的会话自我修补和所运用的手势类型之间的关系。之前研究表明失语症患者修补过程中明显倾向于使用手势(Klippi,1991),该研究则更为全面地揭示了非流利性失语症患者在成功修补和不成功修补中使用的手势类型。结果表明,在修补三个阶段中,最常见的手势是无手势。第二常见的是隐喻手势。接下去依次是节奏手势、指示手势和象征手势。各阶段使用手势的频率基本相同,但在待补和修补阶段,患者的成功修补中伴有更多的手势。成功的修补有 66.41% 伴有手势,33.59% 无手势。相比之下,不成功的修补有40% 伴有手势,60% 无手势。除了无手势之外,非流利性失语症患者的自我修补最常见的手势是隐喻手势和节奏手势。这与其他研究发现有所不同。在前期研究中,非流利性失语症患者倾向使用象征手势和指引手势而不是隐喻手势和节奏手势。解释这一结果的理由是两者的话语体裁不同。该研究依托的是 AphasiaBank Corpus,患者被鼓励多讲,而希望医护人员少讲。因此,里面的话语有点像叙述体。这就是为什么患者所使用的手势多为隐喻和节奏,并且被用作"引导"(channelling)和"定时"(timing),而象征手势和指引手势更适合被用作"协作"性手势。

　　Leonteva 等人(2021)对同声传译中手势和修补共现现象进行了实证研究。研究将修补分成积极自补(positive self-repair),即成功的修补、"零"自补("zero" self-repair),即重复和不成功修补和语用、代表性和指示性修补等。语料来自 18 位译员的俄英传译,用 Elan 和 Jamovl 分析并用定量分析方法(T-test、ANOVA)验证了假设,结果发现修补和手势有很强的关联性。

人们也观察到了教师在实施纠正性反馈时,会借助手势来吸引学习者注意话语或提升理解,确保他们能注意到言语错误并进行修补(Sato,2019)。Sato 的观察性研究揭示,伴有手势的纠正性反馈更有可能助力学习者实施成功的修补。因此,手势在引导学习者注意教师的纠正性反馈的修补意图时起着极为关键的作用。如果这种纠正性反馈伴有手势,所有的手势都更有可能引导学生去注意纠正性反馈。

这些年,探究他启自补日益成为修补的研究热点。这里的"他启"指的是"它启",即手势等非言语模态所启动的修补,而不是由另一个说话者或学习者启动的自我修补。因此,它启具有具身性质,如 Seo 和 Koshik(2010)和 Mortensen(2016)研究了头部倾斜和手成杯状紧贴耳后等具身动作来启动修补,类似于使用开放词类来启动修补,如"huh?"和"what"。

其他的研究还包括,Hayashi(2003a,2003b)分析了手势如何与言语结合寻找词汇的现象。Turk(2007)认为,自指手势是说话者修补不可或缺的部分。Olsher(2008)描述了二语学习者如何在修补中用手势强化重复以避免理解失误的情况。Hauser(2019)讨论了日语说话者利用手势进行会话修补和言语的重新加工。研究发现,修补者修补言语时对手势的连续使用是呈"减弱"(attenuated,Hauser,2019)状态的,如说话者实施言语自启自补并开始寻词时,会做出图式手势,但未伴有修补。紧跟其后的言语修补,说话者会重复同样的手势。Wu(2022)考察了汉语会话修补中图式手势和示意性手势所起的作用,并提出了手势性修补(gestural repair)的概念。

8.4.2.2 MCCECSER 中的伴补手势

在 MCCESSER 中,共识别出学习者课堂话语自我修补过程中伴随修补的手势,如左手抬<[_>、右手抬<_]>、挥手<&>和双手抬<[_]>等形式。这与最新研究成果(Ozkan et al.,2023)一致。在他们的研究中,Ozkan 等人(2023)也发现,说话者在修补时会有抬手等动作。我们借用伴语手势(co-speech gesture)这一术语,将这些伴随修补出现的手势称为伴补手势(co-repair gesture)。需要指出的是,有关手势与修补,有学者提出"手势性修补"的术语(Wu,2022:65),但本书提出了伴补手势的术语,用来强调修补的多模态性。见例。

①00：00：21 00：00：23　S1　so we are

00：00：23 00：00：25　S1　<...> <@_@> <_]>

00：00：25 00：00：26　S1　uh <..> here we are the

00：00：26 00：00：30　S1　uh <..> he always wears glasses.(MC340)

②00：02：20 00：02：21 S1 he is

00：02：21 00：02：23 S1 I think he is very

00：02：23 00：02：25 S1 uh <..> <_]> <..>

00：02：25 00：02：26 S1 the

00：02：26 00：02：32 S1 res，he has a sense of having responsibility responsibility

00：02：32 00：02：34 S1 a sense of responsibility. Very good. (MC340)

③00：00：45 00：00：49 S1/S2 manufacturing company? Oh </> </> yeah </>. What <[_> uh <..> <..>

00：00：49 00：00：50 S2 <...>

00：00：50 00：00：53 S2 what's your what's your

00：00：53 00：00：54 S2 what's your hobby?

00：00：54 00：00：57 S1/S2 Um <..> hobby. Ya </>. (MC379)

例①，这节课，教师布置的在线口语练习任务是描绘朋友或同学。说话者在提取正确的信息"he always wears galsses"碰到了"巨大的"困难，这从修补策略和第二阶段的填充词、暂停和非言语模态（眼神和右抬手）等可以看出。一开始，说话者插入了"here"，随后放弃了原言语加工，直接用了重组"he wears ..."。

例②，说话者想提取的正确信息为"he has a sense of responsibility"。然而，一开始，他想表达"he is very responsible"，但在提取形容词"responsible""卡壳"了。好不容易提取到了"he has a sense of having responsibilty"，又觉得有问题，只能重复"responsibility"来争取改正和修补的时间，最后才加工成"he has a sense of responsibility"。说话者同样使用了右抬手。

例③，说话者显然对"hobby"这个词不是很熟悉，所以，连续重复"what's your"，再加上左抬手、中暂停、长暂停以及填充词，才提取到"hobby"。

语料显示，修补第二阶段出现的抬手与暂停、填充词和其他非言语模态一道起着赢取时间、提示修补和保住话轮等作用。不仅如此，它们还起到了指示和掩饰的功能。从例①来看，右抬手起着指示"戴眼镜"这一行为，从这点来说，抬手属于指示手势。

例③，说话者连"hobby"都提取不了，不免令人既尴尬又紧张，抬手可以帮助说话者掩盖一下这令人难堪的窘态。

在本书中，与一语说话者的手势比较，中国英语学习者的手势远非丰富多彩。本来学习者在说英语时表情就已经过于单调了，到了外语课堂，面对老师和同学，还有摄像机，会显得更呆板。再加上对交际过程中有效运用手势的重要性和必要性的认识，使得本语料库的伴补手势得不到数量上的保证，这不能不说是一个遗憾。

8.4.3　伴补韵律

非言语模态包括声音模态，涉及说话双方在交际过程中的各种韵律变化。韵律是言语的节奏和语调，也是言语的超音段部分，包括了音高、音响和音质变化等内容以及音素、音节和其他言语语音单位的时长或相对时序，主要受到了言语中时间模式和语调模式的驱动，是"语用信息的重要载体"（Singh and Harrow，2014：1764）。

话语韵律研究由来已久。早在 1951 年，Jakobson 等人就区分了元音和辅音"内在的"区别性特征中音高、重音和时长等韵律特征。对于他们来说，这些韵律特征属于组合关系，用来编码话语的超音段变化，如音高或音响增强和音节时长等。相比之外，"内在的"，即音段内的区别性特征属于聚合关系，表示元音和辅音的词汇对照关系。韵律研究形成了下列差别说，即功能差别（组合还是聚合）、层面差别（词汇还是短语）和特征差别（超音段还是音段）等。

研究揭示，言语韵律在言语交际中起着重要的作用，如区分词汇是第一次提及还是之前已有提及、表达情感、改变信息在语言和副语言方面的交际内容、助力言语理解、影响言语信息结构、表达语义关系、消除歧义、提示结构和话语意义等等(如 Wagner and Watson，2010)，其中的提示作用不容小觑，也因此有了韵律提示(prosodic cue)或声学提示(acoustic cue)之称。

韵律研究聚焦说话者的情感(Bänziger and Scherer，2005)。近几年关注说话者的礼貌、自信和诚意(Jiang and Pell，2015)，探索音律信号声学特征与说话者对副语言信息的理解之间的关系。尽管围绕韵律是否在无语境信息的情况下承载意义，大家各执一词，然而，研究揭示韵律表达各种情感(Bänziger and Scherer，2005)和不同的态度(Blanc and Dominey，2003)时，表现出明晰的声学特征。交际参与者能够单凭韵律差异就能分辨出言语以及交际过程中说话者的态度。

本节从韵律提示的理论基础入手，讨论韵律在言语交际中的提示作用，并用 Praat 语音分析软件考察中国大学英语学习者课堂会话自我修补从开始到完成的韵律变化，分析研究发现，以期为国内相关研究以及外语教学改革积累经验并提供借鉴。

8.4.3.1　韵律提示的理论基础

韵律研究的理论基础为互动语言学，是后者的其中一个研究领域(Bergmann，2018：12)。而互动语言学的基础是民族志会话分析(ethnomethodological conversation analysis，Auer，2013)和语境化提示(contextualization cue，Gumperz，1982)理论。在民族志会话分析理论看来，会话参与者的头脑就像一只黑箱子，因为其心理加工过程对任何人来说都是不透明的，对交际对方亦然。但人际交际需要各方为交际做出应有的贡献，以便使他们的交际意图为对方所理解和领会。当然，交际对方也必须标明他们对交际意图的理解，并且使自己的言语表达具有可理解性。从方法论角度来看，交际参与者使自己的交际意图为对方所理解的努力，不仅对自己而且对研究者来说都必须透明。这样，研究者才可以通过对交际参与者的各种行为进行观察，从而重构言语意义产生的过程和特征。

与民族志话语分析相比，语境化研究对交际双方的言语理解过程更感兴趣，关注交际者运用何种提示来引导言语理解。语境化提示是由美国互动社会语言学家 Gumperz 于 1982 年提出，是互动社会语言学的核心概念，用于对言语交际的研究。它指的是"话语信息表面特征的集合,说话者和听话者依据它们来判断活动是什么,话语语义应当如何理解,话语的每一句和前、后句又是如何关联的"。这些特征包括语调之类的韵律特征以及语码转换和词汇选择等(Gumperz,1982:131),能帮助听话者理解说话者的交际意图以及交际时的社会语境,构建情景,体现话语性质特征等(Archakis and Papazachariou,2008)。

语境化提示可分两类:言语提示和非言语提示,前者包括词汇选择、套语(formulaic expression)、反馈语提示(backchannel cue)和会话开始和结束语等,后者包括声强、笑声、音韵、姿势和手势等。语境化提示使交际事件和内容前景化并成为交际对方理解言语和交际意图的基础。

8.4.3.2 韵律提示

1)韵律提示结构

研究发现,音高、音段时长、语音质量以及音段发音强度的音质校正等可用来提示话语结构(如 Venditti et al.,1996)。Jurafsky 等人(1998)在观察音韵提示作用时,发现音韵变化可提示一种特殊的话语结构,即对话行为(dialog act)。而且,在通常情况下,持续语(continuer)比起赞同语(agreement)的时长要短,FO 值要低,响度也要低。但他们的语料显示,当持续语的 FO 值、时长以及响度趋高,更能邀请交际对方来继续话语。此外,对话行为之间的延迟也能说明提示的功效,如语料中不赞同的反应往往会有很长的暂停。其他进一步的研究包括 Roll(2006)对瑞典语从句中音韵提示句法结构的研究和 Zellers 等人(2009)有关 FO 峰值提示主题结构的研究等。音韵提示不仅存在于自然言语中,而且,在人际对话人工智能环境中,音韵提示"强烈地"表示话语片段边界(discourse segment boundary)(Levow,2004:93—96)。

2)韵律提示语用

尽管音韵提示作用在很多方面得到了研究,然而,相比之下,对它的语用提示的挖掘还是显得不足。研究揭示韵律表达各种情感(Bänziger and Scherer,2005)和不同的态度(Blanc and Dominey,2003)时,表现出明晰的声学特征。交际参与者能够单凭韵律差异就能分辨出言语以及交际过程中说话者的态度。Curl 等人(2006:1721—1751)从韵律和语用界面研究会话自我重复,发现说话者在设计自我重复时,会利用一系列的语音特征,如语速、声高和音高。这样设计出来的自我重复,其语用功能是结束会话序列。

研究还依赖实验法进行,如 Pickering 等人(2012)基于互动优先任务(interactive preference task)实验,研究了美国英语本族语者和中国英语学习者用音韵变化来提示赞同和反对的现象。实验结果揭示,两组被试在大部分赞同语段表现出相匹配的音韵提示,但在提示反对的音韵变化中,中国英语学习者表现出音高失配;然而美国英语本族语者的音高还是相匹配的。

3) 韵律提示问题

Hirschberg(2002：39)认为,言语理解问题可以借助语调资源加以解决。以沉默为例,1974 年,Sacks 等人基于自然发生的互动录音,建立了沉默模型,指出沉默绝不是不说话。定性话语分析研究发现,当沉默后面是某些话语行为时,如邀请或要求,往往表示言语互动出了问题。它"与其他知识源结合,可用来找到交际问题"(Batliner et al.,2003：118)。研究得出,沉默时长约为 1 秒钟,这 1 秒钟可指示问题(troubles-indicative)(Jefferson,1989)。Jefferson(1989)基于 289 页转写语料,识别出 170 个含有沉默的问题序列,其中有 2％的有问题指向的沉默时间在 900～1 200 毫秒之间。超过这个时间的沉默会有某种方式的填充。需要指出的是,尽管 1 分钟被视为沉默的测量单位,但问题指向的沉默在自然言语交际中其时长均有不等,如 Davidson(1984)的研究就指出沉默后言语行为的重组的时长就很短。针对这一现象,国外学者从"知晓感"(Feeling of Knowing,FOK)(Hart,1965)和"他人知晓感"(feeling of another's knowing,FOAK)(Brennan and Williams,1995)的认知范式视角,审视了反应延迟以及其他音韵提示和填充词等,认为其主要原因是说话者无法找到答案。

沉默属于暂停的研究范畴。暂停分为短暂停、中暂停和长暂停(Brennan and Williams 2005：84)或"存在"(present)和"不存在"(absent)(Swerts and Krahmer,2005：84),也可分为填充暂停和无填充暂停,无填充暂停亦可称"沉默暂停",暂停被认为有"提示"功能(Roberts et al.,2006：1081)。

4) 韵律提示反馈语

Jurafsky 等人的研究(1997)发现,1 155 个美国英语会话中有 19％的语段带有韵律提示反馈语（backchannel cue）。人们认为，反馈发生时，说话者就会发信号给听话者，告诉他现在可以用反馈语做出回答了。这种信号应该是音韵信号，如低音节点、音拉长和非句末语调。典型的词项如"uh-huh"，甚至笑声、咳嗽声也可视为反馈（Ward and Tsukahara，2000：1183）。Ward和Tsukahara(2000)基于美国英语会话语料和日语语料，考察了低音节点对反馈语的音韵提示，得出"低音110毫秒区能很好地预测接下来的反馈语"（Ward and Tsukahara，2000：1203)的结论。

5）韵律提示话轮转换

值得借鉴的是Duncan对话轮转换的系列研究。Duncan(1972)借助20分钟的对话录音语料，根据话轮信号功能将其分成六种话轮信号，如放弃话轮（turn-yielding）、话轮索求（turn-demanding）、尝试抑制（attempt suppressing）和反馈交流（backchannel communication）等类型。在话轮信号中，有三种为音韵信号，即① 位于音素从句末的音高水平；② 音素从句位的词尾音节或重音音节拖长音；③ 填充词音高或响度降低。其他的音韵变化包括话语中明显的降升调用作话轮放弃提示（Oreström，1983）。话轮最后音节延长，有时候音节基频提升，也说明话轮转换（Oreström，1983）。

还有Cutler和Pearson(1986)对话轮转换音韵提示的研究。他们设计了产出任务（production task）和文本感知任务（text perception task）实验来研究音韵提示话轮转换，发现句末音高降低提示说话者想放弃话轮（turn-yielding cue），然而要是音高上升，则表示说话者仍想保住话轮，因此，话语的基频曲线（fundamental frequency contour）可表示话轮转换。他们还发现其他音韵和音质变化与话轮转换有关。

6）韵律提示修补

韵律还可以向听话者提供修补提示，帮助其识别修补。研究表明，言语中的渐强语调突显（Levelt and Cutler，1983；Howell and Young，1991；O'Shaughnessy，1992)和语速、响度和音高（Curl et al.，2006)具有修补提示的功能。

Nakatani和Hirschberg（1994）基于航空公司旅行信息系统语料库（Airline Travel and Information System Corpus，ATIS)语料，创建会话自我

修补的结构模型（repair interval model，RIM）即待补间歇（reparandum interval）、间断语流间歇（disfluency interval）和修补间歇（repair interval），对三个阶段的音韵修补提示进行了研究。研究得出的结论是第一阶段开始处无明显的声、韵、调变化，但在结尾处发现了喉化（glottalization）和协同发音（coarticulation）；第二阶段包括填充暂停、无填充暂停和填充词。他们发现，从待补间歇结尾处到修补间歇开始处有很少但非常可靠的基频提高，振幅也有所增强。另一发现与 Levelt（1983）和 Blackmer 和 Mitton（1991）的研究成果相悖。Levelt 等人认为，填充暂停和填充词起着提示修补的作用，但 Nakatani 和 Hirschberg 的研究发现，带这种特点的修补只占所有修补的 9.4%（36/382），因此，无充分的证据证明两者能有效地提示修补，相反，无填充暂停的时长能够向听话者提供可靠的修补提示；对第三阶段的研究集中在韵律短语（prosodic phrasing），发现位于修补结尾处的短语边界（phrase boundary）可用来界定修补发生的区域，说明这种提示有助于听话者对修补的处理。

诚然，学界所揭示的音韵提示远不止以上的内容，如 Tonhauser（2016）基于三次感知实验的研究，得出音韵可提示命题投射的结论；Trott 等人（2019）指出音韵提示说话者的间接请求的作用等。相信，在不久的将来，会有更多的音韵提示被发现。

8.4.3.3　MCCECSER 中的修补韵律

在 MCCECSER 中，与文本相对应的音频为本书使用 Praat 语音分析软件进行测量和分析提供了语料支持。首先，选用 MC081 audio 文件，选取 MC081 文件中的词片断重复"curri curriculum"进行测量。

> 00:00:35 00:00:42 S1 playing video games with us how much time we <-_-> spend in extra uh <..> curri
>
> 00:00:42 00:00:47 S1 curriculum <..> activities, like sports <_\> and music programs. (MC081)

得出如下结果。

（1）音高方面，在"curri"阶段偏高，在"curriculum"阶段下降。

（2）音强方面，在"curri"阶段较弱，在"curriculum"阶段较强。

词片断重复音高和音强的变化如图 8.1 所示。

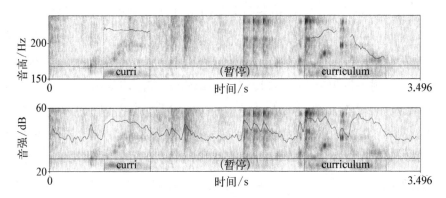

图 8.1　词片断重复音高和音强的变化

继而测量 MC081 文件中的替换修补"for the from the"。

00:00:47 00:00:55 S1 Then they $<\backslash\_\backslash>$ ranked how good they felt about each day when they walk up. For the from the answers, researchers in

00:00:55 00:01:02 S1 concluded $<@\_@>$ that teenagers who $<[\_>$ spend uh $<..>$ more spend more $<\backslash>$ time activities were (MC081)

得出如下结果。

（1）音高方面，在"for the"阶段趋于稳定，在替换修补"from the"阶段却走高，并在"the"位置上下降。

（2）音强方面，在"for the"和"from the"阶段冲高后回落，呈波浪形走势，但是在改正阶段"from the"阶段，音强出现持续的小波浪，最后，待替换修补完成，语流恢复后，趋于回落状态。从这一走势可以看出，说话者对这一替换修补的不确定和犹豫不决的心理。这些音韵变化足以向听话者提供修补提示。

替换修补的音高和音强变化如图 8.2 所示。

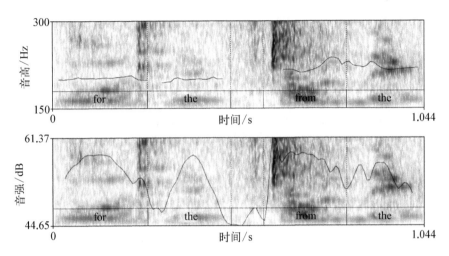

图 8.2　替换修补的音高和音强变化

再来看对重组修补 in the screen 和 in screens 的 PRAAT 测量结果。

00：01：04 00：01：11 S1 <..> who <_\> spend <[_> more time in the screen <..> in <\> screens </_/>.

00：01：12　00：01：15 S1 uh　<..>　and　the　study　stressed　that（MC081）

得出如下结果。

（1）在音高方面，"in the screen"阶段呈波浪形走势，先小幅升高，然后在"the"的位置上回落，准备冲高，最后在待修补位置"screen"和修补位置"in screens"，一路走高，直到修补结束才下降。

（2）在音强方面，在"in the screen"和"in screens"阶段的每一个词位置上均呈现冲高后回落的波浪形走势，可见说话者当时的心理活动。

重组修补的音高和音强变化如图 8.3 所示。

我们再来测量 MC083 文件中的替换修补"a paper this paper"。

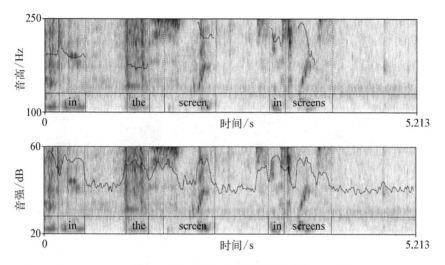

图 8.3 重组修补的音高和音强变化

00:00:04 00:00:12 S1 my part is shows <u>a paper uh <..> this paper</u> about attitude of undergraduates towards mental illness. (MC083)

得出如下结果。

（1）在音高方面，从"a paper"到"uh this paper"，音高呈缓慢持续上升走势，在"this"位置上升高，延续到"paper"，说明说话者在提示听话者：我要替换"this"，而且，由于"this"属于指示代词，说话者似乎在提示听话者，是"this paper"而不是"that paper"。

（2）在音强方面，和音高图相同的是，在"uh this paper"位置上音强冲高，修补后回落。

替换修补的音高和音强变化如图 8.4 所示。

最后，用 Praat 测量了 MC083 中的持续重复"make a um cho make a choice"。

00:03:26 00:03:35 S1 um <..> involve medical understanding, so um <..> so the nursing students <u>make a</u>

00:03:35 00:03:40 S1 um <..> <u>cho make make a choice</u> to more

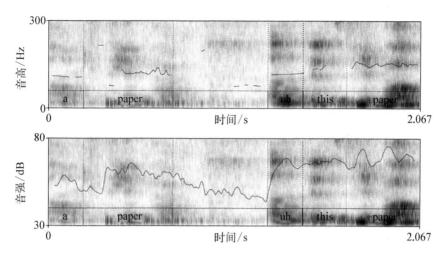

图 8.4　替换修补的音高和音强变化

00:03:40 00:03:45 S1 more uh <..> emphasize on

00:03:45 00:03:49 S1 emphasize on um <..>

00:03:49 00:03:54 S1 understanding，but more some questions are involve attitudes，(MC083)

得出如下结果。

（1）在音高方面，先在"make"后有小幅升高，接着持续走稳，然后在"cho"和重复阶段"make a choice"位置上走高，说明说话者在提取"make a choice"中的"choice"碰到了言内错误，所以在发出"cho"之后，重复"make"，再重复"make a choice"，这次，他成功地提取到了"choice"。这幅音高图似乎在告诉我们，说话者最后成功地提取到了"make a choice"，表现出对这一信息的肯定。我们在观察课堂学习者的口语或者在批改学习者的作文时，常常会碰到学习者一个非常常见的共性问题：在提取"choose"和"choice"时显得不确定，所以将语流停留在"cho"，而不是"choi"。这幅图正好说明了学习者在提取"choose"和"choice"时的心理活动。

（2）在音强方面，在"make a"和"um ma make a choice"之间有个持续平稳的走势，表示说话者监控到言内错误以及通过暂停和填充词来赢取时间计

219

划修补策略的心理活动。

持续重复的音高和音强变化如图 8.5 所示。

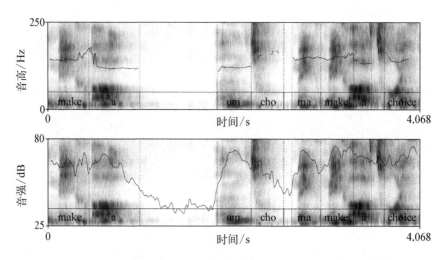

图 8.5　持续重复的音高和音强变化

无论是从音高还是从音强来看,修补者在修补开始和结束会出现这样或那样的音韵变化。这些变化正好佐证本研究的分析。

此外,Praat 分析和人工智能分析发现说话者在修补区间往往会有音调升、音调降和音调拉长等现象。我们通过文本挖掘的办法,共发现 68 处修补带有音调拉长"$<-->$",65 处修补带有音调升"$</>$",91 处修补带有音调降"$<\>$",见例。

④00:00:12 00:00:17 S2 Um $<..>$ $</\_/>$ I did two jobs. $<-->$ One was a

00:00:17 00:00:22 S2 um $<\\_\>$ $<..>$sell $<-->$ $<^\_^>$ sell man on um $<..>$

00:00:22 00:00:26 S2 $<..>$nage milk

00:00:26 00:00:27 S2 $<~\_~>$and

00:00:27 00:00:29 S2 and $<~\_~>$ milk tea shop <u>and $<\\_\>$ and</u> $<..>$ $<\>$ and

00:00:29 00:00:32 S2 <^_^> as a teacher <\> maybe <-_-> yes. (MC284)

⑤ 00:00:41 00:00:44 S2 If you do the job up here,

00:00:44 00:00:44 S2 and you

00:00:44 00:00:50 S2 will find the <\> the the the taste <^_^> not so good. Okay. (MC284)

以取同一文件 MC284 中的两个语段为例。例④，教师布置的随堂口语练习是介绍暑假期间的勤工助学。说话者 S2 打了两份工，即奶茶店帮工和家教老师。按照句法规律，应该是"was a salesman and a teacher"，但从语料来看，似乎在第二份工"家教老师"碰到了言语加工和提取上的困难，他想表达"家教老师"，但又提取不到英语的"家教老师"，即便是重复一连串的"and"，也无法用英语说出"家教老师"，只能下定决心，用迂回的办法，说出"as a teacher"。因此，语调降不仅提示修补，帮助说话者赢取修补和加工时间，而且还带有"确定"和"肯定"之意。一连串的重复以及暂停 <..>、眼神向下 <_\> 和语调降说明言语交际中各种非言语模态都是互动交际可以调动的资源。它们独立或协同完成互动交际，组成了完美的"修补共同体"，并作为"语境化线索"，为听话者解读说话者的话语提供指引（Gumperz，1982：131）。例⑤中的语调降还提示了说话者对后续言语概念复杂性（下结论）的迟疑不决。

8.4.4　伴补表情

面部表情（facial expression）是一种十分重要的非言语交际手段，用来表示说话者的态度，提升信息理解程度。在 Knapp 和 Hall（2006：260）看来，面部具备交际潜能。它是交流情感状态的首要部位，反映了人际态度，并就对方评论提供非言语反馈。它还是维持互动的首要方法，用来补充回应，替代言语。面部表情可以用来开启和关闭交流通道，还可以用来补充或限定言语信息。当交际者想强调、弱化或支持想说的言语时，交际者会上扬眉毛或嘴唇卷曲。不仅如此，在课堂教学中，面部表情是教学过程中极为有效的反馈（Jovanovic，2020），还是非常有用的教学工具（Butt and Iqbal，2011：11—14）。

具身情感研究揭示,面部表情和身姿会激发情感体验。根据面部反馈假设(facial feedback hypothesis)(Adelmann and Zajonc,1989),面部表情能激活和调节情感体验。此外,面部表情还影响语言加工。当语言与情感身体表达一致时,面部表情会促进理解加工;反之,则会妨碍理解(Niedenthal,2007)。

在 MCCESSER 语料库中,共识别出学习者课堂话语自我修补过程中伴随修补的面部表情有微笑和皱眉,统计发现 125 处修补中伴有微笑"<^_^>",85 处修补伴有皱眉"<~_~>"。

笑声具有多种功能,反映了交际双方的角色和关系。早在 1956 年,Goffman 就关注了笑声,视"干笑"(hollow laughter)为掩饰尴尬的手段;Adelsward(1989)将"尴尬的笑声"看作是保全面子的策略。笑声往往代表说话者卑微的地位以及建立亲疏关系的心理,Glenn(2010)认为,面试官和被面试者的笑声是不对等的,反映了各自角色的不同。同样的结论见 Glenn(2013a)的求职面试研究。他认为这种干笑以及尴尬的笑声,一方面,是为了掩盖说话者的知识不足;另一方面,也是为了建立良好的关系,如病人与医生的关系以及被面试者跟面试官的关系,缓解或调节言语气氛。他把同话轮笑声称为"首位笑声"(first-position laughter),用来表示说话者知晓他所说的话会带来的紧张气氛。Gao 和 Wu(2018)讨论了在 L2 考试环境下当交际者的二语水平不是很好的情况下,笑声代表前言语行为的协调和从属关系,体现了中国学习者的语言水平和他们建立的关系的亲疏。

在 MCCECSER 中,发现学习者用微笑或皱眉提示言语错误和修补,用微笑来表示完成修补所带来的成功喜悦,用皱眉来掩饰由于言语错误而带来的尴尬,见例。

⑥00:00:15 00:00:20 S1 so it's not have any <_\> problem to pro

　　00:00:21 00:00:28 S1 about pro pro <~_~> pro pollu <--> our environment uh <^_^> <..>

　　(MC421)

⑦00:01:58 00:02:00 S1 the the

00:02:00 00:02:04 S1 public transportation always not come quickly，

00:02:04 00:02:05 S1 <u>not not</u> <\> <..> <_\> <~_~> <u>afraid</u>

00:02:05 00:02:09 S1 <u>not</u> <..> come. When I afraid the station on time，

00:02:10 00:02:17 S1 so I need to <^_^> wait many times and with the time to <-_-> wait him with <--> it.（MC421）

⑧00:06:30 00:06:37 S1 The salary now in the company <u>is <^_^></u> <u></></u> is five thousand yuan

00:06:37 00:06:45 S1 and the <[_]> raise </> is given after 6 months according to <^_^> your ability.（MC423）

在例⑥中，学生在课堂上讨论了公共交通出行。说话者 S1 谈到了地铁出行的好处之一是不会污染环境。但是，他连污染的英文单词都无法提取，虽经努力，但还是提取不了，这不免令人尴尬不已，只能皱皱眉，提示一下言语错误以及连续修补的失败，例⑦亦然。正确信息的提取以及交通工具的迟来（当然不怕它不来），也是需要说话者用皱眉来表示。当然，例⑧就不同了。公司上班能有 5 千元的收入，而且 6 个月之后还能加薪，想想也是一件令人开心的事，当然，这种涉及隐私的事要不要告诉你，讲多还是讲少，还是说个整数，容我犹豫片刻。

8.4.5　伴补眼神

研究交际中的眼睛行为属于"oculesics"（目光学）。人们通过目光接触（eye contact）、凝视（gaze）、眨眼（blink）和眼珠转动（eye movement）等眼睛的行为来传情达意，因此，目光接触和凝视等眼睛行为自然成为非言语模态研究的对象。据报道，在交际过程中，一个人有 43% 的注意力是用来与交际对方进行目光接触，只有 12.6% 的注意力用来观察对方的嘴巴（Janik et al.，1978）。

目光接触亦被称为目光凝视、视觉注意（visual attention）和眼脸凝视（eye-to-face gaze）（Carbone et al.，2013）。

在目光接触研究中，其中一个重要领域是教学环境下师生之间的目光接触，如 Haataja 等人（2021）研究了中学数学课堂里师生目光接触的功能，认为师生之间的目光接触视教学情境的不同而不同，其作用的发挥受到了个人变化和师生互动质量的影响。Haataja 等人（2019）还研究了师生之间的目光接触的频率与教师支架意图之间的关系，指出只有当进行情感和认知支架教学时，师生的目光接触就会显得频繁。Barati（2015）分析了师生之间的目光接触对二语学习的影响以及优缺点。

值得一提的是，目光接触尚未引起国内学界的重视，尤其是在外语教学课堂环境下的师生目光接触研究，更是寥寥无几。现有的研究也都是浅猎之作，如罗莉（2013）讨论了师生的目光接触对大学英语课堂的影响。

凝视是目光接触的一种，是指在交际过程中互相注视着彼此的眼睛。它在交际中起着重要的作用。交际者会利用视觉提示包括凝视来协调彼此间的注意力，称为"共同注意力"（Moore and Dunham，1995）。当交际者引发或回应凝视以建立共同的参照点时，共同注意力由此产生。说话者还利用相互凝视来提示对方注意言语交流。如果对方没有回应凝视，那么，说话者就会改变他们的言语（Goodwin，1981）。凝视或凝视加手势还可以用来向对方求助（Goodwin，1986）或请求修补（Rossano et al.，2009）。

凝视在二语互动中的潜在功能也得到了一定的关注，如 Novick 等人（1996）认为，交际者往往会互相对视以确认听话者是否接受和理解交际，有否注意言语交流并对之感兴趣，协调话轮转换。Knapp 和 Hall（2006）发现了更多凝视所具有的功能。它能在两个方面协调会话流，即通过凝视来表示交际双方能公开交流，通过接收和发送各种信号来管理话轮转换。凝视能使我们洞察 L2 学习者如何从与其他说话者的互动中受益。Mortensen（2009）研究了言语前信号的识别以及凝视和身姿变化在话轮转换还没开始前是如何建立接话模式的，提出了凝视的五种功能，即调节会话流，监控反馈，反映认知行为，表达情感和交流人际关系。这五种功能使言语信息语境化，从而促进言语理解。

凝视的功能被不断发现,如 Haddington(2006)讨论了凝视作为评价行为在立场表达中的独立作用。Stivers 和 Rosano(2010)对互动中一方如何从另一方那里获得回应进行研究。他们的研究结论中就将多模态手段(主要是凝视)和形态句法手段、韵律手段和认知因素放在同等重要的地位,认为这四种手段对于回应的获取尤为必要。

因此,在外语课堂环境中,眼睛行为是一个非常重要的非言语教学工具,能帮助教师传达信息,而且还是解读学生信息的好方法;能帮助教师管理课堂,纠偏学习者错误;能了解学习者的行为、态度和兴趣以及动机;能提升课堂活力(如 Zeki,2009)。

MCCECSER 共识别了眼神向下“<_\\>”、眼神向上“</_ />”、直视“<-_->”和侧视“<@_@>”等眼睛行为。

⑨00:01:58 00:02:05 S2 I think the $<^\wedge\ \_^\wedge>$ government government should build $<\backslash\_\backslash>$ uh $<..>$ build more subways to $<-->$ connect

00:02:05 00:02:10 S2 some related uh $<..>$ cities. So you can uh $<..>$ travel,

00:02:10 00:02:15 S2 they can travel uh $<..>$ from one one city to another city (MC283)

⑩00:00:19 00:00:20 S2 and I'd like

00:00:20 00:00:26 S2 $<^\wedge\_^\wedge>$ $<\backslash\_\backslash>$ to interview for the $<\_]>$ sales position $<-\_->$ sales position.

00:00:26 00:00:32 S3 Okay. Where did you $<^\wedge\_^\wedge>$ graduate from and why should have you

00:00:32 00:00:38 S3 uh $<..>$ $</>$ appreciated $<\sim\_\sim>$ $<[\_]>$ from (MC424)

⑪00:04:04 00:04:08 S4 Please sit down second interview, okay number two

00:04:08 00:04:14 S4 interview or $<[\_>$ $<@\_@>$ $<..>$

<～_～>interviewee.

　　00:04:14 00:04:17 S4 Yeah，second candidate，second candidate.
(MC424)

　　在例⑨中，学生讨论了如何缓解交通压力这一问题。说话者 S2 提出自己
的观点，认为政府应建造更多条地铁线来连接城市。此建议是否合适？能否
会得到同学的共鸣？毕竟，建造地铁不是一件容易的事。这种不确定因素以
及向同学征求意见，使得 S2 自然而然产生了眼神向下的眼神动作。从语言学
的角度来看，在面对紧张或者感到不确定的情况下，人们说话时往往会出现眼
神往下看，这时候他们可能在思考如何回答问题或者如何表达自己的观点。

　　例⑩是在课堂上，学生正在进行教师表演求职面试。说话者 S2 前来应聘
销售职位，这里的直视和重复既表达了应聘者对应聘岗位的确定，又用直视对
方的策略来观察对方的反应以及注意程度。例⑪，说话者 S4 在招呼 2 号应聘
者就座，然而，对于应聘者到底是"interview"还是"interviewee"，S4 并不十分
确信。她一边招呼，一边侧视着对方，想提示对方修补信息的到来。同时，也
想观察对方的反应，以确定"interviewee"这一单词提取的正确性。

　　此外，我们还发现中国英语学习者在进行言语修补时所特有的非言语模
态：抬眼镜和瞪眼。这些动作，其一，是因人而异的，是根据个人的习惯而发
生的；其二，在所有的视频中，为数不多，因此未纳入统计范围。但由于它们具
有文化特质，在此提出来，供后期研究之用。

8.5　本章小结

　　本章主要讨论了修补的多模态性。多模态话语分析和互动语言学为本书
提供了理论基础。在此基础上，我们采用文献梳理的方法，从分类、功能和研
究方法等方面综述了国外针对非言语模态功能所做的研究，指出研究之不足，
并从开展交叉研究、借力新兴研究范式和推动模态融合研究等层面进行了展
望。然后，从手势、面部表情、眼神和韵律四个层面，研究了 MCCECSER 中的
伴补非言语模态，共识别出伴随修补的手势（左手抬、右手抬、挥手、双手抬）、

眼神(眼神向下、眼神向上、直视、侧视)、面部表情(皱眉、微笑)和韵律(音拉长、音调升、音调降),提出了"伴补手势"等概念,说明了非言语模态在整个修补过程中所起的作用。基于以上分析,我们认为:① 会话自我修补是一个多模态相互协同的自我纠错行为。言语模态(言语计划、监控、加工、调节)和非言语模态(手势、眼神、韵律、面部表情)共同组成了"修补共同体"。其机制的建立应考虑非言语模态的作用。② 会话自我修补可以定义为会话自我修补是说话者作为言语活动的认知主体运用元认知能力,采取一定的策略,协同言语和非言语模态资源,对自己的言语认知活动进行自我监控和调节的行为。

第9章 MCCECSER 中的认知和语用

我们在本书第四——第八章节着重分析了所建 MCCECSER 语料库中的各种言语模态特征和非言语模态特征,分别从自我监控、言语错误、语流中断、填充填充和无填充暂停、填充词以及修补策略和折回修补等几方面讨论了语料库所反映的修补三个阶段的诸特点,在此基础上,运用本文挖掘方法,论述了语料中的伴补非言语模态——手势、韵律、眼神和面部表情。分析表明,修补是一种具身认知行为,同时,它又是一种积极有效的语用策略和提升交际双方主体间性的好途径。此外,注意机制在修补过程中也发挥着不可或缺的作用。鉴于此,本章节尝试从具身认知理论角度来揭示修补的具身认知特点,兼谈注意机制在说话者会话修补中所起的作用和修补的主体间性,最后,从关联理论和合作原则出发探讨修补的语用特征。

9.1 MCCECSER 语料库中的认知

我们在本书的第 4～第 8 章节着重分析了所建 MCCECSER 中的各种言语模态特征和非言语模态特征,分别从自我监控、言语错误、语流中断、填充填充和无填充暂停、填充词以及修补策略和折回修补等几个方面讨论了语料库所反映的修补三个阶段的诸特点,在此基础上,运用本文挖掘方法,论述了语料中的伴补非言语模态:手势、韵律、眼神和面部表情。分析表明,修补是一种具身认知行为,同时,它又是一种积极有效的语用策略和提升交际双方主体间性的途径。此外,注意机制在修补过程中也发挥着不可或缺的作用。鉴于此,本章尝试从具身认知理论的角度来揭示修补的具身认知特点,兼谈注意机制在说话者会话修补中所起的作用和修补的主体间性;最后,从关联理论和合作原则出发探讨修补的语用特征。

9.1.1　修补与具身行为

具身认知作为第二代认知科学,是认知心理学的新取向。它强调身体活动和身体体验在人类认知活动中的作用。虽然具身认知研究涉及言语产出(Alibali et al.,2000:593—613),修补研究成果也十分突出,但将具身认知理论与会话自我修补结合起来进行考察的研究,至今仍十分鲜见。我们以会话自我修补加具身认知为关键词搜索 Science Direct、Elsevier、JSTOR、Springer和 CSSCI 等数据库,均未果。

鉴于修补所蕴含的具身认知特征,本书以具身认知理论为基础,依托MCCECSER 语料,从具身认知主体、具身手段和具身成效三个方面,论述修补的具身性,说明将具身认知理论引入修补研究的理据,验证该理论的解释力,并讨论研究给外语教学及其技术带来的启发。

9.1.1.1　修补与具身认知

从具身认知的视角来看,修补不可能是单一的"离身"认知活动,而是由人类的知觉运动直接参与,语言、身体和环境相互交互的"具身"认知活动。修补过程体现了具身认知特征。它的监控、编辑和改正阶段体现了神经—肌肉运动表象和思维图示相结合的结果,也是身体与环境反复交互的结果。身体的知觉运动经验参与了言语产出认知活动的全过程。它与听觉和体感反馈有关联。说话者根据这些发音动作是否与原始发音意图相一致来监测自己的言语产出质量。

因此,如果能将会话自我修补置于具身认知理论的框架下加以研究,不仅得出的结论对于修补研究本身而且对具身认知理论均有学术增长点,基于MCCECSER 语料的分析对于我国的英语教学与研究及其改革也有参考价值。

9.1.1.2　会话自我修补的具身性

言语产出的具身性自然反映到了说话者对自己的言语认知活动实施自我监控和自我改正的会话自我修补行为。从修补的监控、编辑到改正阶段,身体、思维和环境的交互无处不在。说话者本身所体现的主体具身性以及修补过程中出现的韵律变化,是认知主体知觉运动的具体体现,对修补认知过程会产生重要影响。它们并非独立于修补，而是与修补密不可分，具有丰富的具身性。

1) 主体具身性

元认知理论认为，认知主体对自己的言语产出认知行为具有分析、评价和描述言语行为的元语言知觉能力（metalanguage perceived ability）。元语言知觉是说话者对自身言语的语义、句法、词法和语音表现出来的知觉或敏感，是说话者作为言语主体对言语行为进行监控和调节的技能。

从修补的整个过程中，我们可以看出说话者对自己的言语产出有知觉，行监控，施调节。自我修补的三个阶段实际上是说话者自我感知、自我监控、自我重新计划自身言语并自我修补言语错误的过程。其待补阶段是说话者对认知活动的自我感知和自我监控阶段，编辑和改正阶段是说话者重新计划言语和修补会话错误的自我调节阶段。其中的编辑阶段是说话者监控到言语错误后凭借语流暂停等手段来争取时间以重新计划言语并制定修补策略的自我重新计划阶段，而改正阶段则是说话者对言语错误进行自我修补的阶段，见例。

①00:01:53 00:01:56 S1 Uh <..>this is the

00:01:57 00:02:04 S1 this is the Chinese characters have different meanings and

00:02:04 00:02:10 S1 uh <..> good looking. That's their uh <..>advan that's our advantages.

(MC266)

②00:01:09 00:01:20 S1 econdly, I like playing basketball, because basketball <[_]> uh <..> because I I like many favorite superstars. My favorite superstar was <-_-> Kyrie Irving and <_]> and Kobi Bryant.(MC042).

例①，说话者 S1 首先感知到了言内错误，在发出"this is the"（待补阶段）之后就停止了语流。经过短暂的暂停以赢取重新计划言语的时间（编辑阶段），他选择了重复修补（改正阶段），重复了"this is the"，然后再恢复语流。之后,他再次感知到了言语错误,在尚未发完"advantage"(待补阶段)之后停止语流,经过短暂停(编辑阶段),实施替换修补(改正阶段),用"our"替换"their",完成了整个修补行为。

例②,说话者S1是个篮球迷。他之所以热爱篮球,是因为受到几个篮球偶像的影响。然而,一开始,他想表达的意思是因为篮球的原因。在发出"basketball"之后,他意识到了信息与交际意图的不相称,于是,他停止语流,通过双手抬起和填充词"uh"以及中暂停,甚至还出现重复I,他才成功地提取到了合适的信息。显然,概念复杂性给说话者造成了一定的认知负载。在提取合适的修补信息时,他遇到了问题,需要较长的时间来重新计划言语。这时候,身体、环境和思维的融合得到了很好地体现。之后,在提取"Kobi Bryant"时,仍然碰到了困难。他凭借右手抬和重复,成功地提取到了"Kobi Bryant"。

因此,说话者在经历了概念、句法和言语形成之后,产生了言语,并运用自身的言语自我监控系统对所产出的言语进行监测,表现出一定的知觉和监控能力,体现了知觉过程、身体生理机制与元认知监控和调节共同参与、互相协作的加工过程。

说话者对自己言语质量的监控还表明,言语产出具有内部操作系统,表现为说话者的语言期待和预发声,通过"替代体验",即通过大脑与身体的感知与运动系统等通道进行具身感知和虚拟体验,激活对英语言语形态的内隐发声,即"预发声"和"字句情景内视",预期语言后续结构和内容,建构立体语言经验,预设并调整语言表达范式,以实现言语产出及言语理解的目的。

如前文所述,关于言语监控,其中有个正演模型(forward-modeling,Lackner,1974)理论。该理论就假设,语音推测放电信号(corollary discharge signal)不但可以与听觉反馈,而且可以跟体感反馈(somatosensory feedback)以及(或)本体反馈(proprioceptive)进行比较。听觉表征和感知在语误监控中起作用。在发音过程中,来自发音器的体感反馈以及(或)本体反馈同样可以监控语误。经Hickok(2012)优化的分层状态反馈控制模型(hierarchical state feedback control model)也提出,在计划运动任务(motor task)时,感官目标活动也许会被遏制,这样,有助于监控期望目标的偏移,如语误监控。此外,从早期计划到运动活动,比较目标和执行情况的反馈循环一直处于活跃状态,这就解释了言语产出前后的语误监控。

Postma(2000：104—113)提出的 11 个反馈循环(feedback loop)中就有神经元传出反馈(efferent)、触觉反馈(tactile)、本体感受反馈(proprioceptive)和听觉反馈(auditory feedback)等，分别涉及节点激活、发音系统和听辨等环节。这些反馈循环指示和驱动言语运动命令模式(motor command pattern)，对言语错误进行了监测和改正。这些理论和观点为从具身认知的视角进行考察修补提供了理论依据。

主体具身性还体现在说话者的动机强化上。在自然言语交流中，说话者为何要监控自己的言语行为呢？观点一："对内部言语的自我监控很有可能是为了避免内部言语错误的公开化，而对外部言语错误的自我监控则是为了减少已经公开的错误所造成的损失。"(Nooteboom，2003：2)如此解释难免让人觉得过于肤浅，就事论事，未涉及自我监控者的深层动机。观点二："言语主要是计划好的。意义、句法、词形的选择是一个复杂的过程，难免产生错误。对这一计划过程进行自我监控能防止部分错误在外部言语中产生。这很重要，因为言语错误会妨碍会话的流畅性，有时会令人难堪。言语产出模型承认监控机制的重要性，认为该机制能帮助说话者最理想地表达自己的信息。"(Schiller，2004：1)此解释说明了说话者监控言语的目的是能最理想地进行言语交际。

此外，主体具身性还体现在说话者及时修补以适应新情境的能力上。这一能力在说话者的言内修补行为(covert repair)亦即重复修补中得到了充分的体现。重复是说话者在言语错误尚未发出音就监测到了言语错误并加以修补的行为，因此被称为言内修补。见例。

③00：01：33 00：01：36 S2 and now the person tell you

00：01：36 00：01：42 S2 and <~_~> <..> what you <@_@> want you want to <_]> do is not is not<\>suit for you，

00：01：42 00：01：51 S2 you should strive for it and even even even um <..>

00：01：52 00：02：01 S2 even <_]> the uh <..> even even to

pay pay a high um <..> okay .(MC317)

④00∶00∶00 00∶00∶07 S1 Um <..>what's on? <@_@>May I ask you some question about what's your um <..> what's your favorite movie?

00∶00∶08 00∶00∶15 S2 Um <..> Harry Potter

00∶00∶15 00∶00∶18 S1 Um <..> I wonder what um <..> what's the plot? Can you tell me more details?

00∶00∶18 00∶00∶24 S2 Um <..> Plot of the Harry Potter film service is very attractive

00∶00∶24 00∶00∶29 S2 and it's magic that doesn't exist in your life is also very wonderful in movie.

00∶00∶29 00∶00∶34 S1 Okay is is this a fantastic fantastic movie? (MC320)

例③,说话者1在计划和提取上述重复后面的概念上一时难以确定,因而造成了认知资源的暂时缺失。于是,他只得暂停语流,以便有时间来计划言语。经过一段时间的暂停和重复被重复项之后,他提取到了准确的概念,随后恢复了语流。这里出现的持续重复"even",足见其提取正确信息的压力有多大,也足见具身手段在这里所起到的赢得时间的作用。例④亦然。在提取"favorite movie"和"plot"时,说话者遇到了概念复杂性所造成的认知负载,于是,不惜采取重复来进行言内修补,以凸显其适应新情境,及时修补言内错误的交际能力。

2) 具身手段

知觉符号理论(perceptual symbol system,Barsalou,1999)认为,概念是在感觉运动经验的基础上建立起来的,符号表征系统的活动会受到身体感觉经验的影响。具身语义学(embodied semantics)观点也认为,概念表征过程中有感觉运动脑区的参与。这些脑区决定了概念的意义。

修补过程是具身的,即言语修补与说话者的感觉、知觉和身体之间存在密切的联系。修补也需要具身,以有效吸引听话者的注意力,提示即将到来的修补。因此,如果在修补过程中遵循行动引导原则,使用交际双方耳熟能详的表情、体态语、手势语、图片或者是韵律变化等多模态形式,就能使修补语用增量,使说话者的修补信息更为准确地传递给听话者以强化修补效果,不仅如此,还能使听话者产生亲切感和认同感。见例:

⑤00:01:22 00:01:25 S2 How $</\_/>$ $<-->$ how long time do you $<^\_^>$ <u>stay</u>

    00:01:25 00:01:28 S2 <u>stay</u> in $<\backslash\_\backslash>$ there?

    00:01:28 00:01:29 S1 I $<@\_@>$ $<-->$ $<^\_^>$ have

    00:01:29 00:01:32 S1 I$<\sim\_\sim>$ have $<\backslash\_\backslash>$<u>for the</u> $<\backslash>$ for

    00:01:32 00:01:35 S1 <u>5 years</u>. How about you? (MC353)

⑥00:00:32v00:00:36 S2 I'm $<@\_@>$ working for

    00:00:36 00:00:38 S2 a $<..>$ cooperation $<@\_@>$ come

    00:00:38 00:00:39 S2 come to trade $<@\_@>$

    00:00:39 00:00:41 S2 uh $<..>$ $<\sim\_\sim>$ $<\backslash\_\backslash>$ Joh $</>$ nson

    00:00:41 00:00:43 S2 and I$<\sim\_\sim>$ special $<-->$ $<-\_->$.

    00:00:43 00:00:46 S2 <u>My specialized</u> $<-\_->$ is $<\sim\_\sim>$ in

    00:00:46 00:00:50 S2 children's educational $<...>$.(MC354)

例⑤,说话者2做了两次修补,分别是重复"how"和"stay"。在修补的第二阶段,即编辑阶段出现了眼神向上"$</\_/>$"和中暂停"$<-->$"。说话者1也做了两次修补,分别是重复"I have"和折回重组"for the"。在第一次修补中,他用了侧视"$<@\_@>$"、音拉长"$<-->$"、微笑"$<^\_^>$"和皱眉"$<\sim\_\sim>$"。在第二次修补中,他用了音调降"$<\backslash>$"。

例⑥,说话者2想表达的是作为公司的贸易人员,他主营的产品是什么。尽管在提取主营的概念和信息时出现错误,但是,在修补过程中,他使用的非言语模态是皱眉"$<\sim\_\sim>$"、音拉长"$<-->$"和直视"$<-\_->$"。

两个例子均呈现了非常丰富的多模态性,既有眼神,又有表情,更有韵律变化。

上述非言语模态变化是言语产出中不可或缺的要素。由于空间的限制，这些变化更具特性和代表性。它们与修补同步，指向修补，助力听话者理解言语，反映修补的具身性。因此，它们绝不是言语交际的副产品，而是用于交际，具有符号元素，是说话者采取的具身手段。

在行动为基础的语言习得观中，说一个字可以激活相对应的行动。一看到说话者做一个手势或者音韵发生变化，听话者的镜像神经元就会产生共鸣，听话者对相关概念的控制和预报就会被激活。显然，在外语学习和表达的过程中，非言语模态变化能促进言语产出及其理解，在描述物体、表达意图、提示语误和指向修补等语用现象中，起着重要的作用。同时，也充分说明说话者会动用自己的多种感觉状态、知觉表象和理念意象以及内部言语监控机制来全程在线监控自己的言语加工质量，以便最理想化地转化外部信息。

3）具身成效获得

修补具身成效通过两个途径来获得，一是修补完成，二是听话者回应（uptake）。

一是修补完成。当说话者重新计划好言语并计划好修补策略之后，就会根据修补策略进行修补。修补之后，语流重新恢复，交际得以继续，这时，具身修补便显现出它的成效，见例。

⑦00:02:49 00:02:57 S1 uh <..> it's a a kind of a big lantern a big dragon lantern and a kind of activities.

00:02:57 00:03:02 S1 and the lion dance are walking on stilts. uh <_]> <..> Cai Gao Qiao，（MC035）

⑧0:00:42 00:00:50 S2 in addition，it is a great benefits. It can speed<@_@> <_]> reach an speed of more than 100 kilometers per hour.

00:00:50 00:00:55 S2 uh <..> and its average speed <@_@> is <-_-> 36 kilometers kilometers per hour.

00:00:55 00:01:00 S2 So <@_@> I think it's very convenient

for our community um <..> .

00:01:10 00:01:13 S1 As we all know，<@_@> subway is becoming more and more popular.

00:01:13 00:01:22 S1 And it also has many uh <..> <^_^> advantages. Do you think uh <..> it also has some disadvantages?

00:01:23 00:01:23 S2 Okay <-_->.

00:01:23 00:01:30 S2 Oh well I think if you want to go uh <_]> <@_@> <..> a far place for a journey for a trip，

00:01:30 00:01:35 S2 so you you you cannot get uh <..> you <@_@> cannot get there by subway.

00:01:35 00:01:39 S2 You you <@_@> can only uh <..> travel around the the city. (MC282)

例⑦，说话者 S1 重复了"a"，而且做了插入修补，将"dragon"插入"big lantern"之间，使信息更加充分，表达更加确切，使交际得以进行下去。例⑧，说话者 1 重组了"speed"为"reach""a speed"，尽管他用了"an speed"，又重复了"kilometers"和"you"，使具身修补得以成功获得。

诚然，言语交际是双方共同合作和努力的结果。具身修补最后能产生成效，还需要听话者的认同以及理解。实验证据表明，言语产出与加工引发听话者感知、动作以及相关经验印痕的共鸣。正如我们的计划和行动能力离不开对环境变化的预测一样，听话者对言语的理解最实质的部分也是预测下文的能力。这一预发声的过程是即时的，同时，包含着文本中所描述的人、物、情和事件的替代体验。言语错误的产生和修补，语流的中断和恢复，需要音韵变化、手势等多模态具身手段，需要听话者产生共鸣，以便实现言语再理解。

二是听话者回应。我们在此借用二语习得中的一个重要概念——uptake 来描述听话者对修补的反应和共鸣。它指的是学生对教师的纠错反馈所做出的反应(Lyster and Ranta，1997：49)。如同教师的纠错反馈需要学习者的理解，说话者的修补完成与否也需要听话者的认可和理解，也就是说，听话者对修补的回应决定了修补是否成功，具身行为是否能取得成效。根据该语料库所提供的语料,听话者共使用下列方式做出回应。

⑨00:04:31 00:04:41 S2 But uh <..>there are also it will cause many problem problems. Do you think that someone

00:04:41 00:04:51 S2 someone destroyed or killed on the on the mobike or lock it with their own lock.

00:04:51 00:04:57 S3 Um <..> yes. Or as for as for these <..>

00:04:58 00:05:22 S3 uh <..> um <..> uh <..> did as for these unfriendly actions we should uh <..>

00:05:24 00:05:37 S3 we we should <[_> take some measures to oh <..> to avoid oh

00:05:39 00:05:54 S3 to avoid <[_> this to avoid this actions.

00:05:55 00:05:57 S2 Sure. and I <^_^> think that

00:05:57 00:06:05 S2 the government should take some measures to uh <..> improve this situation,(MC480)

在例⑨中,说话者 3 用了一连串的重复修补来明确表明自己的立场,即政府应该采取措施避免这种肆意损坏共享单车的行为。他的重复修补和观点得到了说话者 S2 的"sure"肯定,并重复确认了说话者 S3 的观点,即政府应采取措施改变这种行为。

"尽管具身认知仍处于婴儿期,但其多学科和跨学科的性质让人深思。它不仅能提升教育实践活动,而且还能使学习者的学习更为有效"(Shapiro and Stolz,2019:19)。以上分析无论对教师还是学习者都有启发意义。

对于教师而言,学习者的修补具身性是很重要的实时反馈,有其教学提示功能。这些变化提示教师接下来与学生的交互(Suinn,2006),使教师改变教学方向(Davis,2009),做出是否需要"检查学生是否理解,是否实施更多或不同的教学,或者是否应该布置更多的练习"的决定(Webb et al.,1997:89)。

对于学习者而言,修补中的具身手段如语流中断、暂停和韵律变化说明了学习者在言语产出和理解过程中发现问题和解决问题的能力，也是重要的课堂交互能力(classroom interaction competence，CIC)。Walsh(2011)将交互能力(interactional competence，IC)用于课堂话语，提出了"课堂交互能力"这一概念，并将其定义为"教师和学习者将交互用作工具协调和助力学习的能力"(2011：132)。在此基础上，他提出了 CIC 的三个主要特征，即① 使用适用于学习者的教育语言；② 创建交互空间(如广泛运用暂停，少用修补，延长学习者话轮与回应)；③ 改变学习者贡献(如要求澄清、实施支架式教学和修补学习者输入等)。

以上分析也揭示，我们还需提高学习者运用具身手段促进外语产生和理解的能力。教师应该有意识地传授具身知识，引导学习者积极主动地运用这些策略。

同时，要深入揭示这一问题，还需要利用高科技软件，如 Elan、Praat 和人工智能技术来建立真正意义上的多模态语料库，实现多模态协同，并进行细致的数据分析；要从具身认知视角研究修补，还需要通过研究方法的实证化来提高研究结果的可信度，因此，还需依托新兴研究范式，如眼动、ERP 和 fMRI 技术来加以研究。

研究显示，会话自我修补是说话者心理、身体、环境互相交互的具身认知行为。身体参与了言语产出和言语调节的全过程。整个修补路径体现了认知主体整合机体内部的生理资源与所处的语境，促使身体与认知对象、语境发生有效的互动并达到动态平衡。此外，分析还揭示，韵律变化与会话自我修补在交际系统中是紧密相连的。在说话者对所监控到的言语错误实施自我修补的过程中，韵律变化促进了信息理解和生成，也促进了修补的顺利开展。在提示修补、强化修补信息、争取计划时间，向听话者传递修补信息等语用现象中，它起着举足轻重的作用，是成功外语交流心理模拟的重要元素。因此，具身认知理论对修补有一定的解释力。

9.1.2　修补与注意

注意是一切心理活动的门户，是人类进行各项活动的基本前提。对于二语习得，它也是一个非常重要的概念，自始至终贯穿学习者的整个学习过程，控制着学习者的习得行为以及信息和行为。它容量有限,体现了学习者在认知活动中选择关键信息进行加工和处理的努力,主张注意可划分为显性注意和隐性注意两种。这两种注意相互作用,共同努力,推动二语习得过程。前者是学习者对语言特征的有意注意,后者是学习者凭借潜意识和直觉对语言特征的无意注意。

根据输出假设(Swain,1985)中的三大功能之说,注意功能在学习者的语言输出中发挥了首要的功能。注意将学习者的认知焦点引到了语言加工上,使他们将输出与中介语隐含知识相匹配,如果发现有偏差或差距,注意会使学习者认知系统进行再加工以及在线再加工。同时,输出假设还强调,注意是通过内部和外部的机制,促使学习者注意偏差的。因此,注意在学习者的语言加工和产出与中介语发展之间起到了桥梁的作用。

上述观点为解读学习者对自己言语认知活动进行自我监控和自我调节提供了很好的理论解释和依据。依据 Levelt(1983)的观点,会话自我修补由三个阶段构成:待补、编辑和改正。我们认为这三个阶段科学合理地划分了整个修补的全过程。在此过程中,注意机制贯穿始终。Levelt 的监控理论起初用于第一语言产出对言语错误的监控,后来也用于第二语言的产出。Levelt(1989)指出,对语误的监控与注意力是密切相关的。人的注意力是有限的。执行任务时,语言运用就会受到影响。此外,它还会影响到监控机制的效率和说话者注意到的言语错误的数量和种类。从这点来看,MCCECSER 中大量存在的未被监控和修补到的语误,其中一个原因便是学习者二语习得系统中注意机制尚未得到很好的利用。

从语言加工的性质来说,加工是多模态的,需要一系列不同的认知系统的相互协同,如注意机制、记忆、视觉和听觉等。注意机制在概念选择、候选词选择等方面起着重要的作用(Mishra,2015),因此,成功的监控前提是说话者注意到其言语产出偏离了自己的交际意图,从而,产生警觉,监测语误,进而实施修补。

此外,输出假设中注意的内部和外部机制适用于对言语监控的解释。如前文所述,监控有发音前监控和发音后监控之分,修补也有言内修补和言外修补两种,因此,我们认为,对言语错误的注意机制同样也有发音前注意和发音后注意或者是言内注意和言外注意之分。假设,语料库语料中大量存在的词片断修补,比如词片断重复,尽管被视为言内修补,但是这样的修补,其前提必须是学习者注意到了这种差距,见例。

⑩00:00:00 00:00:01 S1 I think mostly.

00:00:01 00:00:06 S1 uh <..> first, let's look at this line graph.

00:00:06 00:00:08 S1 uh <..> you can see two lines.

00:00:08 00:00:10 S1 this strong brown

00:00:10 00:00:13 S1 one represents abortion rates and this

00:00:13 00:00:14 S1 <...>

00:00:14 00:00:19 S1 blue blue line represents the birth rate um <..> during

00:00:19 00:00:25 S1 1959 and 1980 uh <..>the bir abortion

00:00:25 00:00:29 S1 abortion rate has increased

00:00:29 00:00:37 S1 because during this time, America uh <..> labors legalized abortion so it has a

00:00:37 00:00:39 S1 has a um <..>

00:00:39 00:00:40 S1 increase (MC219)

例⑩,说话者1在讲述美国的堕胎率,然而,他差点提取了出生率,还好在发出"birth"的"bir",他注意到了言语产出与交际意图之间的差距,于是,在尚未发完"birth"的情况下,中断了语流,选择了替换修补。这里,显然,说话者的注意机制在言内加工中起到了作用。

又比如下例:

⑪00:01:04 00:01:09 S2 It is only consi consider one most couples are well prepared.

00:01:09 00:01:18 S2 Material family is that the family income is stable and has such savings. It uh <..> so so it will

00:01:18 00:01:24 S2 not affect the self quality of life because of the arrival of children. (MC367)

例⑪，说话者 S2 在发出"consi"之后就注意到了言内错误，这里也许是概念产生的错误，或者是候选词的问题。他当即中断语流，实施言内修补。最后在选择"consider"之后，才恢复了语流。

我们是否可以将这样的注意称作发音前注意或言内注意呢？见例⑫。

⑫00:00:44 00:00:46 S1 in these

00:00:46 00:00:52 S1 situations，<u>one of the most point one of the points</u> is a problem how to break the ice

00:00:52 00:00:53 S1 so <-_-> <\> <~_~>

00:00:53 00:00:58 S1 not only in the <[_]> social <@_@> situations and <--> business world,

00:00:58 00:01:00 S1 but also in our daily <@_@> life </>,

00:01:00 00:01:03 S1 you must observe that the phenomenon (MC271)

在例⑫中，说话者 S1 说出了"one of the most point"之后才注意到不妥当的信息，他折回到"one of"之后才实施重组修补。这里，注意机制显然是对言外信息或发音后信息的注意。

对于二语学习者而言，注意是将输入(input)转变为吸收(intake)的充要条件(Schmidt，1990)。有意识地注意语言形式对于语言学习是非常有必要的。注意理论认为，不是所有的输入都有同样重要的价值，只有被注意到的输入才有可能被吸收，从而被大脑认知机制有效加工。一定程度的有意识的注意非常有助于某一语言资料被吸收进学习者的中介语系统。

Robinson(1995)认为，有意识地注意到所学语言的特征(detection)，发现"别人是怎么说的"与"自己会怎么说"(a gap)或者"自己还不会说的东西，别人是怎样说的"(a hole)之间的差距，能使新注意到的语言形式进入长时记忆，以备日后使用。

根据信息加工对注意力的要求,如果能充分运用注意机制,合理分配好注意力,将会对言语监控和修补以及二语学习者中介语发展产生深远的影响。学习者如果能借助自身对语言材料的敏感性来掌握它,充分发挥注意的作用,其语言习得功效必将得到极大提高。

因此,注意机制对于言语产出和言语理解以及外语学习作用颇大。对于修补与注意的关系,可以认为,注意促使修补者监控到言语错误并实施修补,在言语理解中帮助听话者注意到言语错误以及说话者对言语错误的修补,从而达到顺畅交际的目的,最终实现学习者的中介语发展。

这里所谈到的修补的言内注意和言外注意,或者是发音前注意和发音后注意只是我们的假设。是否成立,还需要经过实证研究的进一步验证。

9.1.3　修补与主体间性

主体间性的英文是"intersubjectivity",即"诸主体之间的共同性"(夏基松,1987:183)。它原本属于哲学范畴,产生于西方哲学的后现代主义思潮。最先提出这一理论的学者是德国的现象学之父胡塞尔(Edmund Husserl),他是西方现代哲学的开山鼻祖。之后,德国哲学家海德格尔(Martin Heidegger)和哈贝马斯(Jürgen Habermas)等人丰富和拓宽了该理论,成为当今被学界认可的现代解释学思维模式。

主体间性理论的主要内容是研究主体与其他主体之间在人际交往活动中是如何相互作用、相互理解的。该理论一改过去将人际交往活动看作"主体—客体"间的活动,而是将客体也视为主体,这样,活动双方处于平等的关系,得到平等的待遇。他们互相影响,互相理解,共同作为意识共同体,共同完成交际活动。

修补本身就是体现了这种平等关系。为了使听话者能正确理解说话者的交际意图,说话者在监测到言语错误之后,就会积极采取措施,对语误进行修补。说话者与听话者之间的修补和互动就是主体之间的互动。通过修补,说话者表达了对听话者言语理解的关注,体现了说话者对听话者权力和利益的关注。对此,Schiffrin(1990)认为,主体间性就是说话者和听话者之间的相互作用,体现了前者对后者的关注以及后者的言语理解和反应程度。这种说话

者对听话者的认同和关注,得到 Traugott 的研究支持(Traugott and Dasher,
2002)(Traugott,2010),同时,也得到了 MCCECSER 语料的支持。见例。

　　⑬00:02:40 00:02:49 S1 Uh <..> <~_~>in <_]> addition,
the Lantern Festival in many places also uh <..> added a dragon
lantern para parade Wu Longdeng. It is

　　00:02:49 00:02:57 S1 uh <..> it's a a kind of <u>a big lantern a</u>
<u>big dragon lantern</u> and a kind of activities.

　　00:02:57 00:03:02 S1 and the lion dance are walking on stilts.
uh <_]> <..> Cai Gao Qiao,(MC035)

　　例⑬,说话者 S1 在讲述元宵节的习俗之一舞龙灯。他在跟同学介绍龙灯
时,监测到了信息的不充分"a big lantern",于是,采取了插入修补,将
"dragon"插入到"a big"和"lantern"之间,使信息更充分,有利于其他主体进行
正确的言语理解。

　　主体间性理论还认为,说话者在表达自我观点的同时,基于话语目的,通
过对听话者身份、立场、态度、情感和面子等因素的关注,会借助一系列手段,
最终与听话者达成相互理解,意识共通,从而实现其交际目的,这既是主体间
性的实现过程,也是对主体性的丰富和发展。因此,从宏观的角度看,主体间
性与主体性的关系不是二级对立的,而是包含主体性从一端到另一端的连续
统,不同的语言资源正处在这个连续统上,有些靠近主体性一端,有些靠近主
体间性一端,是一个动态的、渐变的过程。

　　本书认为,主体间性理论可以很好地阐释学习者课堂会话自我修补的哲
学基础。说话者对所监控到的言语错误实施自我修补,固然有对自我社会形
象和面子的关注,表达自我观点和态度,即主体性,但是由于人际交流是双向
的,修补的目的也是使听话者明白自己的交际意图,从而使交际得以顺畅地进
行下去。他对听话者的关注以及对听话者权利的维护,构成了修补中的主体
间性。修补过程中出现的填充词、非填充暂停和语流中止以及其他声、韵、调
特征和手势等非言语模态,为互动对象构建了言语理解的局部语境,提供了修

补提示,帮助听话者注意修补并理解经修补的言语。

正如 Kurhila(2003:44)所指出的,当出现听、说或理解问题时,修补是交际者获得主体间性理解的资源。说话者与互动对象组成了主体间性的共享簇(shared manifold)。各种修补特征有助于共享簇的建立,帮助听话者在头脑中唤起同样的知觉,促进说话者与听话者之间主体间性的建立。修补从话语模式建构上的能动性特点来看,能促进交际双方的主体间性,构建和谐的师生和生生关系,促进言语理解,推动交际顺利开展。

以 MCCECSER 中的填充词为例,说话者借助这些填充词,一来是想赢取时间计划修补,二来向听话者传达发现言语错误、注意即将到来的修补以及希望对方别抢话轮等信息。非词汇化填充词是如此,词汇化填充词更是如此。学习者在语料库中使用的填充词"you know"直接指向听话者"you",显然表达了对听话者的关注,同时,也表达了说话者本人的自我取向,具有较强的主体间性。

修补过程中出现的暂停和非言语模态提示也是如此。它们同样体现了说话者对听话者言语理解的关注,与听话者之间的和谐共通以及交际双方人际互动的动态过程。这样,说话者与听话者,主体与主体间相互沟通,相互影响,共同构建主体间性连续统,见例。

⑭00:00:00 00:00:02 S1 There a boy in our class.

00:00:02 00:00:07 S1 Um <..> he don't wear glasses and her hair was <..>

00:00:07 00:00:11 S1 little long covered <_\> his uh <..>, <_\> covered his eyes,

00:00:11 00:00:13 S1 uh <..>covered his ears.(MC008)

在例⑭中,说话者 S1 通过填充词"uh"以及中暂停<..>和眼神朝下<_\>向听话者提示了言语错误及其修补即将到来。因此,两者是互通的。

从国内外文献来看,专门论述修补与主体间性的研究较为罕见,本书只是做了尝试性的论述。应该看到,主体间性理论对进一步理解和了解修补具有解释力,但基于主体间性是一个复杂的社会互动与认知过程,我们还需在不同的层面上做进一步的研究。

9.2　修补与语用

修补是间断语流表现形式之一。间断语流是说话者用于言语交际的语用工具,是说话者所采取的策略之一(Clark and Wasow,1998),也是一种语用问题(Mehnert,1998)。虽然是语流的中断现象,但是,间断语流也有其积极的一面。它有助于说话者和听话者之间的互动,能减轻会话压力和紧张情绪,传达说话者信息,如下一步的言语交流、其思想和思维活动(找寻词汇等)等。它还反映了说话者进行言语计划时所承载的压力,体现了说话者的二语水平。作为交际策略,它能赢得时间,管理话轮。学习者间断语流现象出现的频率越高,他们的语言监控意识就越强。

因此,间断语流是交际双方所采取的语用策略,具有非常丰富的语用特征。从语用的角度来探讨间断语流,有其学术价值。

上述观点适用于对间断语流现象之一的修补的解释。修补本身就是说话者所依赖的语用策略,既反映了言语计划的压力和说话者的二语水平,也具有向听话者提示言语加工变化,帮助后者进行合理的言语理解的过程。

9.2.1　修补与关联理论

关联理论(Sperber and Wilson,1986)指出,我们的人际交往实际上是一个明示—推理的过程。说话者向听话者传达自己的交际意图,是一种明示的方式。而听话者对说话者话语的理解,是为了确定交际的关联性,并寻找最佳关联,它是一个推理的过程。修补过程是说话者为了更好地表达自己的交际意图而采取的自我调整、自我纠正的明示过程,同时,修补也是听话者对修补信息和说话者话语进行正确理解的推理过程。

修补的待补阶段是说话者监测语误,发现语误,中断语流,寻求语境的关联最大化,以更明晰地表达说话者本人的交际意图的过程;而修补的编辑阶段是说话者在监控到语误后重新编辑言语并计划修补的过程。这一过程中出现的暂停(填充暂停和无填充暂停)和填充词反映了说话者重新加工、计划修补策略的认知状态,同时,通过暂停和填充词,他希望将修补信息和提示传达给听话者,以便让听话者能从有效的明示信息中寻求最佳关联信息,得出正确的推理。从这点来看,填充词是寻找关联的向导,它本身就具有明示的作用。在改正阶段,说话者根据不同的修补策略对语误进行修补。说话者借助以上手段重新输出正确的话语,以便能使听话者清晰、完整地理解说话者的意图,了解言语的真正意义,实现有效交际。

因此,修补达到了"明示"的目的。它不仅传递了字面意义,还进一步明示了说话者对所述思想的态度,表达了"命题态度",进行了"言语行为",所以说,它并不是简单的思想再现。通过修补,说话者可以向听话者明示自己的观点、态度以及情感,见例。

⑮00:01:18 00:01:26 S1 Uh ＜ \ ＞ ＜..＞ mustard rice is a traditional local＜～_～＞ snacks in Wenzhou, Zhejiang province.

00:01:26 00:01:29 S1 ＜_＞ The rice is tender, fragrant,

00:01:29 00:01:38 S1 uh ＜..＞ sweet and refreshing. Eating mustard in oh bu eating mustard rice on ＜\＞ the second day

00:01:38 00:01:43 S1 of the second lunar＜@_@＞ month is uh ＜..＞,

00:01:43 00:01:46 S1 ＜_\＞ a popular folk custom in Wenzhou. (MC038)

从例⑮来看,说话者 S1 在谈论温州的传统美食,其中提到在农历二月二温州人习惯吃的芥菜饭。他通过插入修补,即"mustard"后面插入"rice",以及用"on"替换"in",再加上填充词"oh",甚至用了中文填充词"bu",以便向听话者明示,温州人在农历二月二就是习惯吃这种美食的。

⑯00:02:05 00:02:12 S1 It may affect the normal social interaction and even ＜..＞ threaten the relationship between friends and relatives.

00:02:15 00:02:20 S1 In addition <_]> to the adverse effects on health problems，phubbers are more likely to

00:02:20 00:02:27 S1 suffer from the <..> traffic accidents <u>encounter endangering</u> themselves and others. (MC226)

在上例⑯中，说话者 S1 在讲述低头带来的危害。他认为，低头不仅损害身体，还很有可能由于过度关注手机内容而酿成交通事故，从而危及自己和他人的生命。他用"endanger"替换"encounter"，清晰地亮明了他的观点和态度。

修补第二阶段中出现的非言语模态同样与修补言语模态一道表达了明示的语用概念。见例。

⑰0:00:52 00:01:00 S1 Um <..>it's it's uh <..> <~_~> you <u>know you you</u> </> <^_^> know you see the opera in Roman Holiday. Do do you say the movie Roman Holiday?

00:01:00 00:01:06 S1 yeah，it's all this meal is uh <~_~> <..> this uh <..>this this this <..> is about

00:01:06 00:01:13 S1 uh <..> a cake. Uh <..> uh <..>it is about a cake a girl <^_^> and a boy and a gentleman and a lady

00:01:13 00:01:14 S1 So as they

00:01:14 00:01:15 S1 are riding <^_^> in the bike. (MC297)

在例⑰中，出现了持续重复"it's it's uh" <..> <~_~> "you know you you" </> <^_^> "know"和叠加修补"it's all this meal is uh" <~_~> <..> "this uh" <..>"this this this"。持续重复中出现的中暂停<..>、皱眉<~_~>、音调升</>和微笑<^_^>以及叠加修补中出现的皱眉和中暂停，无不都在向听话者传递有关言语加工和修补的信息。

通过修补，说话者还可以进一步解释观点，已达到最理想化表达之目的。见例。

⑱00:01:12 00:01:14 S1 in the <--> table, we <_]>can <..> see that,

00:01:14 00:01:22 S1 for <@_@>example, the scores of the people have alcoh </> ol addiction

00:01:22 00:01:28 S1 is up to 9 89.7.

00:01:28 00:01:32 S1 It's a very high score and <@_@> <..> <-->the opinion of

00:01:32 00:01:35 S1 and the opinion that

00:01:35 00:01:40 S1 drug addiction people with drug <_]> addiction are dangerous to others,

00:01:40 00:01:46 S1 uh <..> is score is up to 88.1. (MC251)

在例⑱中,说话者 S1 通过插入"people",再加上插入修补时,说话者右手一抬,使对这一概念的解释更加清晰,从而,更加准确地表达了自己的观点与交际意图。

9.2.2 修补与语用策略

如前文所述,修补如重复具有拖延的作用,以便为自己提取更合适或更准确的信息争取时间、它向听话者明示了如下信息:① 我有提取困难;② 我不想让出话轮,因此,你不要来抢我的话轮;③ 我会积极提取准确的信息并且恢复交际的,见例。

⑲00:00:03 00:00:06 S1 Mother Teresa was born in the Scorpia uh <..> the

00:00:06 00:00:10 S1 winner of uh <..> of the Nobel

00:00:10 00:00:13 S1 uh <..> Peace Prize in the 1979.

00:00:13 00:00:16 S1 and she <_\> was a was um <..> she was called

00:00:16 00:00:17 S1 a center

00:00:17 00:00:20 S1 um <..> by the Cathoc

00:00:20 00:00:22 S1 Catholic Church

00:00:22 00:00:24 S1 and um <..>

00:00:24 00:00:32 S1 she devoted her life to uh <..> to help the poor mainly saving the uh <..> mainly saving the poor in India

00:00:32 00:00:34 S1 um <..>

00:00:34 00:00:40 S1 <_\>in India um <..> and she was awarded the uh <..> the <[_]>golden medal (MC191)

在例⑲中,说话者 S1 不断地重复自己的言语,不仅如此,还依赖填充词"uh"、中暂停和非言语模态手段,眼神朝下"<_\>"和双手抬"<[_]>"来实现留住话头,赢取更多的时间以便能准确表达的意图。

此外,非言语模态如手势、韵律变化等参与修补,助力修补,与修补组成了"共同体",同样,体现了丰富的语用特征,见例。

⑳00:00:17 00:00:21 S1/S2 How are you doing this? I do customers

00:00:21 00:00:30 S2/S1 do some uh <..> <@_@> <^_^> research about of customers . Oh </> that's cool, you feel better than before. No, I I just lost weight.(MC453)

在例⑳中,侧视"<@_@>"和微笑"<^_^>"与整个修补一道起着强调、明示和掩饰难为情心理的作用。

还可以通过修补,使交际信息增加,助力听话者言语理解,增强主体间性,见例。

㉑00:02:13 00:02:21 S1 Around this question? so what's the mental illness? First we will uh <..>

00:02:21 00:02:25 S1 put some...mental illness refers to a wide range of mental health conditions disorders

00:02:25 00:02:34 S1 affect your mood and thinking and behavior.

00:02:34 00:02:35 S1 Mental illnesses are associated with distress and problems <_]> functioning in social，work or family activities.

00:02:35 00:02:42 S1 Um (MC126)

在例㉑中，说话者 S1 在定义精神病时，用了替换修补，即用"disorders"替换了"conditions"。这一替换修补（从"conditions"到"disorders"），一下子让信息增量不少，听话者不仅明白精神病不光是疾病，而且不仅仅是疾病，而且还是"disorders"。"disorders"生动地描绘了精神病混乱的思维和举止。

9.2.3　修补与合作原则

根据 Grice 的合作原则，人们在交际时，都必须遵守一些诸如真实、充分、关联、清楚等原则和准则，如数量准则指的是说话的时候应该提供较大信息量的信息；质量准则指的是说话的真实性；关联准则要求说话要切题，不讲废话和无关紧要的话；方式准则则是要求说话者讲话切忌啰唆，做到简洁扼要，有条理，有逻辑，见例。

㉒00:02:25 00:02:27 S1 uh <..> our

00:02:27 00:02:29 S1 school also have a

00:02:29 00:02:34 S1 also had set up psychological concerning con centers.

00:02:34 00:02:35 S1 Uh <..>

00:02:35 00:02:36 S1 from the

00:02:36 00:02:38 S1 help of

00:02:38 00:02:40 S1 psychological con <..>cerning

00:02:40 00:02:43 S1 centers，we will have more

00:02:43 00:02:44 S1 scientific

00:02:44 00:02:49 S1 ways uh <..> to relieve yourself (MC129)

在例㉒中,说话者 S1 通过重组修补,将"also have"重组成"also had set up",既遵守了质量准则(不是"have",而是"had set up"),也遵守了关联准则(是心理关怀中心,而不是别的什么中心)。

9.3　本章小结

综上,我们认为,修补具有丰富的认知、元认知和语用领域的研究价值。从认知语言学的视角来看,从监控到言语错误并暂停语流的待补阶段,到填充暂停和无填充暂停以及非言语模态起作用的重新计划言语和计划修补策略的编辑阶段,最后到依据所计划的修补策略对言语错误进行修补并恢复语流的改正阶段,修补为我们清晰地勾画出一条完整的认知心理路径,从修补开始到结束,生动地体现了知觉、注意、心理表象、知识表征、记忆、问题解决、推理、判断和决策等各个人类认知在内的信息加工过程。

无论是所建立的言语产出模型以及监控模型,还是修补者所做出的言内和言外修补,无论产生怎样的争议,修补的认知心理历程都不会改变,彰显出修补研究的认知心理价值。

从修补的整个国内外研究成果来看,对修补的认知分析还不是很多。本书尝试从主体具身性、具身手段和具身成效获得三个方面讨论修补的具身认知性,创新性地提出修补是具身认知行为的观点,同时,从主体间性理论的视角尝试性地探讨了修补与主体间性的关系,提出修补是交际双方作为言语交际活动的主体与主体之间的相互作用、相互理解的过程,修补能提升交际的主体间性的观点。本书还认为,修补是学习者积极有效的语用策略,它体现了明示——推理的语用过程和合作策略。

从元认知理论来看,修补更是说话者的元认知行为。元认知的概念是由美国心理学家 Flavell 于 1976 年在《认知发展》一书中首次明确提出的。他认为,元认知是认知主体对自身任务目标和认知策略等的认知,是认知主体对自身各种认知活动的计划、监控和调节(Flavell,1985:103—240)。除他之外,还有一些心理学家提出了各自的观点,如 Nelson 认为,元认知过程分为监控和控制两个过程,认知主体有能力监控自己的知识和行为并实施自我调节和控制(Koriat,2000:150)。虽然不同的学者从不同的角度对元认知提出了自己的看法,但他们的基本思想是一致的,即元认知是认知主体对自身认知活动的计划、监控、评价和调节,认知主体具有自我监控、自我计划、自我修正和自我解决问题的元认知能力。会话修补的待补、编辑和改正阶段绝不是简单的说话者发现错误、改正错误的过程,而是说话者运用自身的元认知能力对言语认知行为进行自我监控、自我重新计划和自我修补的元认知监控和调节。说话者不但能够对自己的外部言语和内部言语进行监控,而且修补过程中的语流中断、填充暂停、无填充暂停和音韵调提示等也说明了说话者具有重新计划言语、制订修补策略的元认知调节能力,而说话者对监控到的语误所采取的重复、重组、替换、插入等修补策略也体现了说话者对认知行为进行自我解决问题、自我修补问题的实际调节,Flavell 和 Nelson 等人的元认知理论适用于对修补的解释。

修补的确蕴含着非常明晰的认知和语用价值,对它的认知和语用的研究能够丰富修补研究,并为从认知和语用研究的角度探讨言语产出和理解以及二语习得提供新的学术研究增长点。我们应进一步加强修补的认知和语用研究,大胆提出各种假设,创新实验手段,从实证研究的视角夯实研究基础,以揭示修补更多的认知和语用特征和规律。

第 10 章　修补与中介语

会话自我修补对学习者中介语发展具有重要意义。它是学习者中介语发展过程中的一个重要环节,是学习者不断试错的过程,也是学习者解决言语交际问题的有效途径。它不仅帮助学习者获得更多的语言输入的机会,产生更准确的语言输出,而且还能让他们注意到自己当下的言语产出或知识体系中所存在的问题,为外语学习提供有利条件,促进学习者的语言习得,从而推动学习者中介语向目标语过渡。

本章节讨论修补在学习者中介语发展过程中所起到的作用,同时,基于本语料库语料,指出修补三个阶段所揭示的学习者中介语发展问题,并从教和学两个维度,分析产生问题的原因,提出相应的解决办法。

10.1　修补与学习者中介语发展

10.1.1　修补——学习者中介语发展的重要环节

中介语理论认为,学习者中介语发展是一个动态的发展连续的过程。它介于第一语言和目的语之间。在这一过程中,学习者会尝试运用某些独特的语音、词汇和语法规则来解释目的语固有而不规则的语言现象。但是他们这种独特的语言系统并不完善,与目的语差异较大,需要不断纠正和训练(仍然有可能反复重现),才能由简到繁,由低到高,逐渐接近目的语。因此,学习者的中介语发展并不是直线进行的,而是不断发展,连续、动态地向目的语移动。

杨连瑞(1996)指出,学习者学习外语的实际过程是包含了重新建构和重新创造两个层面的复杂心理和认知过程。学习外语的其中一个有效途径是与人交际。只有通过人际交往,学习者才能获得大量的语言输入,并通过大量输出来巩固语言知识,掌握语言技能。但是由于各种条件的限制,中国学生学习英语的主要交际形式是中介语对话(interlanguage talk)。这种对话能增加语言训练机会,提高言语质量,激发学习者的学习兴趣,并为学习者创造许多意义协商的机会,从而有助于学习者进行外语学习。

由于这种交际的在线性,交际自然产生言语错误。言语错误自然会促使说话者对其进行改正和修补。因此,言语错误及其修补贯穿语言习得的整个过程,是语言习得过程中的固有特征。它不是随意的,而是有规律的,呈 U 形发展,是学习者不断探索接近目的语所做出的努力。因此,重复也好,替换、重组、插入也罢,都是学习者不断努力,不断进取,争取向目的语靠拢的具体策略。对于中介语研究,修补可洞察学习者接近目的语的特征和方向,是衡量学习者二语习得水平和能力提高的标尺。因此,修补是学习者中介语发展逐渐完善、逐渐接近目的语的重要环节,见例。

    ① 00:00:42 00:00:44 S1 If we uh <..>

      00:00:44 00:00:47 S1 and if you uh <..>

      00:00:47 00:00:51 S1 only if you chase for the true nobility

      00:00:51 00:00:53 S1 for a hurt (heart) and a soul,

      00:00:53 00:00:56 S1 you could you could have the potential to have it.

      00:00:56 00:00:59 S1 So just good looking or luxury clothes

      00:00:59 00:01:02 S1 are not the fundamental elements for for

      00:01:02 00:01:03 S1 the true mobility. (MC258)

在例①中,说话者 S1 先是提取了"if we",然后,用"you"替换了"we",但仍然觉得还未能正确表达交际意图,于是,又插入"only",这样,一步一步接近目的语,最终加工成完整而正确的交际信息"only if you chase for the true nobility",完美地表达了自己的交际意图。紧接着,又重复了"you could",以便有时间提取到"have the potential to have it",重复了"for"以提取"the true nobility"。可见,修补是学习者中介语发展的重要环节。

10.1.2 修补——学习者反复试错的过程

Swain 和 Lapkin(1995)指出,二语学习者在修补其中介语以加强信息可理解性的同时,重新组建语言结构,从而改变对知识的存取行为,促进二语习得。学习者实施修补,其过程实际上就是学习者之间进行意义协商形成可理解性输出的过程。通过意义协商,学习者和交际方共同协作,提供可理解性输入并产生可理解性输出。Pica 等人(1989:65)指出,交际双方的协商互动(negotiated interaction)可以帮助学习者理解尚未掌握的 L2 输入知识,并通过协商,获得尝试新的 L2 词汇和语法结构的机会。协商互动的重要性在于它不仅使非本族语者获得经协商后进行可理解性输入的机会,而且通过修补进行可理解性输出。实际上,互动中的学习者修补是互动中的调节。修补不仅仅是涉及学习者犯错、本人实施修补或者是教师或另一学习者进行修补这样简单的过程;相反,它是学习者之间以及师生之间对所产出的言语所做的持续不断的调节。修补是一种机制,也是一种纠正错误的调节形式,我们调节得越好,就越会减少对修补的依赖。同时,协商和调节实际上也是在不断尝试,犯错改错(trial and error)的过程。通过这一过程,学习者不断接近目的语。

既然二语学习的主要目标是接近目的语,因此,创造能够鼓励产生自启的可理解输出的情景是关键。另外,二语学习者语言学习过程中所犯的错误实际上是他们二语习得发展的证据(Corder,1981;Cutler,1982)。对这些错误实施的修补表明他们的二语产出过程在起作用(Kormos,1999;van Hest,1996b)。因此,二语学习者所犯的这些错误和修补对语言教师而言可以被视为学习者不断尝试,不断改错,不断接近目的语而做的努力,可以作为有价值的指示物来表明哪些内容可传授给学习者。毕竟,修补是驱使学习者的中介语向前发展的引擎(Porter,1986),见例。

②00:00:47 00:00:54 S1 you are very lovelybut as sometimes uh <..> but sometimes um <..> I found you are

00:00:54 00:01:00 S1 um <..> that you are you are too shy to uh <..> to show your show yourself.

00:01:00 00:01:04 S1 And so I hope are not not as

00:01:04 00:01:10 S1 at this time, but <[_]> I hope next term,
uh <..>you can you <_]> can uh <..> try to

00:01:10 00:01:13 S1 um <..>show your show yourself.

00:01:13 00:01:16 S1 Stand stand in in here.

00:01:16 00:01:19 S1 not just <~_~>low<@_@>lower)
<_]> <\> um <..>your head, boy (bury) your head.

00:01:19 00:01:20 S1 Um <..>(MC259)

在例②中，说话者 S1 先重组了"but sometimes"，又连续重复了"you are"，又重复了"not"，用"at"替换了"as"，后又重复"you can"和"show your"以及"low"。这一系列的修补策略运用无不彰显修补是学习者不断尝试、不断探索的重要策略。可以说，学习者的中介语发展离不开学习者的修补努力。

10.1.3　修补——学习者解决言语交际问题的有效途径

Selinker(1972)在"Interlanguage"一文中把中介语看作一个单一的语言系统。这个系统是由不同的心理过程生成的规则构成的。所谓"不同的心理过程"是指中介语产生的五个中心过程：① 语言迁移；② 目的语规则泛化；③ 训练造成的迁移；④ 学习策略；⑤ 交际策略。Selinker 认为，学习策略和交际策略在很大程度上影响着学习者的中介语系统的表层结构。这里所谓的策略是学习者在习得过程中采取某种方法以解决某些特定的问题。

无论是基于意义还是基于形式，还是基于目的，说话者自我修补能力应该是说话者交际能力的体现，属于交际策略的范畴。此外，根据交际策略三个共同标准，即问题性、感知性和意向性来看，会话自我修补符合这三个标准。有关自我修补的问题性和意向性，我们在本书已有足够的表述。同时，会话自我修补体现了说话者对言语错误及其修补的感知，是一种自我判断、自我感知的有意识的元认知行为，这从说话者对言语错误的自我监控、监测到错误之后出现的暂停以及所采取的修补策略直到实施修补整个过程中可见一斑。见例。

③00:01:03 00:01:10 S1 Which um ＜..＞ which do you prefer watching movies at home or going to the cinema with friends?

00:01:10 00:01:15 S2 I prefer ＜[_]＞ to going to move um ＜..＞ going to cinema with friends.

00:01:16 00:01:21 S1 Why?

00:01:21 00:01:26 S2 Because it can create a better atmos atmosphere and after watching the movie，I can talk about the movies the point. (MC143)

从例③可见，说话者 S2 一直在努力解决言语交际中出现的问题，先是监控到"prefer"后面应该跟"doing"，然后，又监测到词汇提取问题，本应提取"cinema"，但是受到看电影"go to see the movie"的干扰，提取了"move"。他将语流停在了错词"move"，然后通过填充词和中暂停，对言语错误实施了修补。此外，为了体现语言信息的整体性，也为了完整地表达自己的交际意图，同时，也为了最理想化传达，他借助折回修补的策略，将言语折回到词组的开始处，由此成功地维护了个人的社交形象。

因此，修补在学习者二语习得过程中起着非常重要的作用，是修补后输入、修补后输出和师生互动的重要源泉。它可用来作为有效的教学手段使教师和学习者相互交流并有效地沟通学习以促进学习者中介语发展，因此，它应受到鼓励并被看成首选的课堂策略(Shehadeh，1999：3)。

10.2　MCCECSER 与学习者中介语发展

10.2.1　问题

诚然，在学习者中介语发展的道路上，并不是一帆风顺的，总是出现这样或那样的问题，总是需要尝试、改进和提高，从而，一步一步地接近目的语。这一过程在 MCCECSER 中得到了充分的体现。

（1）修补第一阶段是说话者运用自我监控能力对自己的言语产出实行监

控的阶段。语料中发现许多未被监控到的言语错误。这在本书前面几章有所提及。请再看下面各例。

④00:00:01 00:00:03 S1 Hello，$<\backslash\_\backslash>$ are you <u>from</u>

00:00:03 00:00:06 S1 <u>um a freshman</u> at the new university?

00:00:06 00:00:10 S2 Yeah $</>$, but uh $<..>$ I <u>don't familar</u>

<u>with</u> our

00:00:10 00:00:11 S2 campus environment.

00:00:11 00:00:18 S1 Okay I'm a volunteer to welcome new students. So I I will show you around the new campus.

00:00:18 00:00:24 S1 Uh $<..>$firstly，uh $<..>$ we have to uh $<..>$ get uh $<..>$<u>well-known</u> at the North gate.

00:00:24 00:00:25 S1 Um $<..>$ $<\backslash\_\backslash>$

00:00:25 00:00:32 S1 uh $<..>$ but the main <u>teach building</u> $<@\_@>$ is near the North $<\backslash\_\backslash>$ uh $<..>$South Gate and <u>center</u>

00:00:32 00:00:39 S1 <u>activity</u> is near the uh $<..>$ $<\backslash\_\backslash>$ North Gate，um $<..>$ the dormitory near the uh $<..>$ $<-\_->$ is near the

00:00:39 00:00:41 S1 business street$</>$.(MC383)

⑤00:00:00 00:00:01 S1 Our class$<@\_@>$，

00:00:01 00:00:07 S1 uh $<..>$ $</>$ as I $<^\wedge\_^\wedge>$ uh $<..>$ I know，I think

00:00:07 00:00:10 S1 $<\sim\_\sim>$ $<\backslash>$ $<@\_@>$

00:00:10 00:00:14 S1 <u>he</u> $</>$bu bu bu $<..>$ she she are able to study and

00:00:14 00:00:17 S1 uh $<..>$the uh $<..>$ and the sports.

00:00:17 00:00:20 S1 I think think

00:00:20 00:00:24 S1 she <u>give</u> me a feeling that <u>she always</u>

00:00:24 00:00:29 S1 uh $<..>$ <u>full of energy</u>，uh $<..>$

though she

00:00:29 00:00:32 S1 didn't get a <-_-> good <u>relax</u> <--> a good rest.

00:00:32 00:00:34 S1 Mhm <..> <-->

00:00:34 00:00:38 S1 she uh <..> she always said,

00:00:38 00:00:41 S1 sit <-_-> the<@_@>

00:00:41 00:00:51 S1 sit the <[_><...>

00:00:51 00:01:10 S1 can I can I can for ask

00:01:10 00:01:11 S1 thank you </> <-_->.(MC384)

我们随机选取了相邻近的两个文件 MC383 和 MC384。在例④中,说话者 S1 甚至连"be familiar with"都无法运用,"well-known"和"center activity"又是何意? 在例⑤中,说话者 S1 甚至还求助中文"bu bu bu",甚至连"she is able to"都有误,还有不知所云的"sit the sit the ... for ask"。

还有一个现象:本来是正确的话语,但是经修补却改错了,见例。

⑥00:01:15 00:01:23 S2 oh. That's right <_]>. I'll <u>take taking the table</u>. Oh, excuse me, why that there's an encyclone? in </> my in the in the in my bottle?

00:01:23 00:01:28 S2/S1 Can you give me a reasonable explanation? Oh, Sorry, sorry.(MC297)

在例⑥中,说话者 S2 原本说的是正确的话语"take the table",却把它改成了"taking the table",而且,事后也未监控到这一错误。而且,接下去说的"why that there is an encyclone",也不知所云,只能打上问号。

在分析我国大学英语学习者的特点时,吴诗玉和黄绍强(2019:40)指出了三大特点,即群体庞大、成年以及第三个特点——"也是我们认为最重要也最应该引起重视的是,他们都已经通过教室教学进行了近十年的英语语言知识的学习。"试想,这些大学英语学习者花了近十年时间坐在教室里接受正规的外语课堂学习,他们的口语表达居然还出现如此低级的错误,而且,语法知识及其运用能力还如此低下,难怪人们对这几年外语教学的成效提出质疑和批评了。

这与 Temple(1992)的研究结果不谋而合。他比较了 L1 和 L2 说话者的自我修补,发现 L1 说话者的语速是 L2 说话者的两倍。他们能熟练运用填充词,但是 L2 说话者常使用无填充暂停,产生更多的重新启动以及大量未被修补的言语错误。

(2) 修补的第二阶段是说话者暂停语流,重新计划言语以及计划修补策略的编辑阶段。由于对填充词及其用法的认知不足,该阶段出现数量较大的无填充暂停或沉默暂停。如前所述,无填充暂停远远超过填充暂停。

此外,相关研究显示,填充词能反馈交际(Allwood et al.,1992;Allwood,2001),调节话轮交换 (Maclay and Osgood,1959;Duncan and Fiske,1977;Clark and Fox Tree,2002),还能帮助听话者进行言语理解和记忆(Fox Tree,2001;Fraundorf and Watson,2011),赢得重新计划言语和计划修补的时间(Dornyei and Scott,1995;Zellner,1994),提示修补(Brennan and Williams,1995),留住话轮(Maclay and Osgood,1959)并用作减缓语气手段(mitigating device,Rose,2008:51)和交际策略进行教学(Dornyei,1995:55—85)。可见,填充词在交际中极为重要。然而,MCCECSER 显示,学习者对填充词的使用过于单一。对 504 个文件中的修补填充词统计显示,最多为"uh"(778 次),其次为"um"(253 次),接下去便出现断崖式下降,依次为 oh(19 次)、you know(8 次)、mhm(6 次)等,甚至还搬出了中文填充词"bushi"、"bu bu bu"、"nage"。显而易见,在这些填充词当中,学习者特别偏爱填充词"uh"。中国大学英语学习者为什么过于"青睐"填充词"uh"? 除了对填充词及其用处缺乏认知之外,汉语的影响恐怕也是其中的原因。因为,当我们说汉语时,要用到填充词,脱口而出的便是呃。呃的发音非常接近"uh"。因此,说话者在用到填充词时,就会"高度自动化地"提取到"uh"。从这点来看,学习者的填充词运用能力亟待提高,对它的认知也亟须改进。

(3) 修补第三阶段,即改正阶段是说话者根据计划好的修补策略实施修补的过程。说话者采用了重复、替换、插入和重组四种策略,其中重复为采用最多的策略,见例。

⑦00:00:00 00:00:03 S1 um <..> I think uh <..> when I was

00:00:03 00:00:07 S1 maybe 3 or 4 years old

00:00:07 00:00:16 S1 after children I'm scared <u>and and</u> in my hometown in Li Shui uh <..> uh <..>Long Quan City.

00:00:16 00:00:17 S1 <u>and</u>

00:00:17 00:00:24 S1 <u>and</u> I was in the countryside uh <..> with my grandparents um <..>, but however um <..>

00:00:24 00:00:26 S1 um <..> because of <--> um <..> <_]> <..>

00:00:26 00:00:30 S1 <u>my uncle my my my</u>

00:00:30 00:00:35 S1 <u>my um <..> my my</u> parents and my <u>uncle</u> has my aunt's <u>they're</u>

00:00:35 00:00:40 S1 uh <..><u>they're</u> out <u>to to</u> make <u>make</u> a living,

00:00:40 00:00:49 S1 um <..> so um <..> <u>there are three</u> uh <..> <u>there are three</u> or five kids in my grandparents' home.(MC236)

以上为 MC236 文件说话者 S1 介绍"My Family"的一番话。除了尚未修补的语误如"after children I'm scared,because of"之外,说话者全部采用重复进行修补。在这些<u>重复</u>修补中,说话者显示出对后续信息的不确定性和迟疑不定。

10.2.2 反思

自《关于开展大学英语教学改革试点工作的通知》(高司函【2003】226 号)发布至今,这 20 年来,在外语教育教学理论不断繁荣、外语教学技术持续升级、外语教育政策不断完善的合力驱动下,我国大学外语教育教学实现了质的飞跃,成就有目共睹。但是在充分肯定这几年外语教育教学改革成就的同时,有些学和教的基础性问题仍然值得我们深思。

对语料库语料的分析,暴露出下述问题。

10.2.2.1　学的问题

1）在线加工能力不甚理想

从 MCCECSER 语料可以看出，学习者的语言在线加工能力制约了他们的中介语发展。课堂交流中，他们不讲语法与句法，内容贫乏，表达简单，且模糊不清，错误频出。面对这一问题，也许有人要问，MCCECSER 语料来自第二批录取的院校的英语专业课堂语料，那些第一批录取院校的英语学习者，其口语能力不至于太差。我们来看看 COLSEC 语料库所暴露的学习者习得外语过程中的问题。COLSEC 语料库是中国大学学习者英语口语语料库（College Learners Spoken English Corpus，COLSEC）项目。其语料来源为全国大学英语考试口语考试部分的实景音像资料。内容有师生晤谈、生生讨论和师生讨论。每场考试 20 分钟，围绕着某个给定的话题展开。由于该项口语考试在方案设计上已经考虑了口语交际的交互性，考生在真实交际的语境中表现自己的口语能力，因此能够真实地反映我国大学英语学习者的实际英语口语能力，见例。

⑧I think the information in the internet on the internet is more useful than the information got from the TV or others. Maybe it is my it is my way to got the news. I think it is the best. And there are many information we can't got from the newspaper and the TV. But we can got from the stations the internet stations. Just like the the foreign the foreign teaching the foreign teach from the... the foreign the foreign universities. </sp2> (000005)

说话者连"got"的错误都监测不到，而且出现三次机会，也未能抓住，实属遗憾。但这样的例子听了还可以理解。下面的例子，令人无法理解，可谓错误百出。

⑨<sp3> Ok, so we can see the picture that a boy is going to a bank. He is talking with an assistant; there probably we can see here is the student loan so that means he want to borrow student loan from the bank and want to mm finance mm his mm her college education. So it is a very good way I think. Because as a college student you haven't got a full time job so you have you haven't got money resource, so if your parents is very poor, probably you will lose the chance to go to the college to continue further your study things like that, so mm probably if you mm trying this way go to bank and have a student loan; er even some school can give you student loan; it would be, you know, a very good way to solve this problem and also the second is I think mm probably if you ask for a student loan, mm you should be responsible to mm return the money back. So mm see the other picture is that a lady probably after his graduation and work [Wo-o] for several years he mm he mm she, sorry, excuse me, she goes back to the bank and er the office which anyway mm to to return the money, so that means she can be a very responsible person she should be responsible for the money she has borrowed from the bank. And the third is that mm and also a very good a pressure on her study because you-you just borrow money you think it is not mm this kind of money is mm is really erm, how to say it how to put it, mm just kind of this kind of money is not like from your parents and is not like oh anyway they give me money so I have money I can study that's it. So this kind of money they give you a pressure and the proper pressure can let you get good marks because you think hay I should study hard I should get good jobs I should return the money so that's it. So I think mm above all three mm reasons I think mm so asking finance one's college education by students' loan is a very good way; it is welcome. Thank you. </sp3> (020098)

说话者似乎在高谈阔论,但是,言多必失,甚至还犯简单的语法错误如"he wants""your parents is""be responsible to"等。情况的确令人不容乐观。要知道,凡是有资格参加全国大学英语考试口语考试的考生必须先通过大学英语四级和六级的笔试部分,而且大部分来自第一批录取院校,也就是说,这些考生应具有一定的英语水平,口试表现不会太差,但事实却恰恰相反。

当然,也许有人会质疑,COLSEC 语料库建于 2010 年,如今,经过这么多年的外语教学改革,情况已今非昔比,但愿如此吧。

2) 基本功欠扎实,词汇量欠丰富

从语料库语料来看,大多数学习者的用词过于简单;所使用的语法和词汇的准确性都不尽如人意。另外,单词的搭配用法也使用混乱;词组使用较少;多使用的是简单句;连贯性差,如语段之间缺乏连贯。好多学习者已没有每天背单词的好"传统"了。因此,他们的外语基本功亟待提高。

3) 策略意识淡薄

研究发现,学习者对交际策略和学习策略的认知不足,外语技能的开发和利用不够。从本书的问卷调查来看,他们对会话自我修补的认知度很低。共有 100 名学生参与了本问卷调查,其中有 42 位同学选了"不了解",39 位同学选了"一知半解",而且承认是阅读了调查表所附的术语说明才有所了解,只有 7 位同学选择"了解",1 位同学选择"非常了解"。在对会话自我修补策略认知方面,有 63 位同学选了"不了解",21 位同学选了"一知半解",只有 4 位同学选择"了解",0 位同学选择"非常了解"。在对会话自我修补填充词认知方面,有 50 位同学选了"不了解",29 位同学选了"一知半解",只有 8 位同学选择"了解",1 位同学选择"非常了解"。在对会话自我修补暂停概念认知方面,有 49 位同学选了"不了解",24 位同学选了"一知半解",只有 15 位同学选择"了解",1 位同学选择"非常了解"。

正如杨慧中教授指出的:"除了必要的词汇、语法知识外,还要掌握什么才能用英语进行口头交际,做到既准确,又流利,又得体? 这是摆在我国外语教学工作者面前的迫切课题,教师需要认真研究,学生也十分关心。"(杨慧中,2005:2)。

10.2.2.2 教的问题

(1) 由于过多地注重考级(专四、专八),教学的比重偏向读写。即便在以听说为先的改革背景下,听与说还是得不到应有的重视,像填充词之类的交际策略教学更是得不到"厚爱"了。更有甚者,尤其是理工类院校,由于要强调实践教学,外语学时得不到应有的保证。有的学校不得不减少听、说课程的学时,有的不得不将听和说的课程合二为一,这样无形之中削弱了听和说课程的重要性,影响了听和说课程的教学成效以及学生练习听和说的积极性。

(2)专业任课教师"不专业",有些学校的口语课,安排外教上课,以为外教讲的是一口流利的本族语,教授口语"肯定"没问题。但众所周知,这几年,外教质量每况愈下。有些外教既不懂口语教学理论,也不懂口语教学实践,久而久之,学生的兴趣和用英语交流的"欲望"和主动性、积极性就会受挫。

(3)上课还是"以教师为中心",PPT 成了"骗骗他",讨论式教学、思辨式教学"名存实亡"。此外,在语言教学的同时,各种技能和策略的讲解和训练得不到应有的重视。

(4)教材问题。尽管近几年教材建设日益得到重视,各种理念的教材层出不穷,但无论内容还是体裁和练习的设计,都已严重滞后,无法跟上时代的脚步。

10.2.3　对策

基于以上分析,比照以上问题,本书提出如下对策。

(1)《英语类专业教学质量国家标准》(下文简称国标)对促进高校英语专业的改革与发展,提高本科英语教学质量起到了积极的作用。《国标》明确指出,英语专业"旨在培养具有良好的综合素质、扎实的英语语言基本功、厚实的英语语言文学知识和必要的相关专业知识,符合国家经济建设和社会发展需要的英语专业人才。"相对于《大纲》,《国标》继续突出了英语语言基本功和英语语言文学知识在英语专业人才培养中的重要地位,同时增添了"良好的综合素质"的要求。从上述问题来看,大学英语学习者面临的一个主要问题是基本功不扎实。因此,提高基本功是摆在全体外语教育工作者面前的一个迫切任务。

关于基本功,众所周知,语言既具有工具性,又具有人文性。工具性即掌握一种语言的各种技能(听说读写译),此乃语言学习的基础。人文性,即通晓该种语言所承载的人文信息,此乃语言学习的更高追求。学习一门外语,既要注重语言基础,强化实用技能,又要突出人文知识,提升学习者的综合素养。掌握一门外语,先要讲工具性,才能讲人文性。凡事先要夯实基础。造房子是如此,学外语更应如此。我们讲了这么多年的外语基本功训练,为什么口语出错率还是如此之高?内容还是如此贫乏?我们的技能培训真的有实效了吗?

如今,有不少学者提倡内容语言融合的外语专业教育理念。内容,即思想,内容和语言相融合,凸显了思想和语言学习提升两者之间相互促进的辩证关系。外语专业教育投入多产出少可能主要归因于缺乏思想内容。简言之,就是不知道说什么。很多情况下,我们的学生是没话说。但是,没话说的前提是,要知道该怎么说。因此,狠抓基本功,已是刻不容缓。

(2)抓输入,保内化,促输出。从以上错误可以看到,导致学习者自我修补和监控能力偏弱的原因之一是语言输入少。语言输入的不足导致学习者的英语水平不高,学习者不能觉察到语言输出中的错误并加以修补。因此,教师要重视学习者的语言输入,不但要注意为学生提供可理解性的语言输入,还要在此基础上为学生提供足够量的输入。语言输入靠什么?靠的是大量的阅读,读什么?我们主张外语学习者进行"经典阅读",即阅读西方文明自古以来的经典著作,即"所谓的'伟大著作'(great books)"(甘阳,2006:2)。这与现代大学通识教育的理念不谋而合。还要求外语学习者除了阅读"伟大著作"之外,应广泛阅读外语文学作品、研究文献和其他美文佳句、隽语箴言以期扩大阅读量,夯实基础,拓宽思路。只有这样,才能使学生输入大量可理解的、有意义的目的语,确保可理解性的意义输出。

有了大量的阅读,讨论不失为一个行之有效的输出方式。它是阅读的延伸,是阅读水平和能力的内化,是检验阅读成果的有力保障。讨论可以有效地促进阅读者对语言输入内化,因为参与讨论的过程,实质上构建了一个类似于"社会的"语境,在这个语境里进行意义的交流和互动,已经被证明对外语能力的发展具有很好的效果(Tarone,2015)。只有在语言"使用"的过程中,即在讨论过程中,学习者才能更容易意识到自身的问题和不足。为了修正错误,他们会去参照正确的语言范例,这又会进一步促进输入。从教学法来说,以输出作为教学任务,驱动综合能力提高,这是一种自主探索的主动学习,参与其中的讨论形式具有很强的目的性,输入理解不再是被动的,而是要应用于输出,要服务于语言综合能力的提高。

整个阅读与讨论过程体现了最近发展区理论。教师找准学习者的实际发展水平,如学习习惯、学习技能、知识结构与思维特点以及原有的知识储备,预测他们的潜在发展水平,根据由易到难,逐步加深,螺旋式上升的原则,帮助学习者选择好的阅读材料,设计好供学习者讨论的问题,这样,学习者才能在教师和同伴的支架作用下,提升水平,激发学习者的主动性以及获取新知识和产生新思想的欲望,"跳"到新的发展高度,提高思维认知,从而在最近发展区推动外语水平的提升。

(3)除了保质保量,对学生进行最优语料输入之外,策略输入也应加强。以上的问题,其背后的原因当然很多,但很重要的一点就是学习者在遇到交际困难时,不能灵活地运用交际策略,调动所学的知识去克服交际困难以达到交际目的,因此,会话自我修补对于二语学习者而言不可或缺。它是重要的交际策略和学习策略,能检验学习者的语言输入质量,确保学习者可理解性输出,衡量大学外语学习者外语学习成功与否和外语教学是否有效的标尺。

杨慧中教授一针见血地指出学习者"还要掌握什么"才能做到准确、流利和得体? 这个"什么"是什么? 我们认为,这个"什么"就是授之以鱼,不如授之以渔中的"渔"。除了给学习者提供足够多的"鱼"之外,我们不妨传授必要的"捕鱼方法",也就是说,必要的语言知识传授之外,还应关注语言使用策略的输入,不但要教授学生"what",还应教会学生"how",这一点,尤其是中国的大学英语学习者更需要掌握。如果学习者对修补这个交际策略和学习策略有足够的认知,如果学习者对言语监控有足够的能力,他们的语言输出不至于会有这么多的言语错误。

调查问卷显示,教师在有限的口语教学中,往往忽视了对口语技巧的教学和训练。对口语教学也囿于形式,大多数是设计一些活动,让学习者练习而了事。我们同时开展的课堂观察也说明了这一问题。需要指出的是,这一问题同样存在于英语专业的口语课中。相比之下,我们的英语学习者希望教师能够教授一些相关的口语技巧和策略以便提高自己的英语口语能力,解决"哑巴英语"的问题。在本次调查中,有 51 人认为教师有必要教授口语技巧,另有 18

人认为很有必要进行这方面的知识传授。

此外,也正是由于学习者自我监控能力不足,言语错误未被监控,修补未能实现,交际未能成功。因此,教师有责任帮助学生提高自我监控能力,使学习者具备监测自己言语认知过程中所犯的言语错误的能力,将一些转述、替代等求成策略能力训练贯穿于日常外语教学的听、说、读、写、译等各个方面,提供丰富的真实场景练习来提高这种交际策略能力。我们应该改变现有的以教师为中心的课堂教学方法和以准确性为重点的应试模式,从各个方面刺激学习者用英语进行交际的能力,培养他们的语言综合应用能力。教师应尽可能多地给与学习者互动和意义协商的机会,在大量的"语言使用"的机会中实践监控,发现"差距"和"知识差",拉近与目的语的距离。研究学习者自我修补可以洞察他们对目的语的感知和概念化,他们语言学习的困难所在和他们的语言习得策略和态度。

以上分析说明交际策略在学习者外语习得中的重要作用,也说明了作为交际策略的学习者会话自我修补在学习者习得外语过程中的积极作用。教师应该有这种策略教学和技能培训的意识,有的放矢地提高他们的策略运用意识,才能在日常外语教学中将交际策略融合到实际的口语教学中,系统地向他们介绍各种交际策略的使用方法,提高他们的认同程度。同时,在实际的教学设计中,教师要有意识地设计各种活动训练学习者正确使用交际策略,帮助他们认识到交际策略的本质及其交际潜能,鼓励他们使用各种交际策略来实现交际目的。

(4)加强对课堂交际过程中各类填充词的重要性的认识,提高自觉运用填充词以达到交际目的的能力。从语料库语料的角度进行分析,我国大学英语学习者缺乏对填充词应有的认知,学界对这方面的研究也严重不足。无论是非词汇化填充词还是词汇化填充词,在语料库中为数不多。严格意义上来说,研究揭示的学习者对"um"和"uh"的偏爱,不免让人产生机械表达、随口而出的感觉。因此,我们在教授口语过程中,一定要让学习者认识主要填充词的功能和作用,掌握利用填充词进行有效交际的能力。应采取各种措施,如专题讨论、反复操练等来提升学生这方面的能力。当然,国内也要加强对填充词以及填充暂停和无填充暂停的学术研究。

关于填充词的认知教育，Lee 和 Hsieh（2004）曾提出 4I 教授法，即 "illustration-interaction-induction-internalization." illustration 指提供真实的填充词使用语料；"interaction"指将旨在通过观察和讨论来提高学习者对填充词使用的认识的活动推荐给学习者；"induction"指鼓励学习者自行提升有关特定填充词的功能以及分辨区别的能力；"internalization"指的是在准确的场合以及准确的时间使用诸如"well""you know""I mean"之类填充词的能力。除此之外，他们还提出帮助二语学习者运用填充词能力的活动，即培养好奇心活动和功能表演活动（function performance activities）。前者指的是旨在提高学习者对填充词的认知的一系列活动，后者是培养学习者对填充词功能如修补、赢得时间和留住面子等的认识和运用能力的活动。

（5）着手编写"鲜活的"的英语专业教材乃当务之急。所谓鲜活，一是语料要鲜活，它必须来自真实场景以确保语言输入的原始性；二是活动设计要鲜活，要贴近学生，贴近原味，既有趣味性、又讲知识性，同时又兼顾策略训练；三是要考虑融入非言语模态，从单模态教材向多模态教材发展；四是在设计和编写新时代新教材时，是否应该考虑与信息技术的融合，这是今后无法回避的现实。信息技术给外语教育带来挑战，也给外语教学带来前所未有的支持，如虚拟现实技术可以营造接近母语或二语的学习情境，有助于破解外语学习和使用过程中语境缺失的难题。ChatGPT 可以提供外语学习环境中口语训练的生成性条件；多模态、跨文化的教学案例和素材有助于改变学习者"局外人"的现状。在无法回避信息技术给外语教学带来变革的现实下，我们何不乘势而为，顺势而上呢？

不得不指出，英语专业教材建设目前是落后于时代要求的。出版社比较热衷于编写非英语专业的大学英语教材，是因为它们的受众极为庞大，所带来的利益较为可观。在这样的背景下，英语专业的教材自然严重滞后。有些学校还在采用十年之前编写的教材。另外，就英语专业教材本身而言，听说教材的建设落后于读写教材。因此，我们务必加快教材建设的步伐。

（6）创造更多的机会使学习者接触 L1 说话者的语料，通过观察和模仿等手段，让他们体验真实交流的技巧和场景。为此，要大力拓展隐性学习渠道，运用隐性注意机制，注重语言学习与情感因素的密切关联。要充分利用 AI 技术,创设形式多样的语言实践活动,营造直接、真切的浸入式学习氛围。要强化语言学习的体验性和情境性,增强学习者对二语习得的感性认识,选择诗歌、演讲、新闻报道、影视对白、英文歌曲等喜闻乐见的素材,通过复述、模仿、配音和表演等巩固性习得方式,让学习者亲自参与语言体验和再创造活动,使他们不断体验习得对象,最终形成一种固化的自动技能,完成二语习得的目标构建。

(7) 跟上时代的脚步。随着人工智能和信息化的高速发展,新时代背景下的外语教育如何迎接挑战,实现技术赋能,培养出服务国家发展的外语专业人才,这是摆在外语教育工作者面前一个非常现实的问题。

可喜的是,人工智能赋能外语教学,其应用和优势效能已引起国内学界的关注,如邹斌、汪明洁(2021)、孙海洋(2021)和胡敏(2020)等研究了人工智能技术应用于英语口语教学的优势,探讨了基于人工智能的大学英语口语混合式教学模式,认为它能满足学习者的个性化学习需求,提供个性化学习辅导,助力教师因材施教。同时,人工智能技术还能自动识别学习者特征,感知学习需求,帮助规划学习路径,定制学习资源,提供策略支持,进行个性化评价。

将人工智能应用到外语教学,前景广阔,大有作为。我们唯有拥抱信息技术,让信息技术服务于"大文科"和"新文科",才能开展"能力导向型"的外语人才培养工作,从而培养出具有家国情怀、AI素养、专门领域知识兼具外语技能以及其他可迁移的能力的合格的外语人才。

(8) 沉下去,将外语教学理论与实践研究的中心下移到课堂去。我们应积极开展外语课堂教学创新研究,鼓励基于课堂教学的行动研究。行动研究可以帮助教师参与课堂决策和课程理论建设,关注教学理论与实践,实施批判反思,洞察课程问题并期待获取解决方法,发出教师自己的声音。反思是自我主导型教师的关键特征之一。这样"接地气"的研究,基于课堂、高于课堂,是实现"课堂科研化、科研课堂化"的高效且有效的途径,对于提高教学质量,开展教学改革,发挥学习者的潜力,提升教师的教学能力并促进教师发展,尤为必要,且意义重大。

外语课堂教学创新研究可从不同的维度和类型展开,如创新所涉及的主题或内容维度,包括教学内容、教学方法和研究方法;类型,可分为引进评介、引进改造、扎根本土和融通中外,可以结合中国国情,引进并评述国外有关外语课堂教学的内容、方法和研究方法的前沿知识;针对本土问题,使用本土概念,提出解决问题的方案等。通过研究,来反思教学,发现问题,解决问题,从而,变化改进,反哺教学。

本书还认为,还应重视语法。从 MCCECSER 语料所反映的言语错误来看,语法错误占所有错误类型中不少比率,而且有些语法错误简直可以说是极为低级的,甚至连简单的时态和语态都用得不够准确。要盖高楼,先打基础,最慢就是最快。

语法教学长期以来一直是英语教学的一个重要指标。但是在最近十几年,中国高校外语界出现了"语法疲劳症"。很多学者认为语法教学在大学阶段的外语学习中既没有用也没有必要。也有学者认为,英语学习者在中学阶段已经得到了足够的语法训练,到了大学阶段,没必要再"炒冷饭"。有些学校为了解决学时缩短的问题,甚至取消了语法课。我们认为,尽管英语学习者已在中学阶段系统学习了英语语法,但是从错误来看,他们对语法的掌握还是很不扎实,中学所学的语法仅仅是为了"刷题",导致语法知识的宽度和深度不够。因此,大学阶段还是应该开设语法课。诚然,开设的课时和时间大可灵活机动。

有必要从功能的角度重视语法。著名语言学家韩礼德说过,语法是语言的中央处理器,是创造意义的源泉。可以说,造成本语料库所反映出来的言语错误问题的因素,很多都和语法有关。讲授功能语法,也就是讲授不同语法结构如何构建意义,有助于说话者更好地建构自己的交际意图,从而达到最理想化表达之目的。因此,我们不是不讲语法,而是要大讲特讲语法,给语法教学一席之地。

必要的词汇知识同样重要。不储备一定数量的词汇,就不能实际运用语言。语言若离开了词汇,就不能被称为语言,正像建筑一所大厦,没有建筑材料,有再好的图纸也无从谈起。英国著名语言学家威尔金森(1972：111)说过,"没有语法,表达甚微;没有词汇,表达为零。"而词汇学家麦加锡说得更为直接。他指出,一个学生学习第二语言,其语法无论学得多么好,语音无论掌握得多么漂亮,没有词汇来表达意义,语言交际就难以实现。词汇是构成语言的最基本材料,是英语的根基,始终贯穿于英语学习的整个过程,是其他方面学习的根本性前提,词汇高于一切。强化单词学习的重要性和紧迫性不言而喻。

词汇问题在充斥着电子词典、手机词典的今天变得越发突出和重要。现在的外语专业学生很少有背单词的习惯了。碰到生词,他们就很自然地打开手机查阅词典。而这仅仅是就单词而言。那些词汇背后的故事,即词汇学知识和词汇蕴含的文化背景、语言知识则受到冷遇。有的只是到了要考研、考雅思等阶段,才恶补词汇。如此这般,等到考试结束,也就忘得差不多了。

二语习得理论认为,大量的再认词汇是培养语言技能的基础。对于初学者来说,词汇量远比句法结构的准确性更重要。从一定意义上来说,词汇量从一个侧面决定了听、说、读、写、译的发展。因此,可以毫不夸张地说,词汇量是制约外语学习效率的最重要因素。词汇量的扩大是提高学习者听、说、读、写、译五种技能的前提。

因此,词汇量大小和正确运用词汇的能力是衡量大学外语学习者语言水平的重要标志,对语言水平的提高和语言交际能力的培养有着直接的影响。总之,对于外语学习,词汇学习尤其重要。作为质与量并举的系统,词汇学习需要学习者持之以恒,需要学习者培养良好的外语学习和词汇记忆习惯。学习者的中介语发展是动态的,只有我们掌握了词汇,才能确保中介语发展,最终驾驭语言。

10.3　本章小结

在本章,我们首先论述了修补在学习者中介语发展道路上所起到的作用,认为修补是学习者中介语发展的重要环节,是学习者为了接近目的语而做的反复试错的努力,也是学习者解决言语交际问题的有效途径;其次,基于对语料库语料的分析,讨论了语料所反映的外语教与学的问题,包括在线加工能力不甚理想、基本功不扎实、词汇量欠丰富、策略意识淡薄、教学上尚未形成"以生为本"的教学以及教材建设的滞后等问题;最后,从加强基本功、强化策略培训、抓好输入与输出、提倡阅读与讨论、人工智能赋能外语教学等方面提出了对策和措施。

可以肯定地说,修补对于学习者而言是一个十分有效的交际策略和学习策略,它对于学习者的二语习得能起到助推的作用。我们应努力培养学习者的修补意识,发挥修补的积极作用,最终提升外语教与学的质量和水平。

第11章 结 语

Lessons are a very repair-friendly type of event.

Mazeland（1987：3）

　　二语课堂修补研究发轫于 Fanselow 在 1977 年所做的研究。他基于教师话语录像，探讨了语误修正中的言语和非言语行为。次年，McHoul 根据 Schegloff 等人提出的研究方法，研究了英国高中地理课的课堂修补现象，从中发现了他启自补在数量上超过自启自补的现象。到了 20 世纪 80 年代，会话分析理论和研究方法被广泛运用于二语得研究领域。非本族语说话者的会话修补，尤其是课堂言语行为及其修补越来越受到学界重视。人们试图找出修补在课堂会话环境下的特点，以发现修补是有助于还是有碍于学习者的二语习得。至今，国外言语研究界对二语课堂中的修补类别、功能以及修补位等进行了较为深入的分析，提出了不少理论和假设。人们普遍认为，修补机制在言语产出过程中发挥着至关重要的作用。

　　纵观二语课堂修补研究，将修补中的言语模态和非言语模态结合起来加以考察的研究仍十分鲜见。本书认为，正如言语行为是一种多模态行为，涉及言语模态和非言语模态的共同努力，修补也具有多模态性。它不仅是修补者监控言语产出、重新计划言语、计划修补策略以及对言语错误实施改正的行为，也是修补者调动一切言语和非言语模态资源实现修补和最理想化表达交际意图的手段。因此，从多模态的角度考察学习者课堂会话自我修补行为，对于深刻揭示学习者修补特征和规律，考察学习者利用多种模态达到修补和习得的全过程，佐证修补的有效性，反映所呈现的学习者中介语发展规律，对于制定外语政策和外语改革路径，对于提高外语教学水平，对于提升学习者二语习得能力大有裨益。

这一观点也符合多模态话语分析理论。该理论认为，为了从多模态的视角分析学习者课堂会话，展示多模态在语言交际中的作用，应首先建设多模态语料库。为此，本书选取三所高校的英语专业课堂学习者会话，进行了跟踪拍摄，收集了超过 30 万字的自然发生的语料。整个语料库建设方法和路径为：对语料进行预处理，将视频转换成 Mpeg 格式，音频文件转换成文本格式，并创建元数据和多模态语料切分模型，按照预计的切分单位在分割模式下进行切分。然后，将隐马尔科夫模型（HMM）作为声学模型进行声学特征提取，并采用 Bi－LSTM 进行模型训练，对语料中的音调类、不流畅现象类、手势类、特殊表情类和言外音类标注模型进行标注，其中，采用双信道（AI 语义＋AI 人脸情绪分析）同时段综合特征提取判断，提升视频文件智能评判标准。AI 语义模型捕捉特殊情感和语音语调，以此为基础再结合同一时间段的人脸情绪模型来综合分析、判断整体的会话水平和准确度。在建设过程中，剔除了"不干净"的语料，如音质不好、视频不够清晰的语料，最终建成了约 30 万字的电子文库《大学英语课堂自我修补多模态语料库》（Multimodal Corpus of College English Classroom Self-repairs，MCCECSER）。

语料库共有 504 个文件，其会话类型有独白、对话和多人对话。共标注出 16 种修补过程中出现的非言语模态，分为手势、面部表情、韵律和眼神四大类。为了后续研究方便，语料库还对会话时间进行了标注，供今后从时间性入手研究修补和分析话语之需。同时，语料库标注不局限于对修补中的非言语模态的标注，而是将标注的范围扩大到了整个语料库的学习者课堂会话。

建设了学习者课堂会话自我修补多模态语料库之后，我们在此基础上，从修补的三个阶段，即待补、编辑和改正阶段分别考察了文本中的修补言语模态的各个方面，包括言语错误监控、语流中断位、填充暂停和无填充暂停、填充词以及重复、重组、替换和插入等修补策略，讨论了修补的各种特征和规律，研究了学习者言语错误以及中介语发展规律。

我们采用文本挖掘法对语料库文本进行统计分析。文本挖掘在 MacOS 3.3.1（22E261）操作系统下进行，依赖 PyCharm 和 python3.10 工具，使用 pandas、numpy、chardet、scipy 库对源数据文件 origin_txt.zip 进行文本挖掘。

根据 total.csv 生成需要的数据后对数据进行分组,针对不同的数据之间的分组数量的统计均采用 pandas 的 groupby 操作完成。还采用卡方检验相关性,考察了对话类型与中断类型、暂停时长与暂停类型、填充词与修补策略以及非言语模态与修补策略等的相关性,并就上述关联做了相应的讨论。

在对言语模态进行研究的基础上,本书对语料库的非言语模态进行了分析,考察了学习者会话错误自我修补过程中的手势、面部表情、眼神和音韵各模态的特征,发现修补过程中国大学英语学习者会采用诸如左手抬、右手抬、双手抬、微笑、皱眉、直视、侧视、音调降等非言语模态来提示修补,使修补信息增量。本书指出,修补过程中出现的非言语模态不仅印证了本文的假设,即修补是言语模态和非言语模态的共同体,还体现了修补本身所蕴含的具身性。

最后,结合对修补言语模态和非言语模态的研究,讨论了修补所体现的学习者中介语发展过程中存在的问题,从教与学两方面,提出了改进和提高的建议。

会话自我修补不仅仅是语言学问题,而且也是认知和语用等问题。为此,我们尝试从具身认知、主体间性和语用学视角讨论了修补所体现的认知和语用特征,为跨学科、多视角研究修补积累了经验。

对修补言语模态的研究,得出以下结论。

(1) 学习者在言语产出和加工过程中能对言内和言外言语行为进行在线监控和监测。其监控有发音前监控和发音后监控,具有可分等级性。但语料库语料中存在大量未被监测到的言语错误。

(2) 学习者会在监控到言语错误之后的某个点中断语流,其突出特征是词间中断和词后中断。这一现象说明了中国大学英语学习者具有一定的自我监控能力以及改正言语错误的意识。

(3) 学习者修补中的无填充暂停数量上远超填充暂停。对于填充词,学习者偏爱"uh"和"um",而其余的非词汇填充词和词汇填充词则寥寥无几。

(4) 学习者习惯用重复、重组、插入和替换来进行修补,其中,重复数量惊人,远超其他修补策略。同时,还发现学习者惯用持续重复和叠加修补策略来实施修补。此外,回指修补的现象也十分突出。

对非言语模态的研究,得出以下结论。

(1) 在修补过程中,学习者往往通过左手抬、右手抬和双手抬等伴补手势来指示修补,掩饰窘迫,赢取计划修补策略的时间。

(2) Praat 分析得出,学习者在修补启动时出现音高,在修补完成时则出现音降,为听话者提供语境化线索,为话语的解读提供指引。

(3) 在修补过程中,学习者会凭借眼神向上、眼神向下、侧视和直视等伴补眼神来提示修补。

(4) 在修补过程中,学习者会采用微笑、皱眉等伴补表情,与修补的言语模态一道,共同构建立体的、高效的修补机制。

相对于已有的研究,本书的学术价值体现在:克服技术难题,运用深度学习框架,结合音视频识别和自然语言分析等技术创建多模态智能分析模型,实现智能化标注的语料库构建,建设了较为大型的大学英语学习者会话自我修补多模态专门用途语料库;探讨了基于语料库语料的修补言语模态和非言语模态融合的诸特征和机制;建立了重复的内部结构模型,提出了待重复、重复和恢复的三结构模型。本书提出了待补手势、待补眼神等以及修补共同体概念;修正了 Levelt(1983)建立的修补内部结构模型;尝试从具身认知理论、主体间性理论和语用理论来阐释修补,说明了这些理论对修补的解释力;基于研究分析和问题探究,从教与学两个方面提出了外语教学改革的建议。

通过研究,我们提出以下学术观点。

(1) 学习者会话自我修补是一个集言语模态和非言语模态,如手势、眼神、面部表情和韵律变化于一身的多模态共同体。如同伴语手势,各模态相互作用,共同促进学习者对言语错误实施自我修补,其英文术语可用"repair community"表达。研究提出,学习者会话自我修补机制应考虑非言语模态作用。自我修补策略是一个高度组织化系统(Fox et al.,2010)。

(2) 填充暂停和无填充暂停,构成了暂停学。与之关联的词汇化和非词汇化填充词绝不是语言交际的副产品和可弃物,而是承载着意义,是发挥着提示等作用的词汇,学界对它们的研究远非彻底。

(3) 在修补过程中,人际交往中出现的各种非言语模态对人类交际的作用,其学术研究价值仍需提升。本研究结合伴语手势这一概念,提出"伴补手势""伴补眼神""伴补表情"和"伴补韵律"等概念。

（4）本书基于对 MCCECSER 语料的分析揭示,会话自我修补作为有效的学习者二语学习交际策略和学习策略,能促进学习者中介语发展,助力二语习得,提高言语产出和理解的质量。对于其有效性应予以重视,学习者自我修补能力亟待提升。

（5）在深入探讨学习者会话自我重复的基础上,结合 MCCECSER 语料分析以及得出的结论,本书认为自我重复有其内部结构可循,其产生与学习者言语产出资源的暂时缺失有关,重复有其积极和消极的作用。

（6）本书提出优化 Levelt 自我修补内部结构模型,在自我修补的第二阶段即编辑阶段,增加非言语模态的模块,具体可以为:将"editing term"改成"filler with cues","cues"指非言语提示（见图 11.1）。

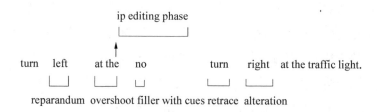

图 11.1　修改后的 Levelt 会话自我修补内部结构

（7）研究发现,大学英语学习者具有一定的会话自我监控和修补能力,但会话中存在大量尚未被监控和修补的言语错误以及过度重复、叠加修补、句式简单和内容贫乏等现象,表明其修补能力尚有提升空间。应以筑牢基本功为抓手,强化意识培养,促进策略提升,注重输入输出,加强课堂研究,实践 AI 赋能,实现质量革命。

本书认为,自我修补可导致可理解性输出,是语言学习成功的一个重要因素,也是衡量二语学习成功与否的标尺。修补有助于学习者提高外语交际能力,反映语言习得过程,对语言教师更为有效地组织课堂教学,大有裨益。它是一种交际策略,用来调整、组织和维持交际。教师为了教授和开发学生的交际技巧,应了解学习者的会话修补及其策略,它也是二语学习者的学习策略之一。Sharwood（1994）将语言学习策略定义为学习者为提升现有目的语的能力而做的努力。因此,自我修补以及可理解性输出应被看成首选课堂策略而得到鼓励和发扬。

诚然,由于各方面原因,本书必定存在大量有待改进的地方。

首先,如果没有疫情,语料的收集无论从量还是从质的方面均会有一个明显的提升,从而,进一步提高语料库建设的质量,确保后续文本挖掘和卡方检验的顺利展开,并能提速整个研究进度。

其次,由于个人感知偏见和个人判断上的主观性,对语料中的修补类别和修补策略等的人工识别和区分,其准确性很有可能会受到影响。此外,修补术语的汉译有待改进和认可,如"raparandum"翻译成"待补",alteration 翻译成"改正",甚至"repair"翻译成"修补",还有"the bore effect""the ballistic view"等的翻译等。还有本书中有些观点和术语的提出,如伴补手势及其英语表达"co-repair gesture"和修补共同体等,有待学界指正。

再次,如果时间充裕,本书的发现和结果能有实验支撑,那么所得出的结论会更有科学性和说服力,也更能精准地揭示修补规律和修补特征。当然,更主要的原因还是研究者个人的学术能力和学术水平制约了本书的质量。

最后,现有的数据分析还过于肤浅,因此,在不同程度上影响了应用研究的深度和数据分析的准确性。

正如 Mazeland(1987:3)所言,"Lessons are a very repair-friendly type of event",的确,我们的外语课堂丰富而多彩,它可以为我们的修补研究、课堂话语研究和任何涉及外语课堂教学的研究提供无限的、有价值的第一手数据。期待今后能有下列突破。

(1)本语料库建设在利用人工智能技术上做了一些有益的探索,为今后用类似的方法建设语料库提供了方向和路径。希望今后能有语料更广、容量更大、方法更为先进的课堂话语语料库问世。我们不仅可以建设专门用途语料库,还可以建设更为大型的综合的课堂话语语料库。

(2)修补研究可以从学习者自启自补现象扩大到教师启动或其他学习者启动的自补现象。不仅如此,还可探索他启他补等修补形式。本书只是针对外语课堂中的学习者自我修补做了研究,然而,外语课堂毕竟形式多样,精彩纷呈,它不只有学习者个人的话语,还有学习者之间的话语和师生之间的话语。我们还可以将目光投向其他修补形式以及它们的内部结构、频率和作用机制等。

（3）既然众多国内外研究都认为自我重复是二语学习者会话自我修补策略中数量最多的策略，因此，有必要对其加以重点关注。今后的研究不仅要加强对学习者的自我重复研究，还可以研究学习者的他人重复（教师启动或其他学习者启动的重复），研究重复的启动位、启动技巧、功能词诱发和心理、认知等问题。"重复"的确是一个可以重复研究的话题。

（4）有研究揭示，学习者个人因素，如英语水平、性别和年龄等对学习者外语课堂会话修补有影响。对于中国大学英语学习者而言，他们的英语水平、年龄、认知水平和情感对修补是否有影响？多大程度上有影响？对于教师而言，对于学习者的言语错误是否应该干预？如何干预？多大程度上干预？学习者对于修补的回应又如何？这些问题有待于今后加以回答。

（5）运用更为可靠的数据分析和统计方法，提升对文本信息挖掘的深度，从而进一步提升研究内容的广度，为揭示学习者课堂会话修补提供更为准确的数据支持，为修补研究提供更为有力的语言证据。

（6）围绕学习者课堂会话修补，借助计算机技术和人工智能技术，设计科学的实验方法，对修补诸现象进行深度分析，如依赖 ERP 和眼动的研究。

（7）深入研究学习者修补规律以及修补交际策略和学习策略的运用，将研究成果反哺到外语教学，制定更为切实有效的外语学习政策，提出更有针对性的外语改革措施，真正提升学习者的外语学习水平，推动外语课堂教学的"质量革命"。

（8）在进一步深入研究二语课堂环境下学习者伴补手势的同时，加强对其他伴补非言语模态的研究，如眼神、面部表情和各种韵律变化。还可以探析师生互动环境下教师的各种教学非言语模态如目光对视，研究它们对学习者会话修补以及中介语发展的影响。还可以将非言语模态的研究范围扩大到其他内容，如环境因素。

（9）进一步考察修补与外语学习的非语言因素，如心理、认知甚至生理等因素的关系。外语学习是一系列由控制性加工到自动化加工的发展过程，而修补涉及注意资源分配、记忆信息传递和交流协作，涉及自动化的语言加工（如词汇识别、词汇提取、句法分析和语义提取等）和策略技能、元认知等内容的控制性加工,如监控和调节等,这些问题为我们提供了广阔的思考空间。

学习者会话修补有利于外语课堂教学,有利于外语学习,有利于学习者的交际策略和学习策略的开发,从而有利于他们的中介语发展,因此,有必要加以系统而深入的研究。如果本书能为多模态语料库和外语学习语料库的建设,为外语课堂教学改革,为外语教学研究,为学习者外语习得,提供有益的帮助,这是我们所期盼的,也是本书的初心和我们最大的追求。

"To err is human, to self-repair is fortunately also." 研路漫漫,永无止境! 本书既是对本人多年从事修补研究的总结,也是续写新的修补篇章的开端。相信在不久的将来,会有更多的研究者加入修补研究的队伍里来,会有更多更好的研究成果问世!

参考文献

Abercrombie D. Gesture[J]. ELT Journal, 1954, 9 (1): 3 - 12.

Abercrombie D. Paralanguage [J]. International Journal of Language & Communication Disorders, 1968, 3 (1): 55 - 59.

Adelmann P K., Zajonc R B. Facial efference and the experience of emotion[J]. Annual Review of Psychology, 1989, 40: 249 - 280.

Adelsward V. Laughter and dialogue: The social significance of laughter in institutional discourse[J]. Nordic Journal of Linguistics, 1989, 12: 107 - 136.

Alibali M W., DiRusso A A. The function of gesture in learning to count: more than keeping track[J]. Cognitive Development, 1999, 14 (1): 37 - 56.

Alibali M W., Kita S., Young A. Gesture and the process of speech production: We think, therefore we gesture[J]. Language and Cognitive Processes, 2000, 15 (6): 593 - 613.

Alibali M W., Heath D C., Myers H J. Effects of visibility between speaker and listener on gesture production: Some gestures are meant to be seen[J]. Journal of Memory and Language, 2001, 44: 169 - 188.

Allen L. Nonverbal accommodations in foreign language teacher talk[J]. Applied Language Learning, 2000, 11: 155 - 176.

Allwood J., Nivre J., Ahlsen E. Speech Management-on the non-written life of speech[J]. Nordic Journal of Linguistics, 1990, 13(1): 3 - 48.

Allwood J., Cerrato L., Kristiina J., Constanza N., Patrizia P. The MUMIN coding scheme for the annotation of feedback, turn management and sequencing phenomena[J]. Language Resources and Evaluation, 2007, 41: 273 - 287.

Akbıyıka S., Karadumana A., Goksuna T., Chatterjee A. The relationship between co-speech gesture production and macrolinguistic discourse abilities in people with focal brain injury[J]. Neuropsychologia, 2018, 117: 440 - 453.

Albarqi G., Tavakoli P. The effects of proficiency level and dual-task condition on L2 self-monitoring behavior[J]. Studies in Second Language Acquisition, 2023, 45: 212 - 233.

Allwood J. Dialog coding-function and grammar: Gteborg Coding Schemas[P]. Gothenburg Papers inTheoretical Linguistics, University of Gteborg, 2001, 85: 1 - 67.

Allwood J. Multimodal corpora[A]. In A. Lüdeling & M. Kytö (eds), Corpus Linguistics. An International Handbook[C]. Berlin: Mouton de Gruyter, 2008.

Allwood J., Nivre J., Ahlsén E. On the semantics and pragmatics of linguistic feedback[J]. Journal of Semantics, 1992, 9: 1 - 26.

Allwright D., Bailey K M. Focus on the Language Classrooms: An Introduction to Classroom Research for Language Teachers [M]. Cambridge: Cambridge University Press, 1991.

Ahmadian M J., Abdolrezapour P., Ketabi S. Task difficulty and self-repair behavior in second language oral production[J]. International Journal of Applied Linguistics, 2012, 22 (3): 310 - 330.

Arnold J E., Fagnano M., Tanenhaus M K. Disfluencies signal thee, um, new information [J]. Journal of Psycholinguistic Research, 2003, 32 (1): 25 - 36.

Auer P., Couper-Kuhlen E., Muller F. Language in Time: The Rhythm and Tempo of Spoken Interaction[M]. Oxford: Oxford University Press.

Auer P. Sprachliche Interaktion[M]. Eine Einführung anhand von 22 Klassikern. 2. Auflage. Tübingen: Niemeyer.

Bada, E. 2010. Repetitions as vocalized fillers and self-repairs in English and French interlanguages[J]. Journal of Pragmatics, 2013, 42 (6): 1680 - 1688.

Baek H. Prosodic cue weighting in the processing of ambiguous sentences by native English listeners and Korean listeners of English[J]. The Journal of the Acoustical Society of America, 2022, 151(1): 151 - 158.

Baldry A., Thibault P J. Multimodal Transcription and Text Analysis: A Multimedia Toolkit and Associated On-line Coursebook[M]. London and Oakville: Equinox.

Bänziger, T. & K. R. Scherer. 2005. The role of intonation in emotional expressions[J]. Speech Communication, 2006, 46: 252 - 267.

Barati L. The impact of eye-contact between teacher and student on L2 learning[J]. Journal of Applied Linguistics and Language Research, 2015,2 (7): 222 - 227.

Barsalou L W. Perceptual symbol systems[J]. Behavioral and Brain Sciences, 1999, 22(4): 577 - 609.

Basirat A., Brunellière A., Hartsuiker R. The role of audiovisual speech in the early stages of lexical processing as revealed by the ERP word repetition effect[J]. Language Learning, 2018, 68(S1): 80 - 101.

Barati L. The impact of eye-contact between teacher and student on L2 learning[J]. Journal of Applied Linguistics and Language Research, 2015, 2(7): 222 - 227.

Barr D J. Trouble in mind: Paralinguistic indices of effort and uncertainty in communication [A]. In C. Cavé, I. Guaïtella, & S. Santi (eds.), Oralité et gestualité: Interactions et comportements multimodaux dans la communication[C]. Paris: L'Harmattan, 2001.

Bear J, Dowding J, Shriberg E. Integrating multiple knowledge sources for detection and correction of repairs in human-computer dialog[P]. In Proc. of the ACL, Trento, 1992.

Beattie W G. The regulation of speaker turns in face-to-face conversation: Some implications for conversation in sound-only communication channels[J]. Semiotica, 1981, 34: 55 - 70.

Benus S. Cognitive aspects of communicating information with conversational fillers in Slovak

[P]. 4th IEEE International Conference on Cognitive Infocommunications, Budapest, Hungary, 2013.

Benzer A. Teachers' opinions about the use of body language[J]. Education, 2012, 132(3): 467 – 473.

Berg T. The problem of language control: editing, monitoring and feedback [J]. Psychological Research, 1986, 48: 133 – 144.

Berger K W., Popelka G R. Extra-facial gestures in relation to speechreading[J]. Journal of Communication Disorders, 1971, 3(4): 302 – 308.

Bergmann K., Kopp S. Verbal or visual? How information is distributed across speech and gesture in spatial dialogue[P]. In Proceedings of the 10th Workshop on the Semantics and Pragmatics of Dialogue. Potsdam, Germany: Universitätsverlag, 2006.

Bergmann P., Brenning J., Pfeiffer M., Reber E. (eds.). Prosody and Embodiment in Interactional Grammar[C]. Berlin: de Gruyter, 2012.

Bergmann K., Kahl S., Kopp S. Modeling the semantic coordination of speech and gesture under cognitive and linguistic constraints [P]. In Proceedings of the International Conference on Intelligent Virtual Agents (IVA 2013), 2013.

Bergmann P. Prosody in interaction[J]. Linguistik online, 2018, 88: 11 – 32. http://dx.doi. org/10.13092/lo.88.4188.

Beshir M., Abiy Y. Students' self-repair in EFL classroom interactions: implications for classroom dynamics[J]. Asian-Pacific Journal of Second and Foreign Language Education, 2022, 7 (26): 1 – 15.

Beskow J., Granström B., House D. Visual correlates to prominence in several expressive modes[P]. In Proceedings of Interspeech 2006. Pittsburg, PA, 2006.

Biassou N., Obler L K., Nespoulous J. Dual processing of open- and closed-class words[J]. Brain and Language, 1997, 57 (3): 360 – 373.

Biau E., Fromont L A., Soto-Faraco S. Beat gestures and syntactic parsing: An ERP study [J]. Language Learning, 2018, 68(Supplement 1): 102 – 126.

Biber D., Reppen R. Corpus Linguistics[M]. London: SAGE Publications Ltd., 2012.

Billot-Vasquez K., Lian Z W., Hirata Y., Kelly S D. Emblem gestures improve perception and evaluation of non-native speech[O/L]. 2020, Frontiers in Psychology, doi: 10.3389/fpsyg.2020.574418.

Birdwhistell R L. Introduction to Kinesics: An Annotation System for Analysis of Body Motion and Gesture[M]. Washington: Foreign Service Institute, 1952.

Blackmer E R., Mitton J L. Theories of monitoring and the timing of repairs in spontaneous speech[J]. Cognition, 1991, 39: 173 – 194.

Blanc J., Dominey P. Identification of prosodic attitudes by a temporal recurrent network[J]. Cognitive Brain Research, 2003, 17: 693 – 699.

Bloodstein O. Incipient and developed stuttering as two distinct disorders: Resolving a dilemma[J]. Journal of Fluency Disorders, 2001, 26: 67 – 73.

Bock J K., Mazzella J R. Intonational marking of given and new information: Some consequences for comprehension[J]. Memory and Cognition, 1983, 11(1): 64 – 76.

Bona J. Disfluent whole-word repetitions in cluttering: Durational patterns and functions[J]. Clinical Linguistics and Phonetics, 2018, 32(4): 378 – 391.

Bona J. Self-initiated error-repairs in cluttering[J]. Clinical Linguistics and Phonetics, 2021, 35 (5): 405 – 418.

Boomer D S., Laver J D. Slips of the tongue [J]. British Journal of Disorders of Communication, 1968, 3(1): 1 – 12.

Bortfeld H., Leon S., Bloom J., Schober M., Brennan S. Disfluency rates in conversation: Effects of age, relationship, topic, role, and gender[J]. Language and Speech, 2001, 44: 123 – 147. doi: 10.1177/00238309010440020101.

Bosker R., Quene H., Sanders T., de Jong N H. The perception of fluency in native and nonnative speech[J]. Language Learning, 2014, 64 (3): 579 – 614.

Bredart S. Word interruption in self-repairing[J]. Journal of Psycholinguistic Research, 1991, 20 (2): 123 – 138.

Brennan S E., Schober M F. How listeners compensate for disfluencies in spontaneous speech [J]. Journal of Memory and Language, 2001, 44: 274 – 296.

Brennan S E., Williams M. The feeling of another's knowing: prosody and filled pauses as cues to listeners about the metacognitive states of speakers[J]. Journal of Memory and Language, 1995, 34: 383 – 398.

Brinton B., Fujiki M., Loeb D F., Winkler E. Development of conversational repair strategies in response to requests for clarification[J]. Journal of Speech and Hearing Research, 1986, 29: 75 – 81.

Brocklehurst P H. Exlporing the relationships between perfectionism, speech-monitoring and disfluency in the speech of people who do and do not utter[D]. Unpublsihed master's thesis. The University of Edinburgh, Scotland, 2008.

Brookfield S D., Preskill S. Discussion as a Way of Teaching: Tools and Techniques for Democratic Classrooms[M]. San Francisco: Jossey-Bass, 1999.

Brown G., Yule G. Discourse Analysis[M]. Cambridge: Cambridge University Press, 1996.

Brown P., Levinson S C. Politeness: Some Universals in Language Usage[M]. Cambridge: Cambridge University Press, 1987.

Buckwalter P. Repair sequences in Spanish L2 dyadic discourse: A descriptive study[J]. The Modern Language Journal, 2001, 85 (3): 380 – 397.

Burger S. Lexicon for the Transliteration of Spontaneous Speech[O/L].2005, http://www.ldc.upenn.edu/Catalog/docs/LDC2004T10/isl_transcr_lex.pdf.

Butcher C., Goldin-Meadow S. Language and gesture: Gesture and the transition from one-to two-word speech: when hand and mouth come together[A]. In D. McNeill (ed.), Language and Gesture[C]. New York: Cambridge University Press, 2000.

Butt M N., Iqbal M. Teachers' perception regarding facial expressions as an effective teaching tool[J]. Contemporary Issues in Education Research, 2011, 4 (2): 11 – 14.

Butterworth B. Speech errors: old data in search of new theories[A]. In A. Cutler (ed.),

Slips of the Tongue and Language Production[C]. Berlin: Mouton, 1983.

Butterworth B., Hadar U. Gesture, speech, and computational stages: A reply to McNeill [J]. Psychological Review, 1989, 96: 168 - 174.

Camps J. The analysis of oral self-correction as a window into the development of past time reference in Spanish[J]. Foreign Language Annals, 2008, 36 (2): 233 - 242.

Canale M., Swain M. Theoretical bases of communicative approaches to second language teaching and testing[J]. Applied Linguistics, 1980, 1 (1): 1 - 47.

Carbone V J., O'Brien L., Sweeney-Kerwin E J., Albert K M. Teaching eye contact to children with autism: A conceptual analysis and single case study[J]. Education and Treatment of Children, 2013, 36(2): 139 - 159.

Carbonnel J., Hayes P. Recovery strategies for parsing extragrammatical language[J]. American Journal of Computational Linguistics, 1983, 9 (3 - 4): 123 - 146.

Carl J. Errors in Language Learning and Use: Exploring Error Analysis[M]. Beijing: Foreign Language Research and Teaching Press, 2001.

Carter P., Plug L. Prosodic marking, pitch and intensityin spontaneous phonological self-repair in Dutch[P]. 2024, Proceedings of the 10ᵗʰ International Seminar on Speech production, ISSP, 2014.

Cassell J., Stone M. Living hand to mouth: Psychological theories about speech and gestures in interactive dialogue systems [P]. American Association for Artificial Intelligence Technical Report FS-99 - 03., 1999.

Celce-Murcia M., Olshtain E. Discourse and Context in Language Teaching: A Guide for Language Teachers[M]. Cambridge: Cambridge University Press, 2000.

Chaudron C. Second Language Classrooms[M]. Cambridge: Cambridge University Press, 1988.

Chaudron C., Richards J. The effect of discourse markers on the comprehension of lectures [J]. Applied Linguistics, 1986, 7 (2): 113 - 127.

Chen L L. Laughter, smiling and their pragmatic/interpersonal functions: An Interactional linguistic account[J]. Concentric: Studies in Linguistics, 2016, 42(2): 135 - 168.

Christenfeld N., Schachter S., Bilous F. Filled pauses and gestures: It's not coincidence[J]. Journal of Psycholinguistic Research, 1991, 20 (1): 1 - 10.

Cho E H., Larke P J. Repair strategies usage of primary elementary ESL students: Implications for ESL teachers [J]. The Electronic Journal for English as a Second Language, 2010, 14(3): 1 - 18.

Chu M., Hagoort P. Synchronization of speech and gesture: Evidence for interaction in action [J]. Journal of Experimental Psychology: General, 2014, 143(4): 1726 - 1741.

Chui K W. Repair in Chinese conversation[J]. Text, 1996, 16(3): 343 - 372.

Chui K W. Mimicked gestures and the joint construction of meaning in conversation[J]. Journal of Pragmatics, 2014, 70: 68 - 85.

Church R B., Goldin-Meadow S. The mismatch between gesture and speech as an index of transitional knowledge[J]. Cognition, 1986, 23: 43 - 71.

Cienki A., Muller C. (eds). Metaphor and Gesture. Gesture Studies, 3[C]. Amsterdam/ Philadelphia: John Benjamins, 2008.

Cienki A., Müller C. Metaphor, gesture, and thought[A]. In R. W. Gibbs (ed.), The Cambridge Handbook of Metaphor and Thought[C]. Cambridge: Cambridge University Press, 2008.

Clark E V. Language change during language acquisition[A]. In M. E. Lamb & A. L. Brown (eds.), Advances in Developmental Psychology[C]. Hillsdale, NJ: Erlbaum, 1982.

Clark E V. First Language Acquisition [M]. Cambridge, UK: Cambridge University Press, 2016.

Clark E V. Conversational repair and the acquisition of language[J]. Discourse Processes, 2020, 57 (5 - 6): 441 - 459.

Clark H H., Fox Tree, J E. Using uh and um in spontaneous speaking[J]. Cognition, 2002, 84: 73 - 111.

Clark H H., Wasow T. Repeating words in spontaneous speech[J]. Cognitive Psychology, 1998, 37 (3): 201 - 242.

Clark H H., Fox Tree J E. Using uh and um in spontaneous speaking[J]. Cognition, 2002, 84 (1): 73 - 111.

Clough S., Duff M C. The role of gesture in communication and cognition: Implications for understanding and treating neurogenic communication disorders[J]. Frontiers in Human Neuroscience, 2020, 14.

Cogo A., Dewey M. Analysing English as a Lingua Franca: A Corpus-Driven Investigation [M]. London: Bloomsbury Publishing, 2012.

Cogo A., Pitzl M L. Pre-empting and signalling non-understanding in ELF[J]. ELT Journal, 2016, 70(3): 339 - 345.

Cohen A. Strategies in Learning and Using a Second Language[M]. New York: Addison Wesley Longman, 1998.

Corder S P. Error Analysis and Interlanguage[M]. Oxford: Oxford University Press, 1981.

Corley M., Hartsuiker R J. Why um helps auditory word recognition: The temporal delay hypothesis[J]. Plos one, 2011, 6 (5): 1 - 5.

Corley M., Stewart O W. Hesitation disfluencies in spontaneous speech: The meaning of um [O/L]. 2009. http://homepages.ed.ac.uk/martinc/offprints/cs_llc.pdf.

Couper-Kuhlen E. What does grammar tell us about action? [J]. Pragmatics, 2014, 24(3): 623 - 647.

Couper-Kuhlen E., Fox B A., Thompson S A. Forms of responsivity: Grammatical formats for responding to two types of request in conversation[A], In S. Gunther, W. Imo, J. Bücker (eds.), Grammar and Dialogism: Sequential, Syntactic and Prosodic Patterns between Emergence and Sedimentation[C]. Berlin: de Gruyter, 2014.

Couper-Kuhlen E., Ford C E. (eds.). Sound Patterns in Interaction [M]. Amsterdam: Benjamins, 2004.

Couper-Kuhlen E., Sehing M. (eds.). Prosody in Conversation[M]. Cambridge: Cambridge

University Press，1996.

Couper-Kuhlen E.，Selting M. Introducing interactional linguistics[A]. In M. Selting & E. Couper-Kuhlen (eds.)，Studies in Interactional Linguistics[C]. Amsterdam/Philadelphia：John Benjamins Publishing Company，2001.

Couper-Kuhlen E.，Selting M. Interaction Linguistics：Studying Language in Social Interaction[M]. Cambridge：Cambridge University Press，2018.

Curl T S.，Local J.，Walker G. Repetition and the prosody-pragmatics interface[J]. Journal of Pragmatics，2006，38 (10)：1721－1751.

Cutler A. Slips of the Tongue and Language Production[M]. Berlin：Mouton，1982.

Cutler A.，Pearson. M. On the analysis of prosodic turn-taking cues[A]. In C. Johns-Lewis，(ed.)：Intonation in Discourse[C]. London：Routledge，1986.

Dörnyei Z.，Scott M L. Communication strategies in a second language：Definitions and taxonomies[J]. Language learning，1997，47(1)：173－210.

Dahl T I.，Ludvigsen S. How I see what you're saying：the role of gestures in native and foreign language listening comprehension[J]. Modern Language Journal，2014，98：813－833.

Damnet A. Enhancing Acquisition of Intercultural Nonverbal Competence：Thai English as a Foreign Language Learners and the Use of Contemporary English Language Films[D]. Doctoral dissertation，Victoria University，Melbourne，Australia，2008.

Davidson D. Inquires into Truth and Interpretation[M]. Oxford：Oxford University Press，1984.

Davis B G. Tools for Teaching[M]. San Francisco，CA：Jossy-Bass，2009.

de Bot K. Review article：The psycholinguistics of the output hypothesis[J]. Language Learning，1996，46 (3)：529－555.

Deese J. Thought into Speech：The Psychology of a Language[M]. Englewood Cliffs，NJ：Prentice Hall. de Leeuw，E. 2007. Hesitation markers in English，German，and Dutch[J]. Journal of Germanic Linguistics，1984，19(2)：85－114.

Dell G S. A spreading-activation theory of retrieval in sentence production[J]. Psychological Review，1986，93(3)：283－321.

de Ruiter J P. The production of gesture and speech[A]. In D. McNeill (ed.)，Language and Gesture[C]. 2000. Cambridge：Cambridge University Press，2000：248－311.

Dicamilla F J.，Anton M. Repetition in the collaborative discourse of L2 learners：A Vygotskian perspective[J]. The Canadian Modern Language Review，1997，53 (4)：609－633.

Dockrell J.，Lindsey G.，Roulstone S.，Law J. Supporting children with speech，language and communication needs：an overview of the results of the Better Communication Research Programme[J]. International Journal of Language & Communication Disorders，2014，49 (5)：543－557.

Dörnyei Z. On the teachability of communication strategy[J]. TESOL Quarterly，1995，29：55－85.

Dörnyei Z., Scott M L. Communication strategies: An empirical analysis[P]. Annual Symposium of the Desert Language and Linguistics Society. Provo, UT: Brigham Young University, 1995.

Dörnyei Z., Scott M L. Communication strategies in a second language: Definitions and taxonomies[J]. Language Learning, 1997, 47 (1): 173 – 210.

Dörnyei Z., Thurrell S. Strategic competence and how to teach it[J]. ELT Journal, 1991, 45 (1): 16 – 23.

Dörnyei Z., Kormos J. Problem-solving mechanisms in L2 communication: A psycholinguistic perspective[J]. Studies in Second Language Acquisition, 1998, 20 (3): 349 – 385.

Doughty C. An Empirical Study of Relativization in English as a Second Language[D]. Unpublished doctoral dissertation, University of Pennsylvania, Philadelphia, 1988.

Drew P. "Open" class repair initiators in response to sequential sources of troubles in conversation[J]. Journal of Pragmatics, 1997, 28: 69 – 101.

Drew P. Conversation analysis[A]. In K. L. Fitch, & R. E. Sanders (eds.), Handbook of Language and Social Interaction[C]. Mahwah, NJ: Lawrence Erlbaum Associates, 2005.

Drew P., Walker T., Ogden R. Self-repair and action construction[A]. In Hayashi M, Raymond G. & Sidnell J. (eds): Conversational Repair and Human Understanding[C]. Cambridge: Cambridge University Press, 2013.

DuBois J W. Syntax in mid-sentence[A]. In C. Fillmore, G. Lakoff, & R. Lakoff (eds.), Berkeley Studies in Syntax & Semantics[C]. Berkeley: Department of Linguistics and Institute of Human Learning, University of California, 1974.

Duncan S. Some signals and rules for taking speaking turns in conversations[J]. Journal of Personality and Social Psychology, 1972, 23: 283 – 292.

Duncan S., Fiske D W. Face-to-face Interaction: Research, Methods and Theory[M]. Hillsdale, NJ: Lawrence Erlbaum, 1977.

Duvall E., Robbins A., Graham T., Divett S. Exploring filler words and their impact[O/L]. 2014, https://schwa.byu.edu/files/2014/12/F2014-Robbins.pdf.

Dybkjær L., Bernsen N O. Recommendations for natural interactivity and multimodal annotation schemes[P]. Proceedings of the LREC'2004 Workshop on Multimodal Corpora, Lisbon, Portugal, 2004.

Egbert M M. Miscommunication in language proficiency interviews of first-year German students: A comparison with natural conversation[A]. In R. Young & A. Weiyun He (eds.), Discourse Approaches to the Assessment of Oral Proficiency[C]. Amsterdam: John Benjamins, 1998.

Ekman P., Friesen W V. The repertoire or nonverbal behavior: Categories, origins, usage and coding[J]. Semiotica, 1969, 1: 49 – 98.

Enfield N J., Kita S., de Ruiter J P. Primary and secondary pragmatic functions of pointing gestures[J]. Journal of Pragmatics, 2007, 39: 1722 – 1741.

Erman B. Pragmatic markers revisited with a focus on "you know" in adult and adolescent talk[J]. Journal of Pragmatics, 2001, 33(9): 1337 - 1359.

Eskildsen S W., Wagner J. Recurring and shared gestures in the L2 classroom: Resources for teaching and learning[J]. European Journal of Applied Linguistics, 2013, 1(1): 139 - 161.

Esposito K., McCullough E., Quek F. Disfluencies in gesture: gestural correlates to filled and unfilled speech pauses[P]. In Proceedings of IEEE International Workshop on Cues in Communication, 2001.

Faerch C., Kasper G. Phatic, metalingual and metacommunicative functions in discourse. Gambits and repairs[A]. In Enkvist, N. E. (ed.), Impromptu Speech: A Symposium[C]. Abo: Abo Akademic Foundation, 1982.

Faerch C., Kasper G. Strategies in Interlanguage Communication[M]. London: Longman, 1983.

Fang T. Repair strategies in consecutive interpreting: Comparing professional interpreters and interpreting trainees[J]. International Journal of Interpreter Education, 2020, 12 (2): 36 - 46.

Fanselow J F. The treatment of error in oral work[J]. Foreign Language Annals, 1977, 10 (5): 583 - 593

Fathman A K. Repetition and correction as an indication of speech planning and execution processes among second language learners[A]. In H. W. Dechert & M. Raupach (eds.), Towards a Crosslinguistic Assessment of Speech Production[C]. Frankfurt, Germany: Peter D. Lang, 1980.

Feltner E. The use of gesture in self-initiated self-repair sequences by persons with non-fluent aphasia[D]. Master Thesis of University of Kentucky. 2016, http://dx.doi.org/10.13023/ETD.2016.216.

Ferguson A. Conversational repair of word-finding difficulty [A]. In M. Lemme (ed.), Clinical Aphasiology: Conference Proceedings[C]. Austin, TX: Pro-Ed, 1992.

Ferguson A. The influence of aphasia, familiarity, and activity on conversational repair[J]. Aphasiology, 1994, 8(2): 143 - 157.

Ferre G. Gesture, prosody and verbal content in non-fluent aphasic speech[O/L]. Multimodal Communication, 2021, 10(1): 73 - 91. https://doi.org/10.1515/mc-2020 -0016.

Feyereisen P. Gestures and speech, interactions and separations: A reply to McNeill[J]. Psychological Review, 1987, 94: 168 - 174.

Fincher A. Functions of Self-initiated Self-repairs in an Advanced Japanese Language Classroom. PhD dissertation [O/L]. 2006, https://research-repository. griffith. edu. au/bitstream/handle/10072/365758/02Whole.pdf?sequence=1.

Fitzgerald E., Hall K., Jelinek F. Reconstructing false start errors in spontaneous speech text[P]. Proceedings of the 12th Conference of the European Chapter of the ACL, 2009.

Flavell J H. Cognitive Development [M]. 2nd edn. Englewood Cliffs, NJ: Prentice-Hall, 1985.

Ford C E. Grammar in Interaction[M]. Cambridge: Cambridge University Press, 1993.

Ford C E., Fox B A., Thompson S A. Constituency and the grammar of turn increments

[A]. In C. E. Ford, B. A. Fox & S. A. Thompson (eds.), The Language of Turn and Sequence[C]. Oxford: Oxford University Press, 2002.

Ford C E., Thompson S A., Drake V. Bodily-visual practices and turn continuation[J]. Discourse Processes, 2012, 49 (3 - 4): 192 - 212.

Fors L K. Production and Perception of Pauses in Speech [D]. Doctoral dissertation, University of Gothenburg, Sweden, 2015.

Fourie E., Palser E R., Pokorny J J., Neff M., Rivera S M. Neural processing and production of gesture in children and adolescents with autism spectrum disorder[O/L]. Frontiers in Psychology, 2020, 10: 1 - 15. https://doi:10.3389/fpsyg.2019.03045.

Fox B A. Micro-syntax in conversation[P]. Paper presented at Interactional Linguistics Conference, Spa, 2000.

Fox B, Jasperson R. A syntactic exploration of repair in English conversation[A]. In P. Davis (ed.), Alternative Linguistics[C]. Amsterdam: Benjamins, 1995.

Fox B A., Benjamin T., Mazeland H. Conversation analysis and repair organization: Overview[A]. In C. Chapelle (ed.), The Encyclopedia of Applied Linguistics, 1 - 3. London: John Wiley and Sons, Inc, 2013.

Fox B A, Maschler Y., Uhmann S. A cross-linguistic study of self-repair: Evidence from English, German, and Hebrew[J]. Journal of Pragmatics, 2010, 42(9): 2487 - 2505.

Fox Tree J E. The effects of false starts and repetitions on the processing of subsequent words in spontaneous speech[J]. Journal of Memory and Language, 1995, 34: 709 - 738. doi: 10.1006/jmla.1995.1032

Fox Tree J E. Listeners' uses of um and uh in speech comprehension[J]. Memory and Cognition, 2001, 29 (2): 320 - 326.

Fox B, Hayashi M., Jasperson R. Resources and repair: A cross-linguistic study of syntax and repair[A]. In E. Ochs, E. A. Schegloff & S. A. Thompson (eds). Interaction and Grammar[C]. Cambridge: Cambridge University Press, 1996.

Fox B, Maschler Y., Uhmann S. A crosslinguistic study of self-repair: Evidence from English, German and Hebrew[J]. Journal of Pragmatics, 2010, 42: 2487 - 2505.

Fox B, Benjamin T., Mazeland H. Conversation analysis and repair organization: An overview[A]. In C. A. Chapelle (ed.), The Encyclopaedia of Applied Linguistics[C]. Hoboken, NJ: Wiley-Blackwell, 2010.

Franceschi V. Enhancing explicitness in BELF interactions: Self-initiated communication strategies in the workplace[J]. Iperstoria, 2019, 13: 59 - 71.

Fraundorf H S H., Watson D G. The disfluent discourse: Effects of filled pauses on recall [J]. Journal of Memory and Language, 2011, 65 (2): 161 - 175.

Frick-Horbury D., Guttentag R E. The effects of restricting hand gesture production on lexical Retrieval and free recall[J]. American Journal of Psychology, 1998, 111: 43 - 62.

Galantucci B., Fowler C A., Turvey M T. The motor theory of speech perception reviewed [J]. Psychonomic Bulletin & Review, 2006, 13: 361 - 377.

Galantucci B., Fowler C A., Turvey M T. The motor theory of speech perception reviewed

[J]. Psychonomic Bulletin & Review, 2006, 13: 361 - 377.

Gangopadhyay I, Kaushanskaya M. The role of speaker eye gaze and mutual exclusivity in novel word learning by monolingual and bilingual children[J]. Journal of Experimental Child Psychology, 2020, 197: 1 - 20.

Gao Y., Liu Y Q., Zhou C Y. Production and interaction between gesture and speech: A Review[J]. International Journal of English Linguistics, 2016, 6 (2): 131 - 138.

Gao Y., Wu Y X. Laughter as responses to different actions in L2 oral proficiency interview [J]. Open Journal of Modern Linguistics, 2018, 8: 1 - 22.

Gass S., Varonis E. Task variation and nonnative/nonnative negotiation of meaning[A]. In Gass, S. & C. M. Rowley (eds.), Input in Second Language Acquisition [C]. MA: Newbury House, 1985.

Gass S M., Varonis E M. Input, interaction, and second language production[J]. Studies in Second Language Acquisition, 1994, 16: 283 - 302.

Gauvin H S., Hartsuiker R J., Huettig F. Speech monitoring and phonologically-mediated eye gaze in language perception and production: a comparison using printed word eye-tracking[J]. Frontiers in Human Neuroscience, 2013, 7: 1 - 8. DOI: 10.3389/fnhum. 2013.00818

Genc B., Mavasoglu M., Bada E. Types and functions of repetitions in the narrations of Turkish speakers of French[J]. Novitas ROYAL (Research on Youth and Language), 2010, 4 (2): 216 - 224.

Gentilucci M., Corballis M C. From manual gesture to speech: a gradual transition[J]. Neuroscience & Biobehavioral Reviews, 2006, 30: 949 - 960.

Gentilucci M., Volta R D. The motor system and the relationship between speech and gesture [J]. Gesture, 2007, 7 (2): 159 - 177.

Georgiadou E S., Roehr-Brackin K. Investigating executive working memory and phonological short-term memory in relation to fluency and self-repair behavior in L2 speech [J]. Journal of Psycholinguistic Research, 2016 (3): 877 - 895

Georgiadou E S. The role of proficirncy, speaking habits and error-tolerance in the self-repair behavior of Emirati EFL learners[J]. Asia EFL Journal, 2016, 18 (4): 104 - 126.

Glenn P. Interviewer laughs: Shared laughter and asymmetries in employment interviews[J]. Journal of Pragmatics, 2010, 42: 1485 - 1498.

Glenn P. Interviewees volunteered laughter in employment interviews: A case of "nervous" laughter? [A] In P. Glenn & E. Holt (eds.), Studies of Laughter in Interaction[C]. London: Bloomsbury, 2013a.

Goffman E. The Presentation of Self in Everyday Life[M]. New York: The Overlook Press, 1959.

Goffman E. Interaction Ritual: Essays on Face-to-face Interaction[M]. New York: Anchor Books, 1967.

Goffman E. Radio talk[A]. In E. Goffman (ed.), Forms of Talk[C]. Philadelphia, PA: University of Pennsylvania Press, 1981.

Goldin-Meadow S., Alibali M W., Church R B. Transitions in concept acquisition: Using the hand to read the mind[J]. Psychological Review, 1993, 100(2): 279 - 297.

Goldin-Meadow S. Beyond words: the importance of gesture to researchers and learners[J]. Child Development, 2001, 71(1): 231 - 239.

Goldin-Meadow S., Nusbaum H., Kelly S., Wagner S. Explaining math: Gesturing lightens the load[J]. Psychological Science, 2001, 12: 516 - 522.

Goldin-Meadow S. Hearing Gesture: How Our Hands Help Us Think[M]. Belknap Press: Harvard University Press.

Goldrick, M. & R. Daland. 2009. Linking speech errors and phonological grammars: insights from Harmonic Grammar networks[J]. Phonology, 2003, 26 (1): 147 - 185.

Goldwater S., Jurafsky D., Manning C D. Which words are hard to recognize? Prosodic, lexical and disfluency factors that increase speech recognition error rates[J]. Speech Communication, 2010, 52 (3): 181 - 200.

Goodwin C. The interactive construction of a sentence in natural conversation[A]. In: Psathas G (ed.) Everyday Language: Studies in Ethnomethodology[C]. New York, NY: Irvington, 1979.

Goodwin M H. Processes of mutual monitoring implicated in the production of description sequences[J]. Sociological Inquiry, 1980, 50: 303 - 317.

Goodwin C. Conversational Organization: Interaction between Speakers and Hearers[M]. New York: Academic Press, 1981.

Goodwin C. Gestures as a resource for the organization of mutual orientation[J]. Semiotica, 1986, 62: 29 - 49.

Goodwin C. Co-constructing meaning in conversations with an aphasic man[J]. Research on Language and Social Interaction, 1995, 28 (3): 233 - 260.

Goodwin C. Sentence construction within interaction[A]. In U. M. Quasthoff (ed.), Aspects of Oral Communication[C]. Berlin: Walter de Gruyter, 1995.

Goodwin M H., Goodwin C. Gestures and coparticipation in the activity of searching for a word[J]. Semiotica, 1986, 62 (1/2): 51 - 75.

Griffiths S., Barnes R., Britten N., Wilkinson R. Multiple repair sequences in everyday conversations involving people with Parkinson's disease [J]. International Journal of Language and Communication Disorders, 2015, 50 (6): 814 - 829.

Groenewold R., Armstrong E. A multimodal analysis of enactment in everyday interaction in people with aphasia[J]. Aphasiology, 2019, 33(12): 1441 - 1461.

Grosjean F., Deschamps A. Analyse contrastive des variables temporelles de l'anglais et du français[J]. Phonetica, 1975, 31: 144 - 184.

Guenther F H. Speech sound acquisition, coarticulation and rate effects in a neural network model of speech production[J]. Psychological Review, 1995, 102 (3): 594 - 621.

Guenther F H., Hampson M., Johnson D. A theoretical investigation of reference frames for the planning of speech movements[J]. Psychological Review, 1998, 105 (4): 611 - 633.

Guenther F H., Ghosh S S., Tourville J A. Neural modelling and imaging of the cortical interactions underlying syllable production[J]. Brain and Language, 2006, 96 (3): 280 - 301.

Gumperz J J. Discourse Strategies[M]. Cambridge: Cambridge University Press, 1982.

Gullberg M. Gesture as a Communication Strategy in Second Language Discourse. A Study of Learners' French and Swedish[M]. Lund: Lund University Press, 1998.

Gullberg M. Methodological reflections on gesture analysis in SLA and bilingualism research [J]. Second Language Research, 2010, 26: 75 - 102.

Gullberg M., McCafferty S. Introduction to gesture and SLA: Toward an integrated approach[J]. Studies in Second Language Acquisition, 2008, 30: 133 - 146.

Gullberg M., Roberts L., Dimroth C. What word-level knowledge can adult learners acquire after minimal exposure to a new language? [J]. IRAL, 2012, 50: 239 - 276.

Haataja E., Salonen V., Laine A., Toivanen M., Hannula M S. The relation between teacher-student eye contact and teachers' interpersonal behavior during group work: A multiple-person gaze-tracking case study in secondary mathematics education [J]. Educational Psychology Review, 2021, 33: 51 - 67.

Haataja E., Toivanen M., Laine A., Hannula M S. Teacher-student eye contact during scaffolding collaborative mathematical problem-solving[J]. International Journal on Math, Science and Technology Education, 2019, 7 (2): 9 - 26.

Haddington P. The organization of gaze and assessments as resources for stance taking[J]. Text and Talk, 2006, 26: 281 - 328.

Hale J., Izhak S., Lisa Y., et al. PCFGs with syntactic and prosodic indicators of speech repairs [P]. Proceedings of the 45th Annual Conference of the Association for Computational Linguistics, 2006.

Hall J J. Redressing the roles of correction and repair in research on second and foreign language learning[J]. The Modern Language Journal, 2007, 91(4): 511 - 526.

Haniah A U., Sasongko F K., Fauziati E. The use of repetition as self-repair of an Efl learner[J]. Journal of Language and Literature, 2020, 15 (1): 104 - 111.

Hanulíková A P. M. van Alphen M M. van Goch, Weber A. When one person's mistake is another's standard usage: The effect of foreign accent on syntactic processing[J]. Journal of Cognitive Neuroscience, 2012, 24 (4): 878 - 887.

Hart J T. Memory and the feeling-of-knowing experience [J]. Journal of Educational Psychology, 1965, 56(4): 208 - 216.

Hauser E. Upgraded self-repeated gestures in Japanese interaction[J]. Journal of Pragmatics, 2019, 150: 180 - 196.

Hayashi M. Joint Utterance Construction in Japanese Conversation[M]. Amsterdam, The Netherlands: John Benjamins, 2003a.

Hayashi M. Language and the body as resources for collaborative action: A study of word searches in Japanese conversation[J]. Research and Social Interaction, 2003b, 36(2): 109 - 141.

Healey P G T., Lavelle M., Howes C., Battersby S., McCabe R. How listeners respond to speaker's troubles[P]. In Proceedings of the 35th Annual Conference of the Cognitive Science Society, Berlin, 2013.

Healey P G T., Purver M., Howes C. Divergence in dialogue[J]. PLoS ONE, 2014, 9 (6): e98598.

Healey P G T., Mills G J., Eshghi A., Howes C. Running repairs: Coordinating meaning in dialogue[J]. Topics in Cognitive Science, 2018, 10(2): 367 - 388.

Healey P G T., Purver M. Self-repetition in dialogue and monologue[O/L]. 2018, https://f. hypotheses. org/wp-content/blogs. dir/4280/files/2018/11/paper_7.pdf.

Healey P G T., Plant N., Howes C., Lavelle M. When words fail: Collaborative gestures during clarification dialogues[P]. In 2015 AAAI Spring Symposium Series: Turn-Taking and Coordination in Human-Machine Interaction, Arlington, Virginia, 2015.

Heritage J. Oh-prefaced responses to inquiry[J]. Language in Society, 1998, 27: 291 - 334.

Heritage J. Well-prefaced turns in English conversation: A conversation analytic perspective [J]. Journal of Pragmatics, 2015, 88: 88 - 104.

Heeman P A. et al. Combining the detection and correction of speech repair[O/L]. 1996, http://www. cs. rochester. edu/research/cisd/pubs/1996/heeman-lokemkim-allen-icslp96. pdf.

Heldner M., Edlund J. Pauses, gaps and overlaps in conversations[J]. Journal of Phonetics, 2010, 38: 555 - 568.

Hellerman J., Vergun A. Language which is not taught: The discourse marker use of beginning adult learners of English[J]. Journal of Pragmatics, 2007, 39: 157 - 179.

Hickok G. The cortical organization of speech processing: feedback control and predictive coding the context of a dual-stream model[J]. Journal of Communication Disorder, 2012, 45 (6): 393 - 402.

Hieke A. A context-processing view of hesitation phenomena[J]. Language and Speech, 1981, 24 (2): 147 - 160.

Hirschberg, J. 2002. The Pragmatics of Intonational Meaning [P]. Proc. Speech Prosody, 2002.

Ho A K., Sahakian B., Robbins T. Verbal fluency in Huntington's disease: A longtitudinal analysis of phonetic and semantic clustering and switching[J]. Neuropsychologia, 2002, 40 (8): 1277 - 1284.

Holler J., Beattie G. A micro-analytic investigation of how iconic gestures and speech represent core semantic features in talk[J]. Semiotica, 2002, 142, 1 - 4: 31 - 69.

Holler J., Wilkin K. An experimental investigation of how addressee feedback affects co-speech gestures accompanying speakers' responses[J]. Journal of Pragmatics, 2011, 43: 3522 - 3536.

Holmes V M. Hesitations and sentence planning[J]. Language and Cognitive Processes, 1988, 3(4): 323 - 361.

Hoshino H. Conversation analysis of the phenomenon of initiating self-repairs through pragmatic and iconic gestures[J]. Academic Reports, 2013, Tokyo Polytech. University:

36(2)：58 - 66.

Hostetter A B., Alibali M W. Raise your hand if you're spatial：relations between verbal and spatial skills and gestures production[J]. Gesture, 2007, 7 (1)：73 - 95.

Hostetter A., Alibali B., Wagner M. Visible embodiment：gestures as simulated action[J]. Psychonomic Bulletin and Review, 2008, 15：495 - 514.

Howell P. Is a perceptual monitor needed to explain how speech errors are repaired? [P]. Proceedings of DiSS'03, Disfluency in Spontaneous Speech Workshop. 5 - 8 September 2003, Göteborg University, Sweden, 2003.

Howell P., Young K. The use of prosody in highlighting alteration in repairs from unrestricted speech[J]. Quarterly Journal of Experimental Psychology, 1991, 43(3)：733 - 758.

Howell P., Au-Yeung J., Sackin S. Exchange of stuttering from function words to content words with age[J]. Journal of Speech, Language, and Hearing Research, 1999, 42：345 - 354.

Howell P., Au-Yeung J. The EXPLAN theory of fluency control and the diagnosis of stuttering[A]. In E. Fava (ed.), Pathology and Therapy of Speech Disorders [C]. Amsterdam：John Benjamins, 2002.

Howes P P G., Healey T., Purver M. Tracking lexical and syntactic alignment in conversation[P]. In Proceedings of the 32nd Annual Conference of the Cognitive Science Society, Portland, OR, 2010.

Hsieh F. Repetition in social interaction：A case study on Mandarin conversation [J]. International Journal on Asian Language Processing, 2009, 19 (4)：153 - 168.

Hsieh T Y., Chung Y M. A self-detection and self-repair methodology for reliable speech recognition considering AWGN noises [P]. Proceedings-2020 IEEE International Test Conference in Asia, ITC-Asia：2020, 142 - 147.

Hsu L., Watson T., Lin C., Ho T. Explorations in teachers' nonverbal immediacy behaviors and students' willingness to talk in English[J]. English Teaching and Learning, 2007, 32 (3)：1 - 27.

Huettig F., Hartsuiker R J. Listening to yourself is like listening to others：External, but not internal, verbal self-monitoring is based on speech perception[J]. Language and Cognitive Processes, 2010, 25：347 - 374.

Husband E M. Self-repairs as right node raising constructions[J]. Lingua, 2015, 160：20 - 37.

Hutchby J. The Discourse of Child Counseling [M]. Amsterdam & Philadelphia：John Benjamins, 2007.

Ibanez A., Manes F., Escobar J., Trujillo N., Andreucci P., Hurtado E. Gesture influences the processing of figurative language in non-native speakers：ERP evidence [J]. Neuroscience Letters, 2010, 471(1)：48 - 52.

Izumi S. Processing difficulty in comprehension and produc tion of relative clauses by learners of English as a second language[J]. Language Learning, 2003, 53：285 - 323.

Jaeger J J. Kid's Slips: What Young Children's Slips of the Tongue Reveal about Language Development[C]. Mahwah, NJ: Lawrence Erlbaum Associates, 2004.

Jaeger J J., Wilkins D. Semantic relationships in lexical errors[A]. In J. J. Jaeger (ed.), Kid's Slips: What Young Children's Slips of the Tongue Reveal about Language Development[C]. Mahwah, NJ: Lawrence Erlbaum Associates, 2005.

James D. Some aspects of the syntax and semantics of interjections[P]. Papers from the eighth regional meeting of the Chicago Linguistic Society. Chicago, IL: Chicago Linguistic Institute, 1972.

Janik S W., Wellens A R., Goldberg M L., Dell'Osso L F. Eyes as the center of focus in the visual examination of human faces[J]. Perceptual and Motor Skills, 1978, 47: 857 - 858.

Jeannerod M. Neural simulation of action: A unifying mechanism for motor cognition[J]. NeuroImage, 2001, 14: S103 - S109.

Jefferson G. Preliminary notes on a possible metric which provides for a 'standard maximum' silence of approximately one second in conversation[A]. In D. Roger & P. Bull (eds.), Conversation an Interdisciplinary Perspective[C]. Clevedon: Multilingual Matters, 1989.

Jenkins J, Cogo A., Dewey M. Review of developments in research into English as a lingua franca[J]. Language Teaching, 2011, 44(3): 281 - 315.

Jewitt C. The move from page to screen: the multimodal reshaping of school English[J]. Visual Communication, 2009, 2: 166 - 181.

Jiang X., Pell M D. On how the brain decodes vocal cues about speaker confidence[J]. Cortex, 2015, 66: 9 - 34.

Jiménez-Ortega J., Badayaae E., Hernández-Gutiérreza D., Silvera M., Espunya J., Garcia J S., Fondevila S., Muñoz F M., Casado P., Martín-Loeches, M. Effects of reader's facial expression on syntactic processing: A brain potential study[J]. Brain Research, 2020, 1736: 1 - 8.

Johnstone B. Perspectives on repetition[J]. Text, 1987, 7: 205 - 214.

Johnstone B. Repetition in discourse: A dialogue[A]. In B. Johnstone (ed.), Repetition in Discourse: Interdisciplinary Perspectives[C]. Norwood, NJ: Ablex, 1994a.

Johnstone B. Repetition in discourse [J]. Interdisciplinary Perspectives. Volume Two. Noorwood: Ablex Publishing Corporation, 1994b.

Jokinen K., Allwood J. Hesitation in intercultural communication: Some observations and analyses on interpreting shoulder shrugging [A]. In T. Ishida (ed.), Culture and Computing: Computing and Communication[C]. New York: Springer, 2010.

Jovanovic M. Facial expressions in primary school teaching as the feedback in the communication process[J]. Facta Universitatis Series: Teaching Learning and Teacher Education, 2020, 4 (1): 17 - 26.

Jurafsky D., Shriberg E., Fox B., Curl T. Lexical, prosodic and syntactic cues for dialog acts [P]. ACL/COLING-98 Workshop on Discourse Relations and Discourse Markers, 1998.

Kasper G. Repair in foreign language teaching[J]. Studies in Second Language Acquisition, 1985, 7 (2): 200 - 215.

Kasper G. Repair in classroom teaching[A]. In G. Kasper (ed.), Learning, Teaching and Communication in the Foreign Language Classroom[C]. Aarhus: University Press, 1986.

Kaur J. Pre-empting problems of understanding in English as a lingua franca[A]. In A. Mauranen & E. Ranta (eds.), English as a Lingua Franca: Studies and Findings[C]. Newcastle Upon Tyne: Cambridge Scholars Publishing, 2009.

Kaur J. Raising explicitness through self-repair in English as a lingua franca[J]. Journal of Pragmatics, 2011, 43(11): 2704 - 2715.

Kaur J. Saying it again: Enhancing clarity in English as a lingua franca (ELF) talk through self-repetition[J]. Text & Talk, 2012, 32(5): 593 - 613.

Kaur J. Ambiguity related misunderstanding and clarity enhancing practices in ELF communication[J]. Intercultural Pragmatics, 2017, 14(1) 25 - 47.

Kaur J. Other-correction in next position: The case of lexical replacement in ELF interactions in an academic setting[J]. Journal of Pragmatics, 2020, 169: 1 - 12.

Kazemi A. An investigation into the relationship between the type of self-repair and structural complexity of utterances[J]. Journal of English and Literature, 2011, 2 (4): 96 - 102.

Kelly S D., Barr D J., Church R B., Lynch K. Offering a hand to pragmatic understanding: The role of speech and gesture in comprehension and memory[J]. Journal of Memory and Language, 1999, 40 (4): 577 - 592.

Kendon A. Some relationships between body motion and speech[A]. In A. W. Seigman & B. Pope (eds.), Studies in Dyadic Communication[C]. Pergamon, Elmsford, 1972.

Kendon A. Some uses of gesture[A]. In D. Tannen & M. Saville-Troike (eds.), Perspectives on Silence[C]. Norwood, New Jersey: Ablex Publishing Corporation, 1985.

Kendon A. Gestures as illocutionary and discourse structure markers in southern Italian conversation[J]. Journal of Pragmatics, 1995, 23: 247 - 279.

Kendon A. Gesture: Visible Action as Utterance[M]. Cambridge: Cambridge University, 2004.

Kendon A. Pragmatic functions of gestures: Some observations on the history of their study and their nature[J]. Gesture, 2017, 16 (2): 157 - 175.

Kendrick K H. The intersection of turn-taking and repair: The timing of other-initiations of repair in conversation[J]. Frontiers in Psychology, 2015, 6: 1 - 16.

Khojasteh rad S., Abdullah A N. Effect of context on types of hesitation strategies used by Iranian EFL learners in L2 oral language tests[J]. English Language Teaching, 2012, 5 (7): 102 - 107.

Kurhila S K. Co-constructing Understanding in Second Language Conversation [D]. Unpublished doctoral dissertation. University of Helsinki, 2003.

Kita S. How representational gestures help speaking[A]. In D. McNeill (ed.) Language and Gesture[C]. Cambridge: Cambridge University Press, 2000.

Kita S., Özyürek A. What does cross-linguistic variation in semantic coordination of speech and gesture reveal?: evidence for an interface representation of spatial thinking and speaking[J]. Journal of Memory and Language, 2003, 48 (1): 16 - 32.

Kita S., Alibali M W., Chu M. How do gestures influence thinking and speaking? The Gesture-for-conceptualization hypothesis[J]. Psychological Review, 2017, 124: 245 - 266.

Kitade K. L2 learners discourse and SLA theories in CMC: Collaborative interaction in internet chat[J]. Computer Assisted Language Learning, 2000, 13 (2): 143 - 166.

Klippi A. Conversational dynamic between aphasics[J]. Aphasiology, 1991, 5: 373 - 378.

Knapp M. Nonverbal Communication in Human Interaction [M]. New York: Holt, Rineheart & Winston, 1978.

Knapp M., Hall J. Nonverbal Communication in Human Interaction[M]. Belmout. CA: Thomson Wadswoeth, 2006.

Knapp M., Hall J., Horgan T. Nonverbal Communication in Human Interaction[M]. Belmont, California: Wadsworth Publishing, 2014.

Kobayashi H., Hirose K. Japanese learners' repetition in conversation in relation to English proficiency level[J]. JALT Journal, 1995, 17 (1): 53 - 73.

Konakahara M. An analysis overlapping questions in casual ELF conversation: Cooperative or competitive contribution[J]. Journal of Pragmatics, 2015, 84: 37 - 53.

Kopp S., Bergmann K., Kahl S. A spreading-activation model of the semantic coordination of speech and gesture[P]. Proceedings of the 35th Annual Meeting of the Cognitive Science Society (COGSCI 2013), 2013.

Kormos J. Monitoring and self-repairs in L2 [J]. Language Learning, 1999, 49 (2): 303 - 342.

Kormos J. Monitoring and self-repair in L2 [J]. Language Learning, 1999, 49 (2): 302 - 342.

Kowal S., O'Connell D C., Sabin E J. Development of temporal patterning and vocal hesitations in spontaneous narratives[J]. Journal of Psycholinguistic Research, 1975, 4: 195 - 207.

Krashen S D. Principles and Practice in Second Language Acquisition [M]. Oxford: Pergamon, 1982.

Krashen S D. The Input Hypothesis: Issues and Implications [M]. New York: Longman, 1985.

Krauss R M. Why do we gesture when we speak? [J]. Current Directions in Psychological Science, 1998, 7: 54 - 59.

Kress G. Multimodality: A Social Semiotic Approach to Contemporary Communication[M]. Abingdon: Routledge, 2010.

Koriat A. The feeling of knowing: some metatheoretical implications for consciousness and control[J]. Consciousness and Cognition, 2000, 9 (2): 149 - 171.

Kosmala L., Candea M., Morgenstern A. Synchronization of (dis)fluent speech and gesture: A multimodal approach to (dis)fluency[P]. Proceedings of the 6th Gesture and Speech in Interaction- GESPIN, 2019.

Kovač M M., Mülle M. Monitoring-key factor in the development of fluent speech: Case study of German as foreign language[J]. GOVOR, 2022, 39 (2): 161 - 180.

Kovač M M., Vidovic A. Self-repairs in the Croatian Language[J]. GOVOR, 2010, 27 (2): 91 – 115.

Krauss R M. Why do we gesture when we speak? [J]. Current Directions in Psychological Science, 1998, 7: 54 – 59.

Krauss R M., Hadar U. The role of speech-related arm/hand gestures in word retrieval[A]. In R. Campbell & L. Messing. (eds.), Gesture, Speech and Sign[C]. Oxford: Oxford University Press, 1999.

Krauss R M., Murrel-Samuels P., Colasante C. Do conversational hand gestures communicate? [J] Journal of Personality and Social Psychology, 1991, 61: 743 – 754.

Krauss R M., Chen Y H., Gottesman R F. Lexical gestures and lexical access: A process mode[A]. In McNeill D. (ed.), Language and Gesture[C]. Cambridge: Cambridge University Press, 2000.

Kress G., van Leeuwen T. Reading Images: The Grammar of Visual Design[M]. London: Routledge, 1996.

Kupetz M. Multimodal resources in students' explanations in CLIL interaction[J]. Novitas-ROYAL (Research on Youth and Language), 2011, 5 (1): 121 – 142.

Lackner J R. Speech production: Evidence for corollary-Discharge stabilization of perceptual mechanisms[J]. Percept Motor Skills, 1974, 39 (2): 899 – 902.

Lara Galindo W F., Rojas-Nieto C. Self-repair timing of lexical problem sources: A window into primary language impairment online processing[A]. In A. A. Benavides & R. G. Schwartz (eds.), Language Development and Disorders in Spanish-speaking children[C]. Springer International Publishing: Springer Nature, 2017.

Lauzon V F., Berger E. The multimodal organization of speaker selection in classroom interaction[J]. Linguistics and Education, 2015, 31: 14 – 29.

Laver J D M. The detection and correction of slips of the tongue[A]. In V. A. Fromkin (ed.), Speech Errors as Linguistic Evidence[C]. The Hague: Mouton, 1973.

Laver J D M. Monitoring systems in the neurolinguistic control of speech production[A]. In V. A. Fromkin (ed.), Errors in Linguistic Performance: Slips of the Tongue, Ear, Pen, and Hand[C]. New York: Academic Press, 1980.

Lawley G O., Bedrick S., MacFarlane H., Dolata J K., Salem A C., Fombonne E. "Um" and "uh" usage patterns in children with autism: Associations with measures of structural and pragmatic language ability[J]. Journal of Autism and Developmental Disorders, 2023, 53: 2986 – 2997.

Lazaraton A. Gesture and speech in the vocabulary explanation of one ESL teacher: A microanalytic inquiry[J]. Language Learning, 2004, 54(1): 79 – 117.

Le H T X., Gonzales C. A microanalysis of gestures in classroom talk[J]. Hawaii Pacific University TESOL Working Paper Series, 2012, 10: 13 – 29.

Lee K. Why do we overlap each other?: Collaborative overlapping talk in English as a lingua franca (ELF) communication[J]. English Language and Linguistics, 2020, 20: 613 – 641.

Lee K. The use of self-repair as a preempting strategy in English as a lingua franca (ELF) interaction[J]. Korean Journal of English Language and Linguistics, 2021, 21: 282 - 297.

Lee B C H., Hsieh C J. Discourse marker teaching in college conversation classrooms: Focus on well, you know, I mean[J]. 通识教育年刊, 2004, 6: 177 - 199.

Lempert M. On the pragmatic poetry of pose: Gesture, parallelism, politics[J]. Signs and Society, 2018, 6 (1): 120 - 146.

Leonteva A V., Agafonova O V., Petrov A A. Self-repair in aborted utterances: A multimodal analysis of simultaneous interpreting[J]. Voprosy Kognitivnoy Lingvistiki, 2021, 3: 59 - 66.

Levelt W J M. Monitoring and self-repair in speech[J]. Cognition, 1983, 14 (1): 41 - 104.

Levelt W J M., Cutler A. Prosodic marking in speech repair[J]. Journal of Semantics, 1983, 2 (2): 205 - 217.

Levelt W J M. Speaking: from Intention to Articulation[M]. Cambridge, MA: The MIT Press, 1989.

Levelt W J M., Roelofs A., Meyer A S. A theory of lexical access in speech production[J]. Behavioral and Brain Sciences, 1999, 22(1): 1 - 38.

Lowdera M W., Maxfield N D., Ferreira F. Processing of self-repairs in stuttered and non-stuttered speech, Language[J]. Cognition and Neuroscience, 2019, https://doi.org/10.1080/23273798.2019.1628284.

Leonard B. The search for communication skills[J]. ETS Research Report Series, 1983, 1: 1 - 48.

Leonteva A V., Agafonova O V., Petrov A A. Self-repair in aborted utterances: A multimodal analysis of simultaneous interpreting[J]. Voprosy Kognitivnoy Lingvstiki, 2021, 3: 59 - 66.

Levelt W J M. Monitoring and self-repair in speech[J]. Cognition, 1983, 14: 41 - 104.

Levelt W J M. Speaking: From Intention to Articulation[M]. Cambridge: MIT Press, 1989.

Levelt W., Richardson G., La Heij W. Pointing and voicing in deictic expressions[J]. Journal of Memory and Language, 1985, 24: 133 - 164.

Levow G. Prosodic cues to discourse segment boundaries in human-computer dialogue[P]. Proceedings of the 5th SIGDIAL Workshop on Discourse and Dialogue, 2004.

Liao J L. Disfluency and self-repair in presentational and interpersonal modalities[J]. 2022, Foreign Language Annals. https://doi.org/10.1111/flan.12658.

Liebscher G., Dailey-O'Cain J. Conversational repair as a role-defining mechanism in classroom interaction[J]. The Modern Language Journal, 2003, 87 (3): 375 - 390.

Lichtkoppler J. "Male. Male." — "Male?" — "The sex is male." The role of repetition in English as a lingua franca conversations[J]. Vienna English Working Papers, 2007, 16 (1): 39 - 65.

Lin Y S., Huang H H., Tseng S S., Chen H H. Automatic detection of fillers in Mandarin conversational speech[P]. The 3rd International Symposium on Linguistic Patterns in Spontaneous Speech (LPSS2019), 2019.

Lind A., Hall L., Breidegard B., Balkenius C., Johansson P. Speakers' acceptance of real-time speech exchange indicates that we use auditory feedback to specify the meaning of what we say [J]. Psychol Sci., 2014, 25(6): 1198 – 1205. doi: 10.1177/0956797614529797.

Lind A., Hall L., Breidegard B., Balkenius C., Johansson P. Auditory feedback is used for self-comprehension: When we hear ourselves saying something other than what we said, we believe we said what we hear[J]. Psychol Sci., 2015, 26(12): 1178 – 1180.

Liss J M. Error-revision in the spontaneous speech of apraxic speakers [J]. Brain and Language, 1998, 62, 342 – 360.

Local J., Walker G. Abrupt-joins as a resource for the production of multiunit, multi-action turns[J]. Journal of Pragmatics, 2004, 36 (8): 1375 – 1403.

Loevenbruck H., Dohen M., Vialin C. Pointing is "special" [A]. In S. Fuchs, H. Loevenbruck, D. Pape & P. Perrier (eds.), Some Aspects of Speech and the Brain[C]. New York: Peter Lang, 2009.

Long M. Linguistic and conversational adjustment to non-native speakers [J]. Studies in Second Language Acquisition, 1983, 5 (2): 177 – 93.

Lowder M W., Ferreira F. Prediction in the processing of repair disfluencies[J]. Language, Cognition and Neuroscience, 2016a, 31: 73 – 79.

Lowder M W., Ferreira F. Prediction in the processing of repair disfluencies: Evidence from the visual-world paradigm[J]. Journal of Experimental Psychology: Learning, Memory, and Cognition, 2016b, 42: 1400 – 1416.

Lowder M W., Ferreira F. I see what you meant to say: Anticipating speech errors during online sentencee processing[J]. Journal of Experimental Psychology, 2018, 148(10): 1849 –1858.

Lozano S C., Tversky B. Communicative gestures facilitate problem solving for both communicators and recipients[J]. Journal of Memory and Language, 2006, 55 (1): 47 – 63.

Lucero C., Zaharchuk H., Casasanto D. Beat gestures facilitate speech production [P]. Proceedings of the 36th Annual Conference of the Cognitive Science Society, Austin, TX, 2014.

Lyster R., Ranta L. Corrective feedback and learner uptake: Negotiation of form in communicative classrooms[J]. Studies in Second Language Acquisition, 1997, 19 (1): 37 – 66.

Macbeth D. The relevance of repair for classroom correction[J]. Language in Society, 2004, 33 (5): 703 – 736.

Maclay H., Osgood C E. Hesitation phenomena in spontaneous speech[J]. Word, 1959, 15: 41.

Maher L M., Rothi L J G., Heilman K M. Lack of error awareness in an aphasic patient with relatively preserved auditory comprehension[J]. Brain and Language, 1994, 46: 402 – 418.

Magnifico C., Defrancq B. Self-repair as a norm-related strategy in simultaneous interpreting and its implications for gendered approaches to interpreting[J]. Target, 2019, 31 (3): 352 – 377.

Makinen E. Corrections of non-native student errors in an EFL classroom, A Pro Gradu Thesis[O/L]. 2008, https://jyx.jyu.fi/dspace/.../URN_NBN_fi_jyu-200806095432.pdf.

Manfra L., Tyler S., Winsler A. Speech monitoring and repairs in preschool chilren's social and private speech[J]. Early Childhood Rsearch Quarerly. 2016,37 (4): 94 – 105.

Manrique E. Other-initiated repair in Argentine sign language[J]. Open Linguistics, 2016, 2 (1): 1 – 34.

Markee N. Conversation Analysis[M]. Mahwah, NJ: Lawrence Erlbaum Associates, 2000.

Maraist J A., Hutton C. Effects of auditory masking upon the speech of stutterers[J]. Journal of Speech and Hearing, 1957, 22 (3): 385 – 389.

Marshall J., Robson J., Pring T., Chiat S. Why does monitoring fail in jargon aphasia? Comprehension, judgment, and therapy evidence[J]. Brain and Language, 1998, 63: 79 – 109.

Marshall R C., Neuburger S A., Phillips D S. Verbal self-correction and improvement in treated aphasic clients[J]. Aphasiology, 1994, 8(6): 535 – 547.

Marshall R C., Rappaport B Z., Garcia-Bunuel L. Self-monitoring behavior in a case of severe auditory agnosia with aphasia[J]. Brain and Language, 1985, 24: 297 – 313.

Marshall R C., Tompkins C A. Verbal self-corrections behaviors of fluent and non-fluent aphasic subjects[J]. Brain and Language, 1982, 15: 292 – 306.

Marshall R C., Tompkins C A., Rau M T., Golper L A., Lambrecht K J. Verbal self-corrections of aphasic subjects for single word tasks[A]. In R. H. Brookshire (ed.), Clinical Aphasiology[C]. Minneapolis: BRK., 1980.

Marx S., Swales J M. Announcements of self-repair: "All I'm trying to say is, you're under an illusion.".[O/L]. 2005, www.lsa.umich.edu/eli/micase/kibbitzer.htm.

Matsumoto Y. Functions of laughter in English-as-a-lingua-franca classroom interactions: A multimodal ensemble of verbal and nonverbal interactional resources at miscommunication moments[J]. Journal of English as a Linggua Franca, 2018, 2(7): 229 – 260.

Matsumoto Y., Dobs A. Pedagogical gestures as interactional resources for teaching and learning tense and aspect in the ESL grammar classroom[J]. Language Learning, 2017, 67 (1): 7 – 42.

Matzinger T., Pleyer M., Zywiczynski P. Pause length and differences in cognitive state attribution in native and non-native speakers[J]. Languages, 2023, 8 (26): 1 – 24.

Mauranen A. Signaling and preventing misunderstanding in English as lingua franca communication[J]. International Journal of the Sociology of Language, 2006, 177: 123 – 150.

Mauranen A. Hybrid voices: English as the lingua franca of academics[A]. In K. Fløttum (ed.), Language and Discipline Perspectives on Academic Discourse [C]. London: Cambridge Scholars Publishing, 2007.

Mauranen A. Exploring ELF: Academic English Shaped by Non-native Speakers [M]. Cambridge, MA: Cambridge University Press, 2012.

McCafferty S G. Gesture and creating zones of proximal development for second language learning[J]. The Modern Language Journal, 2002, 86(2): 192 – 203.

McClave E Z. Linguistic functions of head movements in the context of speech[J]. Journal of Pragmatics, 2000, 32(7): 855 – 878.

McHoul A. The organization of turns at formal talk in the classroom[J]. Language in Society, 1978, 7(2): 183 – 213.

McHoul A. The organization of repair in classroom talk[J]. Language in Society, 1990, 19(3): 349 – 377.

McNeill D. So you think gestures are nonverbal[J]. Psychological Review, 1985, 92 (3): 350 – 371.

McNeill D. Hand and Mind[M]. Chicago: The University of Chicago Press, 1992.

McNeill D. Language and Gesture[M]. Cambridge: Cambridge University Press, 2000.

McNeill D. Gesture and Thought[M]. Chicago: University of Chicago Press, 2005.

McTear M. Children's Conversation[M]. Oxford, UK: Blackwell, 1985.

Mehnert U. The effects of different lengths of time for planning on second language performance[J]. Studies in Second Language Acquisition, 1998, 20: 83 – 108.

Meir N., Verkhovtceva T., Bogdanova N., Zaides K. Self-Repair in Elicited Narrative Production in Speakers of Russian as the First (L1), Second (L2), and Heritage (HL) Language[J]. Languages, 2022, 7(3): 229. https://doi.org/10.3390/languages7030229.

Melinger A., Levelt W J M. Gesture and the communicative intention of the speaker[J]. Gesture, 2004, 4 (2): 119 – 141.

Meyer C F. English Corpus Linguistics: An Introduction [M]. Cambridge: Cambridge University Press, 2002.

Miller T. Improved syntactic models for parsing speech with repairs[P]. Proceedings of the North American Association for Computational Linguistics, Boulder, CO., 2009.

Miller T., Nguyen L., Schuler W. Parsing speech repair without specialized grammar symbols[P]. Proceedings of the ACL-IJCNLP 2009 Conference Short Papers, 2009.

Milroy L., Perkins L. Repair strategies in aphasic discourse: Towards a collaborative model [J]. Clinical Linguistics and Phonetics, 1992, 6(1): 27 – 40.

Mishra R. Kumar. Interaction Between Attention and Language Systems in Humans A Cognitive Science Perspective[M]. New Dehli: Springer, 2015.

Moerman M. The preference for self-correction in a Tai conversational corpus[J]. Language, 1977, (53)4: 872 – 882.

Mohammad A., Al-HarahshehA A. Conversation Analysis of self-initiated repair structures in Jordanian Spoken Arabic[J]. Discourse Studies, 1916, 17(4): 397 – 414.

Mojavezi A., Ahmadian M J. Working memory capacity and self-repair behavior in first and second language oral production[J]. J Psycholinguist Res, 2014, 43: 289 – 297.

Mondada L. The local constitution of multimodal resources for social interaction[J]. Journal of Pragmatics, 2014, 65: 137 – 156.

Moore C., Dunham P J. Joint Attention: Its Origins and Role in Development[C]. Hillsdale: Lawrence Erlbaum Associates, Inc., 1995.

Morsella E., Krauss R M. The role of gestures in spatial working memory and speech[J]. The American Journal of Psychology, 2004, 117(3): 411 - 424.

Mortensen K. Establishing recipiency in pre-beginning position in the second language classroom[J]. Discourse Processes, 2009, 46(5): 491 - 515.

Mortensen K. The body as a resource for other-initiation of repair: Cupping the hand behind the ear[J]. Research on Language and Social Interaction, 2016, 49(1): 34 - 57.

Most T. The use of repair strategies by ehildern with and without hearing impaimrent[J]. Language, Speech & Hearing Services in Schools, 2002, 33(2): 112 - 123.

Motley M. T., Camden C T., Baars B J. Covert formulation and editing of anomalies in speech production: Evidence from experimentally elicited slips of the tongue[J]. Journal of Verbal Learning and Verbal Behavior, 1982, 21 (5): 578 - 594.

Murata K. Repetitions: A cross-cultural study[J]. World English, 1995, 14: 343 - 356.

Nakatani Y. The effects of awareness-raising training on oral communication strategy use[J]. Modern Language Journal, 2005, 89(1): 76 - 91.

Natalia B., Zaides K., Verkhovtceva T., Beradze M., Meir N. Self-repair in elicited narrative production in speakers of Russian as the first (L1), second (L2), and heritage (HL) language[J]. Languages, 2022, 7 (229): 1 - 19.

Nathan M. An embodied cognition perspective on symbols, gesture, and grounding instruction[A]. In M. de Vega, A. M. Glenberg, & A. C. Graesser (eds.), Symbols and Embodiment: Debates on Meaning and Cognition[C]. Oxford: Oxford University Press, 2006.

Negi J S. The role of teachers' nonverbal communication in ELT classroom[J]. Journal of NELTA, 2009, 14(1 - 2): 101 - 110.

Neuberger T., Gósy M. A cross-sectional study of disfluency characteristics in children's spontaneous speech[J]. GOVOR, 2014, 31(1): 3 - 27.

Nickels L., Howard D. Phonological errors in aphasic naming: Comprehension, monitoring, and lexicality[J]. Cortex, 1995, 31: 209 - 237.

Niedenthal P M. Embodying emotion[J]. Science, 2007, 316: 1002 - 1005.

Nobe S. Where to most spontaneous representational gestures actually occur with respect to speech? [A] In D. McNeill (ed.), Language and Gesture[C]. New York: Cambridge University Press, 2000.

Nooteboom S. Speaking and unspeaking: Detection and correction of phonological and lexical errors in spontaneous speech [A]. In V. A. Fromkin (ed.), Errors in Linguistic Performance[C]. New York: Academic Press, 1980.

Nooteboom S G. Self-monitoring is the main cause of lexical bias in phonological speech errors[P]. Proceedings of DiSS'03, Disfluency in Spontaneous Speech Workshop. Göteborg University, Sweden, 2003.

Nooteboom S G., Quené H. Self-monitoring for speech errors: Two-stage detection and repair with and without auditory feedback[J]. Journal of Memory and Language, 2017, 95: 19 - 35.

Nooteboom S., Quené H. Temporal aspects of self-monitoring for speech errors[J]. Journal of Language and Memory, 2019, 105: 43 – 59.

Nooteboom S G., Quene H. Repairing speech errors: Competition as a source of repairs[J]. Journal of Memory and Language, 2020, 111.

Nooteboom S., Quene H. Do speakers try to distract attentionfrom their speech errors? The prosody of self-repairs[O/L]. 2014, https://doi.org/10.1075/z.189.17noo.

Norrick N R. Functions of repetition in conversation[J]. Text, 1987, 7 (3): 245 – 264.

Norrick N R. On the organization of corrective exchanges in conversation[J]. Journal of Pragmatics, 1991, 16, 59 – 83.

Norrick N R. Repetition as a conversational joking strategy[J]. Advances in Discourse Processes, 1994, 7: 15 – 28.

Novack M A., Wakefield E M., Goldin-meadow S. What makes a movement a gesture? [J] Cognition, 2016, 146: 339 – 348.

Novick D G., Hansen B., Ward K. Coordinating turn-taking with gaze[P]. Proceedings of Fourth International Conference on Spoken Language Processing. ICSLP'96, Philadelphia, PA: IEEE, 1996.

Nozari N., Dell G S., Schwartz M F. Is comprehension the basis for error detection? A conflict-based theory of error detection in speech production[J]. Cognitive Psychology, 2011, 63(1): 1 – 33.

Nozari N., Novick J. Monitoring and control in language production[J]. Current Directions in Psychological Science, 2017, 26(5): 403 – 410.

Ochs E., Schieffelin B. Acquiring Conversational Competence[M]. London: Routledge & Kegan Paul, 1983.

Ochs E., Schieffelin B. Language has a heart[J]. Text, 1989, 9: 7 – 25.

Ochs-Keenan E. Making it last: repetition in children's discourse[A]. In S. Ervin-Trip & C. Mitchell-Kernan (eds.), Child Discourse[C]. NY: Academic Press, 1977.

O'Connell D C., Kowal S. Pausology[A]. In W. A. Sedelow & S. Y. Sedelow (eds.), Computers in Language Research 2[C]. Berlin: Mouton Publishers, 1983.

Oelschlaeger M L., Damico J S. Word searches in aphasia: A study of the collaborative responses of communicative partners[A]. In. C. Goodwin (ed.), Conversation and Brain Damage[C]. Oxford: University Press, 2003.

Ogden T H. On teaching psychoanalysis[J]. The International Journal of Psychoanalysis, 2006, 87 (4): 1069 – 1085.

Ogden B H., Ogden T H. The Analyst's Ear and the Critic's Eye: Rethinking Psychoanalysis and Literature[M]. Routledge: Taylor & Francis Group, 2013.

Olsher D. Gesturally-enhanced repeats in the repair turn: Communication strategy or cognitive language-learning tool[A]? In: S. G. McCafferty & G. Stam (eds), Gesture: Second Language Acquisition and Classroom Research[C]. New York, NY: Routledge, 2008.

Önen S., İnal D. A corpus-driven analysis of explicitness in English as lingua franca[J].

Journal of Curriculum and Teaching, 2019, 8(3): 73 – 83.

Oomen C C E., Postma A. Effects of increased speech rate on monitoring and self-repair[J]. Journal of Psycholinguistic Research, 2001, 30: 163 – 184.

Oomen C C E., Postma A. Effects of divided attention on the production of filled pauses and repetitions[J]. Journal of Speech, Language, and Hearing Research, 2001, 44 (5): 997 – 1004.

Oomen C C E., Postma A., Kolk H J. Prearticulatory and postarticulatory self-monitoring in Broca's aphasia[J]. Cortex, 2001, 37 (5): 627 – 641.

Oreström B. Turn-taking in English Conversation[M]. Lund Studies in English, Sweden: Gleerup, 1983.

O'Shaughnessy D. Recognition of hesitation in spontaneous speech[P] The 2nd International Conference on Spoken Language Processing, Baniff, Canada, 1992.

O'Toole M. The Language of Displayed Art[M]. London: Leicester University Press, 1994.

Ozkan E E., Healey P G T., Gurion T., Hough J., Jamone L. Speakers raise their hands and head during self-repairs in dyadic conversations[P]. IEEE Transactions on Cognitive and Developmental Systems, in International Conference on Multimodal Interaction, 2022, India, 2023.

Parise E., Handi A., Palumbo L., Friederici A. Influence of eye gaze on spoken word processing: An ERP study with infants[J]. Child Development, 2011, 82(3): 842 – 853.

Paas F G W C., Van Merrienboer J J G. The efficiency of instructional: an approach to combine mental effort and performance measures[J]. Human Factor, 1983, 35 (4): 737 – 743.

Peng J., Zhang L., Chen Y. The mediation of multimodal affordances on willingness to communicate in the English as a foreign language classroom[J]. TESOL Quarterly, 2017, 51(2): 302 – 331.

Perkins L. Negotiating repair in aphasic conversation: Interactional issues[A]. In C. Goodwin (ed.), Conversation and Brain Damage[C]. Oxford: University Press, 2003.

Petite C. Evidence of repair mechanisms in simultaneous interpreting: A corpus-based analysis[J]. Interpreting, 2005, 7(1): 27 – 49.

Pietikäinen K S. Misunderstandings and ensuring understanding in private ELF talk[J]. Applied Linguistics, 2018, 39(2): 188 – 212.

Pfeifer L M., Bickmore T. Should agents speak like, um, humans? the use of conversational fillers by virtual agents[A]. In Z. Ruttkay, M. Kipp, A. Nijholt, and H. H. Vilhjálmsson (eds.), Intelligent Virtual Agents [C]. Lecture Notes in Computer Science, Berlin: Springer Berlin Heidelberg, 2009.

Pica T., Holliday L., Lewis N., Morgenthaler L. Comprehensible output as an outcome of linguistic demands on the learner[J]. Studies in Second Language Acquisition, 1989, 11 (1): 63 – 90.

Pickering L., Hu G., Baker A. The pragmatic function of intonation: cueing agreement and disagreement in spoken English discourse and implications for ELT[A]. In J. Romero-

Trillo (ed.), Pragmatics and Prosody in English Language Teaching[C]. New York: Springer-Verlag, 2012.

Pillai S. Self-monitoring and self-repair in spontaneous speech [J]. Kata: A Biannual Publication on the Study of Language and Literature, 2006, 8(2): 114 - 126.

Plug L. Acoustic correlates of prosodic marking in spontaneous self-repair in Dutch[P]. Proceedings of the 10th International Seminar on Speech production, ISSP, 2014.

Plug L., Carter P. Timing and tempo in spontaneous phonological error repair[J]. Journal of Phonetics, 2014, 45 (1): 52 - 63.

Podlesskaya V I. A corpus-based study of self-repairs in Russian spoken monologues[J]. Russ Linguist, 2015, 39: 63 - 79.

Porter P A. How learners talk to each other: Input and interaction in task-centered discussions[A]. In R. R. Day (ed.), Talking to Learn: Conversation in Second Language Acquisition[C]. Rowley, MA: Newbury House, 1986.

Postma A., Kolk H. The covert repair hypothesis: Prearticulatory repair process in normal and stuttered disfluencies [J]. Journal of Speech and Hearing Research, 1993, 36: 472 - 487.

Postma A., Noordanus C. Production and detection of speech errors in silent, mouthed, noise-masked and normal auditory feedback speech[J]. Language and Speech, 1996, 39 (4): 375 - 392.

Postma A. Detection of errors during speech production: a review of speech monitoring models[J]. Cognition, 2000, 77: 97 - 131.

Potter J., Hepburn A. Putting aspiration into words: "Laugh particles", managing descriptive trouble and modulating action[J]. Journal of Pragmatics, 2010, 42: 1543 - 1555.

Pytko J., Reese L O. The effect of using "um" and "uh" on the perceived intelligence of a speaker[O/L]. 2013. https://www.Semanticscholar.org/paper/The-Effect-of...

Rabab'ah G. Strategies of repair in EFL learners' oral discourse [J]. English Language Teaching, 2013, 6 (6): 123 - 131.

Reynolds A., Paivio A. Cognitive and emotional determinants of speech[J]. Canadian Journal of Psychology, 1968, 22: 164 - 175.

Rieger C L. Repetitions as self-repair strategies in English and German conversations[J]. Journal of Pragmatics, 2003, 35(1): 47 - 69.

Rieger C L. Disfluencies and hesitation strategies in oral L2 tests [P]. Proceedings of DiSS'03: Disfluency in Spontaneous Speech Workshop, 5 - 8 September 2003, Göteborg University, Sweden, 2003.

Robert J H., Corley M., Lickley R., Russels M. Perception of disfluency in people who stutter and people who do not stutter: Results from magnitude estimation[P]. Proceedings of DiSS'03: Disfluency in Spontaneous Speech Workshop. 5 - 8 September 2003, Göteborg University, Sweden, 2003.

Roberts F., Francis A L., Morgan M. The interaction of inter-turn silence with prosodic cues in listener perceptions of "trouble" in conversation[J]. Speech Communication, 2006, 48: 1079 – 1093.

Robinson P. Attention, memory and the "noticing" hypothesis[J]. Language Learning, 1995, 45 (2): 283 – 331.

Robinson P. Consciousness, Rules and Instructed Second Language[M]. New York: Peter Lang Publishing, 1996.

Robinson P. Attention and memory during SLA[A]. In C. Doughty & M. Long (eds.), The Handbook of Second Language Acquisition[C]. Malden, MA: Blackwell Publishing Ltd., 2003.

Rochester S R. The significance of pauses in spontaneous speech[J]. Journal of Psycholinguistic Research, 1973, 2: 51 – 81.

Rohrer P L., Delais-Roussarie E., Prieto P. Beat gestures for comprehension and recall: Differential effects of language learners and native listeners[O/L]. Frontiers in Psychology, 2020.

Roll M. Prosodic cues to the syntactic structure of subordinate clauses in Swedish[A]. In G. Bruce & M. Horne (eds.), Nordic Prosody[C]. Frankfurt: Peter Lang Publishing Group, 2006.

Rose R L. The Communicative value of filled pauses in spontaneous speech[O/L]. 1998, http://www.gpwu.ac.jp/~rose/files/madiss.pdf.

Rose R L. Filled pauses in language teaching: Why and how[J]. Bulletin of Gunma Prefectural Women's University, 2008, 29: 47 – 64.

Rossano F., Brown P., Levinson S C. Gaze, questioning and culture[J]. Convers. Anal., 2009, 27: 187 – 249.

Schachter S., Christenfeld N., Ravina B., Bilous F. Speech disfluency and the structure of knowledge[J]. Journal of Personality and Social Psychology, 1991, 60 (3): 362 – 367.

Sacks H., Schegloff E., Jefferson G. A simplest systematics for the organization of turn taking in conversation[J]. Language, 1974, 50: 696 – 735.

Saez A. An investigation of stuttering recovery and articulation status[P]. Paper of Graduate Research Fellowship (O/L). 2002. http://www. southernct. edu/departments/ graduatestudies/fellows/saez_annemarie.pdf.

Salah A., Mohammad. A. The use of non-verbal communication in the classroom[P]. Proceedings of 1st International Conference on Foreign Language Teaching and Applied Linguistics, May 5 – 7 2011, Sarajevo, 2011.

Sassenberg U., Van Der Meer E. Do we really gesture more when it is more difficult? [J]. Cognitive Science, 2010, 34: 643 – 64.

Sato R. Examining EFL teachers' non-verbal behaviors in English-medium lessons[J]. The Journal of Asia TEFL, 2018, 15: 82 – 98.

Sato R. Examining the effects of gestures in providing oral corrective feedback[J]. Electronic Journal of Foreign language Teaching, 2019, 16(1): 22 – 33.

Schegloff E A., Jefferson G., Sacks H. The preference for self-correction in the organization of repair in conversation[J]. Language, 1977, 53(2): 361 - 382.

Schegloff E A. The Relevance of repair to syntax-for-conversation in discourse and syntax[J]. Syntax and Semantics, 1979, 12: 261 - 286.

Schegloff E A. On some gestures' relation to talk[A]. In J. M. Atkinson & J. Heritage (eds.), Structures of Social Action[C]. Cambridge: Cambridge University Press, 1984.

Schegloff E A. Repair after next turn: The last structurally provided defense of intersubjectivity in conversation[J]. American Journal of Sociology, 1992, 5: 1295 - 1345.

Schegloff E A. When "others" initiate repair[J]. Applied linguistics, 2000, 21 (2): 205 - 243.

Schehadeh A. Insights into learner output[J]. Forum, 1999, 37 (4): 2 - 7.

Schehadeh A. Comprehensible output, from occurrence to acquisition: An agenda for acquisitional research[J]. Language Learning, 2002, 52 (3): 597 - 647.

Scherer K R. Vocal affect expression. A review and a model for future research[J]. Psychological Bulletin, 1986, 99 (2): 143 - 165.

Schiffrin D. Discourse Markers[M]. Cambridge: Cambridge University Press, 1987.

Schiller N O. The nature of the self-monitoring system and the nature of the code being monitored in language production[O/L]. 2004. http://www.lang.prod.free.fr/program.html.

Schlenck K J., Huber W., Willmes K. "Prepairs" and repairs: Different monitoring functions in aphasic language production[J]. Brain and Language, 1987, 30: 226 - 244.

Schmidt R. The role of consciousness in second language learning[J]. Applied Linguistics, 1990, 11(2): 129 - 158.

Schmidt R. Awareness and second language acquisition[J]. Annual Review of Applied Linguistics, 1993, 13: 206 - 226.

Schmidt R. Deconstructing consciousness in search of useful definitions for applied linguistics [A]. In J. H. Hulstijn & R. Schmidt (eds.), Consciousness in Second Language Learning [C]. AILA Review, 1994.

Schmidt R., Frota S. Developing basic conversational ability in a second language: A casestudy of an adult learner of Portuguese[A]. In R. R. Day (ed.), Talking to Learn: Conversation in Second Language Acquisition[C]. Rowley, MA: Newbury House, 1986.

Seedhouse P. Conversation analysis and language learning[J]. Language Teaching, 2005, 38(4): 165 - 187.

Segalowitz S J., Lane K. Lexical access of function versus content words[J]. Brain and Language, 2000, 75: 376 - 389.

Selinker L. Interlanguage[J]. IRAL, 1972, 10 (3): 209 - 231.

Seo M., Koshik I. A conversation analytic study of gestures that engender repair in ESL conversational tutoring[J]. Journal of Pragmatics, 2010, 42: 2219 - 2239.

Seong G. Can you spell that?: The organization of teacher-initiated repair in the ESL grammar classroom[J]. English Language Teaching, 2007, 19 (1): 85 - 4.

Sert O. Social Interaction and L2 Classroom Discourse[M]. Edinburgh: Edinburgh University Press, 2015.

Sert O., Jacknick C M. Student smiles and the negotiation of epistemics in L2 classrooms[J]. Journal of Pragmatics, 2015, 77: 97 – 112.

Seyfeddinipur M., Kita S. Gestures and self-monitoring in speech production[J]. Annual Meeting of the Berkeley Linguistics Society, 2014, 27: 457 – 464.

Seyfeddinipur M., Kita S., Indefrey P. How speakers interrupt themselves in managing problems in speaking: evidence from self-repairs[J]. Cognition, 2008, 108 (3): 837 – 842.

Shapiro L., Stolz S A. Embodied cognition and its significance for education[J]. Theory and Research in Education, 2019, 17(1): 1 – 12.

Sharma S N., Rengarajan A. Hand gesture recognition using OpenCV and Python[J]. International Journal of Trend in Scientific Research and Development, 2021, 5 (2): 346 – 356.

Shehadeh A. Insights into learner output[J]. Forum, 1999, 37 (4): 2 – 7.

Shehadeh A. Comprehensible output, from occurrence to acquisition: An agenda for acquisitional research[J]. Language Learning, 2002, 52 (3): 597 – 647.

Shen M., Liang J. Self-repair in consecutive interpreting: Similarities and differences between professional interpreters and student interpreters[J]. Perspectives: Studies in Translation Theory and Practice, 2020, 29 (5): 761 – 777.

Shonerd H. Repair in spontaneous speech: A window on second language development[A]. In V. John-Steiner, C. Panofsky & L. Smith (eds.), Sociocultural Approaches to Language and Literacy: An Interactionist Perspective [C]. Cambridge: Cambridge University Press, 1994.

Shriberg E. Preliminaries to a Theory of Speech Disfluencies[D]. PhD thesis, University of California, Berkeley, 1994.

Shriberg E. Acoustic properties of disfluent repetitions[P]. Proc. International Congress of Phonetic Sciences, Stockholm: Sweden, 1995.

Shriberg E., Wade E., Price P. Machine problem solving using Spoken Language Systems (SLS): Factors affecting performance and user satisfaction. In Speech and Natural Language[P]. Proceedings of a Workshop Held at Harriman, New York, 1992.

Shriberg E E. Acoustic properties of disfluent repetitions[P]. Proceedings of the international congress of phonetic sciences, Stockholm, Sweden, 2001.

Shriberg E E., Stolcke A. How far do speakers back up in repairs? A quanti, tative model [O/L]. 2007. http://www. speech. sri. com/cgi-bin/run-distill? ftp: papers/icslp98-retracing.ps.gz.

Sidnell J. Coordinating gesture, talk, and gaze in reenactments[J]. Research on Language and Social Interaction, 2006, 39(4): 377 – 409.

Simard D., French L., Zuniga M. Evolution of self-repair behavior in narration among adult learners of French as a second language[J]. The Canadian Journal of Applied Linguistics, 2007, Special Issue, 20 (2): 71 – 89.

Simard D., Molokopeeva T., Zhang Y Q. Production of self-initiated self-repairs by adult learners of English and working memory capacity[J]. The Canadian Journal of Applied

Linguistics，2022，24（1）：138－158.

Sime D. What do learners make of teachers' gestures in the language classroom? [J]. International Review of Applied Linguistics in Language Teaching，2006，44（2）：211－230.

Simpson R.，Eisenchlas S.，Haugh M. The functions of self-initiated self-repair in the second language Chinese classroom[J]. Acta Neurologica Scandinavica，2013，23（2）：144－165.

Singh L.，Harrow M S. Influences of semantic and prosodic cues on word repetition and categorization in autism[J]. Journal of Speech, Language and Hearing Research，2014，57：1764－1778.

Slobin D I. From thought and language to thinking for speaking[A]. In J. J. Gumperz & S. C. Levinson（eds.），Rethinking Linguistic Relativity [C]. Cambridge：Cambridge University Press，1996.

Smith V L.，Clark H H. On the course of answering questions[J]. Journal of Memory and Language，1993，32：25－38.

Snedeker J.，Trueswell L. Using prosody to avoid ambiguity：Effects of speaker awareness and referential context[J]. Journal of Memory and Language，2002，1：103－130.

Stivers T.，Rossano F. Mobilizing response[J]. Research on Language and Social Interaction，2010，43（1）：3－31.

So W C.，Kita S.，Goldin-Meadow S. Using the hands to identify who does what to whom：gesture and speech go hand-in-hand[J]. Cognitive Science，2009，33：115－125.

Spiker J.，Klarner M.，Gorz G. Processing self-corrections in a speech-to-speech system[A]. In W. Wahlster（ed.），Verbmobil：Foundations of Speech-to-Speech Translation [C]. Springer：Verlag Berlin Heidelberg，2000.

Steinhauer K.，Alter K.，Friederici A D. Brain potentials indicate immediate use of prosodic cues in natural speech processing[J]. Nature Neuroscience，1999，2（2）：191－196.

Sueyoshi A.，Hardison D M. The role of gestures and facial cues in second language listening comprehension[J]. Language Learning，2005，55（4）：661－699.

Suinn R M. Teaching culturally diverse students[A]. In W. J. McKeachie, M. D. Svinicki & B. K. Hofer（eds.），McKeachie's Teaching Tips：Strategies, Research, and Theory for College and University Teachers[C]. Boston：Houghton Mifflin，2006.

Surkamp C. Non-verbal communication：Why we need it in foreign language teaching and how we can foster it with drama activities[J]. Scenario，2014，2：28－43.

Swain M. Communicative competence：Some roles of comprehensible input and comprehensible output in its development[A]. In S. M. Gass & C. G. Madden（eds.），Input in Second Language Acquisition[C]. Rowley, MA：Newbury House，1985.

Swain M. The output hypothesis：theory and research[A]. In E. Hinkel（ed.），Handbook of Research in Second Language Teaching and Learning [C]. Mahwah, NJ：Lawrence Erlbaum Associates，2005.

Swain M.，Lapkin S. Problems in output and the cognitive processes they generate：A step towards second language learning[J]. Applied Linguistics，1995，16（3）：371－391.

Swerts M., Krahmer E. Audiovisual prosody and feeling of knowing[J]. Journal of Memory and Language, 2005, 53 (1): 81 – 94.

Swerts M., Krahmer E. Facial expressions and prosodic prominence: comparing modalities and facial areas[J]. Journal of Phonetics, 2008, 36 (2): 219 – 238.

Tang C H. Self-repair devices in classroom monologue discourse[J]. Concentric: Studies inLinguistics, 2011, 37(1): 93 – 120.

Tang C H. Planning units in speech production-Evidence from anticipatory retracing in spoken Mandarin Chinese narratives[J]. Chinese Language and Discourse 2013, 4 (2): 253 – 275.

Tang F. Explicitation in Consecutive Interpreting[M]. Amsterdam: John Benjamins, 2018.

Tang F. Directionality in Chinese/English consecutive interpreting: Impacts on trainees' repair fluency[J]. American Journal of Translation Studies, 2020a, 12(3): 104 – 125.

Tang F. Features of interpreting learners' self-repairs in English-Chinese consecutive interpreting[J]. Chinese Translators Journal, 2020b, 41(3): 67 – 77.

Tannen D. Relative focus on involvement in oral and written discourse[A]. In D. R. Olson, N. Torrance, and A. Hildyard (eds.), Literacy, Language and Learning[C]. New York: Cambridge University Press, 1985.

Tannen D. Repetition in conversation: toward a poetics of talk[J]. Language, 1987, 63 (3): 574 – 605.

Tannen D. Talking Voices, Rrepetition, Dialogue and Imagery in Conversational Discourse [M]. Cambridge: Cambridge University Press, 1989.

Tarone E. Second language acquisition in applied linguistics: 1925 – 2015 and beyond[J]. Applied Linguistics, 2015, 36 (4): 444 – 453.

Taleghani-Nikazm C. Gestures in foreign language classrooms: An empirical analysis of their organization and function[A]. In M. Boweles, R. Foote, S. Perpinan & R. Bhatt (eds.), Selected Proceedings of the 2007 Second Language Research Forum[C]. Somervilla, M. A.: Cascadilla Proceedings Project, 2008.

Tellier M. The effect of gestures on second language memorization by young children[J]. Gesture, 2008, 8 (2): 219 – 235.

Temple L. Dysfluencies in learner speech[J]. Australian Review of Applied Linguistics, 1992, 15 (1): 29 – 44.

Tetsuo O., Michita I., Hiroshi I. A model of embodied communications with gestures between human and robots[P]. Proceedings of the Annual Meeting of the Cognitive Science Society, 2001.

Tissi B. Silent pauses and disfluencies in simultaneous interpretation: A descriptive analysis [J]. The Interpreters' Newsletter, 2000, 10: 103 – 112.

Tomasello M., Carpenter M. Shared Intentionality[J]. Developmental Science, 2007, 10 (1): 121 – 125.

Tonhauser J. Prosodic cues to presupposition projection[P]. Proceedings of SALT, 2016.

Tomlin R., Villa V. Attention in cognitive science and second language acquisition [J].

Studies in Second Language Acquisition，1994，16：183 - 203.

Touchie H Y. Second language learning errors：Their types, causes and treatment[J]. JALT Journal，1986，8(1)：75 - 80.

Traum D.，Rickel J. Embodied agents formulti-party dialogue in immersive virtual worlds [P]. In Proceedings of the First International Joint Conference on Autonomous Agents and Multiagent Systems：Part 2, AAMAS '02, New York, NY, USA. ACM, 2002.

Tree J E F.，Schrock J C. Basic meanings of you know and I mean[J]. Journal of Pragmatics，2002，34(6)：727 - 747.

Trippel T.，Dafydd G.，Alexandra T.，Jan-Torsten M.，Karin L.，Benjamin H.，Ulrike G. Cogest：A formal transcription system for conversational gesture[P]. Proceedings of LREC, Lisbon, Portugal, 2004.

Trott S.，Reed S.，Ferreira V.，Bergen B. Prosodic cues signal the intent of potential indirectrequests[P]. Proceedings of the 41st Annual Conference of the Cognitive Science Society. Austin, TX：Cognitive Science Society，2019.

Tseng S C. A linguistic analysis of repair signals in cooperative spoken dialogues[P]. Proceedings of the 5th International Conference on Spoken Language Processing, Incorporating the 7th Australian International Speech Science and Technology Conference, Sydney, 1998.

Tseng S C. Repairs in Mandarin conversation[J]. Journal of Chinese Linguistics, 2006, 34 (1)：80 - 120.

Tuomiranta L.，Elo L.，Laakso M. Self-initiated self-repairs of connected speech and novel vocabulary learning during the first year of recovery from aphasia：four longitudinal case studies[J]，Aphasiology, 2024, DOI：10.1080/02687038.2024.2347386.

Turk M J. Self-referential gestures in conversation[J]. Discourse Studies, 2007, 9 (4)：558 - 566.

Tydgat I.，Stevens M.，Hartsuiker R J.，Pickering M J. Deciding where to stop speaking[J]. Journal of Memory and Language, 2011, 64 (4)：359 - 380.

Tyler A. The role of repetition in perceptions of discourse coherence[J]. Journal of Pragmatics, 1994, 21(6)：671 - 688.

Urmneta C E.，Evnitskaya N. "Do you know Actimel?" The adaptive nature of dialogic teacher-led discussions in the CLIL science classroom：A case study[J]. Language Learning, 2014, 42 (2)：165 - 180.

van Hest E. Self-repair in L1 and L2 Production[M]. Tilburg, The Netherlands：Tilburg University Press, 1996.

Van Heuven V J.，Haan J. Temporal development of interrogativity cues in Dutch[A]. In C. Gussenhoven & N. Warner (eds.), Papers in Laboratory Phonology[C]. Berlin, Germany：Mouton de Gruyter, 2002.

Van Petten C.，Bloom P A. Speech boundaries, syntax, and the brain[J]. Nature Neuroscience, 1999, 2 (2)：103 - 104.

Van Wijk C.，Kempen G. A dual system for producing self-repairs in spontaneous speech：

Evidence from experimentally elicited corrections[J]. Cognitive Psychology, 1987, 19:
403 – 440.

Venditti J J., Sun-Ah J., Beckman M E. Prosodic cues to syntactic and other linguistic
structures in Japanese, Korean, and English[A]. In J. L. Morgan & K. Demuth (eds.),
Signal to Syntax: Bootstrapping from Speech to Grammar in Early Acquisition[C].
Mahwah NJ: Lawrence Erlbaum Associates, 1996.

Vila-Gimenez I. Multimodal gesture-speech integration strategies and children's narrative
abilities[D]. PhD research plan, Universitat Pompeu Fabra, Barcelona, Spain, 2017.

Villar G., Arciuli J., Mallard D. Use of um in the deceptive speech of a convicted murderer
[J]. Applied Psycholinguistics, 2012, 33 (1): 83 – 95.

Wagner M., Watson D G. Experimental and theoretical advances in prosody: A review[J].
Language and Cognitive Processes, 2010, 25: 905 – 945.

Walsh S. Exploring Classroom Discourse: Language in Action[M]. Oxon: Routledge Taylor
& Francis Group, 2011.

Wan I-Ping. On the phonological organization of Mandarin tone[J]. Lingua, 2007a, 117:
1715 – 1738.

Wan I-Ping. Mandarin speech errors into phonological patterns[J]. Journal of Chinese
Linguistics, 2007b, 35(1): 185 – 220.

Wan I-Ping. A Phonological Investigation in Speech Errors and Aphasic Speech in Mandarin
[M]. Taipei: Crane Publishing, 2007c.

Wan I-Ping., Marc T. A corpus study of lexical speech errors in Mandarin[J]. Taiwan
Journal of Linguistics, 2021, 19: 87 – 120.

Ward N. Issues in the transcription of English conversational grunts[P]. Proceedings of
SIGDIAL, 2000.

Wannaruk A. Communication strategies in an EST context[J]. Studies in Language and
Language Teaching, 2003, 12: 1 – 18.

Ward N., Tsukahara W. Prosodic features which cue back-channel responses in English and
Japanese[J]. Journal of Pragmatics, 2000, 32: 1177 – 1207.

Watanabe M., Hirose K., Den Y., Minematsu N. Filled pauses as cues to the complexity of
upcoming phrases for native and non-native listeners[J]. Speech Communication, 2008, 50
(2): 81 – 94.

Watterson M. Repair of non-understanding in English in international communication[J].
World Englishes, 2008, 27(3 – 4): 378 – 406.

Webb J M., Diana E M., Luft P., Brooks E W., Brennan E L. Influence of pedagogical
expertise and feedback on assessing student comprehension from nonverbal behavior[J].
Journal of Educational Research, 1997, 91 (2): 89 – 97.

Wen W P., Clement R. A Chinese conceptualisation of willingness to communicate in ESL
[J]. Language Culture and Curriculum, 2003, 16(1): 18 – 38.

White R. Back channeling, repair, pausing and private speech[J]. Applied Linguistics, 1997,
18 (3): 314 – 344.

Wiese R. Language production in foreign and native languages: Same or different? [A] In H. W. Dechert, D. Möhle, & M. Raupach (eds.), Second Language Productions[C]. Gunter Narr Verlag, 1984.

Williams S. Disfluency and Proficiency in Second Language Speech Production[M]. Cham: Palgrave Macmillan, 2022.

Wilson M. Six views of embodied cognition[J]. Psychonomic Bulletin & Review, 2002, 9: 625 – 636.

Wingate M E. A standard definition of stuttering [J]. Journal of Speech and Hearing Disorders, 1964, 29: 484 – 489.

Wolf R., Sidtis D V L., Sidtis J J. The ear craves the familiar: Pragmatic repetition in left and right cerebral damage[J]. Aphasiology, 2014, 28 (5): 596 – 615.

Wouk F. The syntax of repair in Indonesian[J]. Discourse Studies, 2005, 7: 237 – 258.

Wu R R. Gestural repair in Mandarin conversation[J]. Discourse Studies, 2022, 24 (1): 65 – 93.

Yakut I., Yuvayapan F. Forms and functions of self-repetitions in spoken discourse: A corpus linguistics analysis of L1 amd L2 English[J]. Topics in Linguistics, 2022, 23 (1): 83 – 96.

Yang X H., Shen X R., Li W J., Yang Y F. How listeners weight acoustic cues to intonational phrase boundaries[J]. PLOS, 2014, 9(7): 102 – 166.

Yang R. Learning strategies and translanguaging space: Self-repetition with alternation of languages in an L2 Chinese classroom[J]. Journal of Applied Linguistics and Language Research, 2020, 7 (3): 99 – 120.

Yamada D. English filler you know: An approach from relevance-theoretic account[O/L]. 2008. ffl. kanagawa-u. ac. jp.

Yasui E. Repair and language proficiency: Differences of advanced and beginning language learners in an English-Japanese conversation group [O/L]. 2010. studentorgs. utexas. edu/.../Summer%202010/5_Eiko%20.

Yuan Z., Dan J. A preliminary study of Mandarin filled pauses[P]. Proceedings of DiSS'05, Disfluency in Spontaneous Speech Workshop, 2005.

Yuan Y. The use of chat rooms in an ESL setting[J]. Computers & Composition, 2003, 20 (2): 194 – 206.

Zeki C P. The importance of non-verbal communication in classroom management [J]. Procedia-Social and Behavioral Sciences, 2009, 1 (1): 1443 – 1449.

Zellers M., Post B., D'Imperio M. Modeling the intonation of topic structure: two approaches[P]. Presentation at 10th Interspeech, Brighton, England, 2009.

Zellner B. Pauses and the temporal structure of speech[A]. In E. Keller (ed.), Fundamentals of Speech Synthesis and Speech Recognition[C]. Chichester: John Wiley, 1994.

Zeng Simin. Second Language Learners' Strong Preference for Self-initiated Self-repair: Implications for Theory and Pedagogy[J]. Journal of Language Teaching and Research, 2019, 10 (3): 541 – 548,

Zhang Ye, Frassinelli D., Tuomainen J., Skipper J I., Vigliocco G. More than words: word predictability, prosody, gesture and mouth movements in natural language comprehension [P]. Proceedings of Royal Society. B, 2021.

Zuniga M., Simard D. Factors influencing L2 self-repair behavior: The role of L2 proficiency, attentional control and L1 self-repair behavior[J]. Journal of Psycholinguistic Research, 2019, 48 (1): 43 - 59.

白雅琪,赵玉荣.半机构性话语中会话修正类型探究:以国内网易公开课 Allen Talk 为例[J].河北科技师范学院学报(社会科学版),2022,21(2):95 - 101.

曹红晖,孙琳.学习者话语中语言修复及倾向性研究[J].外语学刊,2010,2:84 - 88.

曹忠凯.国内外外语/二语课堂互动研究[J].外语界,2010,1:51 - 59.

陈安媛.基于会话分析的商务谈判会话修正研究[J].长治学院学报,2018,1:84 - 87.

陈莉,鲁楠.工科院校学生口语交际策略能力调查[J].疯狂英语教师版,2009,4:36 - 39.

陈立平,李经伟,赵蔚彬.大学生英语口语自我修补性别差异研究[J].现代外语,2005,3:279 - 287.

陈立平,濮建忠.基于语料库的大学生英语口语自我修补研究[J].外语教学,2007,2:57 - 61.

陈美林.互动理论视域下的高中英语课堂会话修正研究[D].沈阳:沈阳师范大学,2022.

陈晓波.基于数据库的以英语为外语的课堂中教师自我修正话语分析[D].天津:南开大学,2010.

陈晓湘,张薇.修补后输出对目的语发展的作用[J].外语教学与研究,2008,4:279 - 286.

陈走明,陈群.高职院校英语课堂中的会话修正研究:义乌工商职业技术学院为例[J].2007,卫生职业教育,22:17 - 18.

程燕华,马博森.高功能孤独症儿童与普通儿童会话修正行为对比研究[J].中国特殊教育,2022,2:28 - 44.

陈泽源,曾小荣,石津银.大学英语口头叙述中的自我重复现象研究[J].佳木斯职业学院学报,2016,11:300 - 301.

崔海迪.口语课堂教师启动修正的个案研究:一项针对培训学校中方和外籍英语教师的对比研究[D].沈阳:沈阳师范大学,2011.

戴曼纯,王湘玲.误差分析:问题与思考[J].外语界,1997,3:11 - 16.

戴炜栋.误差起因分析综述[J].外语界,1990,2:1 - 6.

戴炜栋,束定芳.外语交际中的交际策略研究及其理论意义[J].外国语,1994,6:27 - 31.

戴云娟.第二语言学习者汉语会话修正现象研究[D].北京:北京语言大学,2006.

邓秀娥,郑新民.关于大学英语课堂小组活动有效性的研究[J].外语电化教学,2007,4:41 - 46.

董博宇.亲子互动中儿童指称类修正的会话分析研究[J].北京科技大学学报,2023,39(1):277 - 286.

董明.大学英语课堂"生生互动"模式初探[J].外语与外语教学,2004,5:30 - 33.

杜燕.教师纠错反馈行为与学习者领会-初中英语课堂调查研究[D].武汉:华中师范大学,2011.

范烨.关于中介语对话的研究报告[J].外语界,2002,2:19 - 24.

甘阳.哈钦斯的大学理念与芝大转型[J].21 世纪经济报道,2006,6/30:1 - 2.

高海虹.交际策略能力研究报告-观念与运用[J].外语教学与研究,2000,1：53-58.

高玉英.重复及语用功能：从会话合作原则、礼貌原则看重复[J].北京工业大学学报,2005, 5：28-30.

归樱.从SLN看网络课程中互动对学习效果的影响[J].外语电化教学,2004,1：50-54.

顾曰国.论言思情貌整一原则与鲜活话语研究[J].当代修辞学,2013,6：1-19.

郭青.初中英语课堂中教师启动的会话修正研究[D].黄石：湖北师范大学,2019.

何莲珍,刘荣君.基于语料库的大学生交际策略研究[J].外语研究,2004,2：129-139.

何丽,张丽.医患会话中同话轮内自我修正策略的运用[J].医学与哲学,2021,17：49-52.

贺小聊.庭审话语会话修正中的认知状态研究[J].解放军外国语学院学报,2018,4：61-68.

胡敏.论英语学习者的自我修补意识[J].孝感师专学报,1996,3：91-96.

胡敏.基于人工智能的大学英语口语混合式教学模式探析[J].校园英语,2000,30：26-27.

胡燕群.会话自我修正理论在高职英语口语教学中的应用[J].宜春学院学报,2011,33(7)： 188-190.

黄立鹤.言语行为研究的另一个界面：现场即席话语视角[J].浙江外国语学院学报,2014,3： 45-53.

姜望琪,李梅.谈谈会话中的纠偏问题[J].外国语,2003,4：39-45.

雷琳,陈亚举.跨文化交际中手势在对外汉语课堂教学中的应用对比研究：以国内教师常用 的课堂手势为例[J].产业与科技论坛,2021,20(21)：113-115.

李冰.二语习得中语言错误及纠错研究综述[J].燕山大学学报,2006,1：135-137.

李恒,曹宇.中国高水平英语学习者运动事件的言语手势表征[J].外语教学与研究,2013, 45(6)：886-896.

李广明.PETS口试环境下中国英语学习者交际策略研究[J].济宁学院学报,2010,3： 87-89.

李晶洁.教师作为辅助者在外语课堂语言互动中的作用[J].外语界,2002,1：67-71.

李丽.教学视频中教师手势和目光引导对学习者学习的影响：经验反转效应[D].湖北：华中 师范大学,2019.

李丽丹娜.英语专业本科生课堂教学中教师启动会话修补研究[D].广州：广东外语外贸大 学,2020.

李淑萍.英语课堂互动中教师纠正反馈语和学生回应的研究[D].长春：东北师范大学,2009.

李秀英,王义静."互动"英语教学模式[J].外语与外语教学,2000,12：22-24.

李悦娥.会话中的阻碍修正结构分析[J].外国语,1996,5：39-44.

李云霞.对外汉语口语课堂话语互动研究[D].长春：东北师范大学,2017.

刘佳音.汉语作为第二语言的学习者课堂会话修正研究[D].长春：吉林大学,2016.

刘姝.从会话分析的角度看课堂交际中的修正现象[D].长春：东北师范大学,2005.

罗莉.师生的目光接触对大学英语课堂教学的影响[J].理论前沿,2013,2：84-86.

马冬梅.英语教学中小组口语活动后的学生自我纠错[J].外语教学与研究,2003,3： 131-135.

马文.会话照应修正的认知可及性分析[J].解放军外国语学院学报,2002,6：5-8.

马文.会话照应语修正的语用原则[J].外语教学,2003a,2：40-43.

马文.会话照应语修正的语用阐释[J].四川外语学院学报,2003b,6：87-90.

马文.会话篇章中指称表达的选择与阐释[J].外国语,2004a,5:34-40.

马文.会话照应语修正的语用原则及可恢复性分析[C].外语与文化研究,上海:上海外语教育出版社,2004b.

马文.会话篇章中的指称阻碍与纠偏策略[J].解放军外国语学院学报,2005,5:1-6.

马文.会话局部初始位置的指称表达选择[J].现代外语,2007,4:10-15.

马文.会话中的回指修正研究:基与汉语戏剧会话的语料分析[M].济南:山东大学出版社,2007.

马文.戏剧会话中的照应修正研究[J].当代语言学,2008,1:62-72.

牟金江.语言错误分类及其纠错策略[J].西安外国语学院学报,2004,4:1-4.

欧光安,郑一茜.初中英语教师课堂话语重复类型及功能探析[J].兵团教育学院学报,2018,28(4):74-79.

邱天河.自我纠误的组织系统及其模式化[J].解放军外国语学院学报,2005,1:45-50.

权立宏.第二语言会话修补策略与修补启动方式研究[J].山东外语教学,2014,35(2):53-59.

权立宏,吴旭东.汉英会话自我修补的重复和替换策略[J].现代外语,2016,39(4):516-527.

施光.英语课堂中的教师纠错与学生接纳[J].外国语言文学,2005,4:242-248.

佘丹妮.初中英语教师在课堂中手势和空间使用的特征及人际意义建构研究[D].长沙:湖南大学,2021.

孙海洋.国内外英语口语自动评分研究综述[J].外语教育研究前沿,2021,4(2):28-36+89-90.

孙启耀,伊英莉.国外对英语会话中修正现象的研究综评[J].西安外国语学院学报,2001,4:39-44.

孙鑫,张丹.不同英语水平的中国学习者手势使用实证研究[J].现代外语,2018,41(6):829-839.

沈蔚.会话修正研究在国外[J].外语学刊,2005,4:38-42.

盛绘.教师的纠错反馈行为与学习者的吸纳:英语专业英语课堂研究[D].芜湖:安徽师范大学,2007.

盛晓辉.基于会话修补理论的高职英语口语教学实证研究[D].苏州:苏州大学,2016.

谭代强.动态手势轨迹识别技术的研究与实现[D].深圳:深圳大学,2018.

唐洁仪.英语课堂上的教师纠错行为对学生语言习得的影响[D].广州:华南师范大学,2003.

王丹.论互动教学中的认知传递过程[J].外语教学,2004,6:62-65.

王琦.英语课堂中教师会话修正失误源的研究[J].知音励志,2016,17:68-69.

王丽萍.外语教学如何进入交际互动课堂[J].外语与外语教学,2004,10:22-25.

王晓燕.会话修补与英语听力实况教学[J].株洲工学院学报,2006,3:123-124.

王晓燕.中国的会话修补研究综观[J].云梦学刊,2007a,5:29-33.

王晓燕.会话偏误修补模式与特征研究——以PETS口试为研究个案[J].外语与外语教学,2007b,5:42-46.

王晓燕.英语学习者会话修补年龄差异研究[J].解放军外国语学院学报,2000b,5:65-71.

王晓燕.会话修补中选择疑问句修补启发功能探究[J].湖南工业大学学报,2008,5:127-129.

王晓燕.自启自修型会话修正模式的顺应性研究[J].吕梁学院学报,2019,9(03)：17‑20.

王颖.外语学习中的监察与自我修补[J].山东大学学报,2005,1：121‑125.

王宇.影响外语课堂言语互动的隐性因素——面子[J].外语学刊,2005,6：76‑78.

王宇.国外第二语言口语自我更改研究述评[J].四川外语学院学报,2005,5：99‑102.

王宇.中国大学生英语自述故事中自我修正的研究[M].苏州：苏州大学出版社,2008.

王宇红.反馈、注意与二语发展[D].上海：上海外国语大学,2009.

王雨佳.网络会话的修正研究[J].黑龙江生态工程职业学院学报,2016,3：154‑155.

魏朝龙.手势建模算法研究及其应用[D].广州：广东工业大学,2011.

卫乃兴,李文中,濮建忠(编著).语料库应用研究[C].上海：上海外语教育出版社,2005.

文秋芳,庄一琳.对高水平英语学习者口语自我纠错能力的研究[J].外语界,2005,2：33‑37.

吴国华,练缤艳,廖倩.课堂互动与二语习得[J].江西科技师范学院学报,2009,3：126‑128.

吴诗玉,黄绍强.何为"有效"的外语教学?——根植于本土教学环境和教学对象特点的思考[J].当代外语研究,2019,3：37‑47.

习晓明.填充词及其用法[J].教学研究(外语学报),1988,3：51‑54.

夏基松.现代西方哲学辞典[M].合肥：安徽人民出版社,1987.

许迎迎.高中英语学习者口语自我修正研究[D].曲阜：曲阜师范大学,2011.

杨党玲,李民权.对输入理论的探讨：输入、互动与二语习得之关系[J].外语界,2004,1：69‑73.

杨颖.线上中级汉语口语课师生会话修正研究：基于夏威夷大学教学项目[D].北京：北京外国语大学,2023.

杨晓健,刘学惠.外语课堂教师修补现象的比较研究[J].基础英语教育,2008,4：18‑23.

姚剑鹏.会话修补的认知研究[J].外语教学,2005,3：1‑6.

姚剑鹏.监控和调节：会话自我修补的元认知分析[J].国外外语教学,2005,3：23‑29.

姚剑鹏.英语会话自我修补——元认知视角下的研究[M].上海：上海交通大学出版社,2007.

姚剑鹏.对会话自我修补的研究[J].当代语言学,2008,2：147‑157.

姚剑鹏.大学英语会话自我修补能力研究[M].上海：上海交通大学出版社,2012.

易强.会话修正研究[J].外语与外语教学,2002,11：61‑63.

杨惠中.Corpus-based analysis of Chinese learner English[J].中国外语,2005,6：11‑13.

杨连瑞.试论中介语理论与外语教学[J].外语教学,1996,4：19‑23.

杨柳群.英语水平对英语学生口误自我修补行为的影响[J].山东外语教学,2002,4：74‑76.

曾国才.会话中对话构式的浮现：以说普通话儿童的话语重复现象为例[J].浙江外语语学院学报,2022,1：50‑57.

张德敬.小学实习英语教师课堂会话自我修正现象分析[J].校园英语,2020,50：249‑250.

张国霞,蒋云磊.基于ELAN软件的护理英语多模态语料库构建研究[J].医学教育管理,2019,5(6)：548‑556.

张冠萍.基于手势识别的智能英语翻译机器人人机交互系统[J].自动化与仪表仪器,2022,22：192‑196.

张力.基于语言管理理论的对外汉语口语课堂教师话语修正研究[D].杭州：浙江科技学院,2021.

张娜.初中英语教师课堂会话修正研究[D].宁波：宁波大学,2018.

张念.中国大学英语课堂中用于自我修正策略的重复[D].武汉：武汉大学,2005.

张曼.大学英语教师课堂话语中语伴手势的多模态隐喻分析[J].济宁学院学报,2020, 41（2）：58-64.

张少林.高中英语课堂教师对学生话语修正的语用研究[D].湘潭：湖南科技大学,2010.

张素敏.意义协商产生的问题源研究[J].河南商业高等专科学校学报,2012,3：118-121.

张振虹,何美,韩智.大学公共英语多模态语料库的构建与应用[J].山东外语教学,2014,3： 50-55.

赵晨.基于语料库的英语课堂会话中的修正片断研究[J].现代外语,2004,4：402-409.

郑杜甫.中度智力障碍儿童会话修补技能的实验研究[J].现代特殊教育,2022,4：42-48.

郑红苹,吴文.冯特手势理论的语言学分析[J].外国语文,2017,6：68-74.

郑一茜.高中英语教师课堂话语重复的研究：以新疆X中学为例[D].石河子：石河子大 学,2019.

钟鸣.英语课中教师纠错与学生回应互动成效分析：广西财经学院高职大学英语教学为 例[D].南宁：广西大学,2012.

庄丽.高中英语课堂会话中职前教师与在职教师修正现象的对比研究[D].重庆：重庆师范 大学,2021.

周星源.互动语言学视角下英汉会话修正比较研究[D].上海：上海师范大学,2023.

邹斌,汪明洁.人工智能技术与英语教学：现状与展望[J].外国语文,2021,3：124-130.

朱娅蓉.教师启动的会话修正研究：基于中国研究生公共英语口语课堂语料的实证研 究[D].上海：上海外国语大学,2010.